Führung in der Bundeswehr

Soldatisches Selbstverständnis
und
Führungskultur
nach der ZDv 10/1 Innere Führung

Angelika Dörfler-Dierken

Die in der vorliegenden Publikation vorgetragenen Ansichten und Meinungen sind ausschließlich diejenigen der Autorin und geben nicht notwendigerweise die Sicht oder die Auffassung des Bundesministeriums der Verteidigung wieder.

Führung in der Bundeswehr

Soldatisches Selbstverständnis
und Führungskultur
nach der ZDv 10/1 Innere Führung.
Mit einem Geleitwort des Evangelischen
Militärbischofs Martin Dutzmann

Angelika Dörfler-Dierken

2013

Carola Hartmann Miles – Verlag

CIP-Kurztitelaufnahme der Deutschen Nationalbibliothek

Angelika Dörfler-Dierken: Führung in der Bundeswehr. Soldatisches Selbstverständnis und Führungskultur nach der ZDv 10/1 Innere Führung. Mit einem Geleitwort des Evangelischen Militärbischofs Martin Dutzmann

ISBN 978-3-937885-66-7

© Carola Hartmann Miles - Verlag,
(www.miles-verlag.jimdo.com;
email: miles-verlag@t-online.de)
Herstellung: Books on Demand GmbH, Norderstedt

Alle Rechte, insbesondere das Recht der Vervielfältigung und Verbreitung sowie der Übersetzung, vorbehalten. Kein Teil des Werkes darf in irgendeiner Form (durch Fotokopie, Mikrofilm oder ein anderes Verfahren) ohne schriftliche Genehmigung des Verlages reproduziert oder unter Verwendung elektronischer Systeme gespeichert, verarbeitet, vervielfältigt oder verbreitet werden.

Printed in Germany

ISBN 978-3-937885-66-7

Inhaltsverzeichnis

	Martin Dutzmann: Zum Geleit	7
	Vorwort	11
	Zusammenfassung	13
1	**Aufgabenstellung: Innere Führung überprüfen**	**15**
1.1	Die „Leitsätze" der Inneren Führung	16
1.2	Die älteren Dienstvorschriften zur Inneren Führung	21
1.3	Führen, Führung, Innere Führung	22
1.4	Neufassung der ZDv 10/1 Innere Führung (2008)	24
1.5	Forschungsstand und Quellen	28
2	**‚Führung' in der ZDv 10/1 Innere Führung (2008)**	**30**
2.1	Definition von Innerer Führung	33
2.2	Zukunftsfähiges Führungsverständnis	44
2.3	Baudissins Begriff von Führung	48
2.4	Überlegungen zur Weiterentwicklung der Inneren Führung	53
2.4.1	Weiterentwicklung im Gestaltungsfeld Politische Bildung	53
2.4.2	Weiterentwicklung im Gestaltungsfeld Familie und Dienst	61
3	**‚Führung' in Militärorganisation und Zivilgesellschaft**	**63**
3.1	Veränderungen im zivilen Verständnis von Führung	63
3.2	Ökonomische Modernisierung der Bundeswehr und Führung	70
3.3	Befehl und Gehorsam	72
3.4	Militärische Sozialisation	81
3.5	Gewissen und Führung	86
4	**Führungswirklichkeit in der Bundeswehr**	**94**
4.1	Führungserfahrungen – aus der Perspektive von Geführten (Teilnehmende Beobachtung)	94
	Fall 1: Vorrang der Organisation vor dem Individuum	94

	Fall 2: Forderungen statt Rücksicht und Respekt	96
	Fall 3: Grenzen des Systems austesten	97
	Zusammenfassende Beurteilung der Fälle	98
4.2	Führungserfahrungen – aus der Perspektive von Führern (Interviews)	98
	Thema 1: Zum Sinn der Inneren Führung	100
	Thema 2: Ausbildung in Innerer Führung	103
	Thema 3: Selbstbild von Vorgesetzten	108
	Thema 4: Bild der Vorgesetzten von den Untergebenen	113
	Zusammenfassende Beurteilung der Gespräche	118
4.3	Führungserfahrungen – Ergebnisse empirischer Untersuchungen	118
4.3.1	Erfahrener und erwünschter Führungsstil	124
4.3.2	Selbstentfaltungs- und Wachstumsbedürfnisse	136
4.3.3	Menschenführung	142
	- in Ausbildung und Studium	142
	- im Einsatz	146
4.3.4	Führung und Geschlecht	153
4.3.5	Führung und Diversity	157
4.3.6	Führungsverantwortung für die Gestaltungsfelder der Inneren Führung	159
	- für Politische Bildung	159
	- für Recht und soldatische Ordnung	161
	- für Dienstgestaltung und Ausbildung	167
	- für die Vereinbarkeit von Familie und Dienst	169
	- für Seelsorge und Religionsausübung	174
	- für Lebenskundlichen Unterricht und Interkulturelle Kompetenz	177
5	**Mensch und Macht**	**180**
6	**Quellen und Literatur**	**193**
7	**Personen und Themen**	**214**

Zum Geleit

Menschenführung ist ein altes Thema, das bereits in der Bibel vorkommt. Im 2. Buch Mose wird erzählt, wie das Volk Israel unter der Führung des Mose durch die Wüste in das Gelobte Land zieht. Als Jethro, der Schwiegervater des Mose, sieht, wie sein Schwiegersohn die Rechtstreitigkeiten der Israeliten verhandelt, erkennt er den drohenden Burnout: „Du machst dich zu müde, dazu auch das Volk, das mit dir ist. Das Geschäft ist dir zu schwer; du kannst es allein nicht ausrichten." (2. Mose 18,18)

Gute Führung beschwert nicht, sondern erleichtert – die Geführten wie auch den Führenden. Jethro stellt den Führungsstil des Mose dreifach in Frage: Der Führende erledigt die Aufgabe allein, gibt keine Verantwortung ab; die Geführten bleiben vollkommen auf den Führenden bezogen und daher passiv; Zeit spielt, wie andere Ressourcen auch, bei der Erfüllung der Aufgabe keine Rolle. Jethros Lösung lautet: Klärung der Aufgaben, Festlegung der Ziel- und Wegparameter als Führungsaufgabe, Kommunikation der Parameter, Identifizieren von Verantwortlichen für einzelne Aufgaben, Übertragung von Verantwortung. Die erzielte Wirkung: Vermeidung von Überforderung, höhere Wahrscheinlichkeit der Zielerreichung und größere Zufriedenheit aller am Prozess Beteiligten: „Wirst du das tun, so kannst du ausrichten, was dir Gott gebietet, und dies ganze Volk kann mit Frieden an seinen Ort kommen." (2. Mose 18,23)

Menschenführung, die sich religiösen Grundsätzen verpflichtet weiß, will, dass Aufträge aus Einsicht befolgt werden, in einem Akt freiwilligen Gehorsams. Dies setzt voraus, dass das Ziel des Führenden mit den Wertvorstellungen, den identitätsstiftenden Persönlichkeitsmerkmalen und den eigenen vitalen Selbstinteressen der Geführten verträglich ist und im Idealfall übereinstimmt. In jeder Armee werden Menschen geführt. Gerade in einer Institution, in der Verantwortung für Menschen eine Verantwortung über Leben und Tod ist, müssen der Führungsstil und das Ziel von Führung klar bestimmt und ethisch reflektiert sein. Denn Führung kann misslingen, sogar fatal misslingen, insbesondere wenn sie zur Verführung missbraucht wird.

Da „Strukturen und Institutionen … keine Verantwortung tragen" können (196), erinnert die vorliegende Studie zu Recht daran, dass Verantwortung eine personale Kategorie ist. Sie weist aber auch darauf hin, dass „Innere Führung die Organisationskultur der gesamten Bundeswehr bestimmen soll" (12) Gute Menschenführung kann nur gelingen, wenn die Struktur der Institution diese ermöglicht, ja unmittelbar fördert. Nun ist Menschenführung als Übernahme von Verantwortung bereits eine Herausforderung – wie viel mehr ist sie es in einer hierarchisch-militärischen Struktur!

Innere Führung ist ein Wagnis, allerdings ein notwendiges und zugleich lohnendes Wagnis. Will die Bundeswehr als moderne Armee überzeugen, muss sie selber durch die Soldatinnen und Soldaten die Werte repräsentieren, die sie verteidigen soll. Nur so bleiben Soldat und Staatsbürger, Bundeswehr und demokratisches Gemeinwesen aufeinander bezogen.

Dass in der Praxis noch einiges zu tun bleibt, zeigen die Fallbeispiele über Führungserfahrungen von Geführten und die Interviews mit Führungsverantwortlichen. (98-118) Auch wenn die Ergebnisse keine repräsentative Geltung haben – manche geschilderte Erfahrung kenne ich aus Gesprächen mit Soldatinnen und Soldaten. Etwa die Beschreibung, wie Innere Führung und die Durchregulierung des militärischen Alltags miteinander kollidieren. Oder die Beobachtung, dass Kontrollbedürfnisse der Vorgesetzten und Teambildung schwer zu vereinbaren sind.

Drei Aspekte der Inneren Führung möchte ich besonders herausheben:

Erstens muss mit der Autorin energisch dem Vorurteil widersprochen werden, die Innere Führung „verweichliche" den Soldaten. (vgl. 187) Die Präambel des Grundgesetzes formuliert, dass das deutsche Volk „im Bewusstsein seiner Verantwortung vor Gott und den Menschen als gleichberechtigtes Glied in einem vereinten Europa dem Frieden der Welt … dienen" will. Damit ist der Auftrag der Bundeswehr klar beschrieben. Wer sich der Verteidigung von Menschenwürde, Frieden, Demokratie und Freiheit verschreibt, muss über dem militärischen Befehlshaber noch eine höhere Instanz anerkennen: das eigene Gewissen. Nur so kann ich mir Militär vorstellen:

Als Armee, die konzeptionell und strukturell darauf angelegt ist, die Erfüllung des Auftrages, dem Frieden der Welt zu dienen, an die „freiheitliche Selbstverantwortung" und die „mündige Eigenmotivation" der Soldatinnen und Soldaten rückzubinden. (a.a.O.)

Zweitens zeigen die Ergebnisse, dass die Vereinbarkeit von Beruf und Familie noch stärker in den Blick zu nehmen ist. Immer wieder wird dies, am Standort wie auch besonders im Auslandseinsatz, zum Thema seelsorgerlicher Gespräche. Dass die durchschnittliche Pendelentfernung von Soldaten 112 km und von Zivilangestellten 39 km beträgt, ist Anlass, „insbesondere die militärischen Vorgesetzten an ihre Fürsorgepflicht für ihre Untergebenen zu erinnern." (192) Die „Orientierung an den Bedürfnissen der untergebenen Menschen [müsste] zur ersten und vornehmsten Pflicht erklärt werden" (a.a.O.), zumal selbstverständlich auch für Bundeswehrangehörige der grundgesetzliche Schutz von Familie und Ehe gilt. Dieser Verpflichtung sollte sich nicht ausgerechnet der Staat selber über Gebühr und über das absolut notwendige Maß hinaus entziehen. Hier steht jede Hierarchieebene in der Verantwortung – zumal die monatelange Trennung von den Angehörigen vor und während des Auslandseinsatzes das Risiko erhöht, an einer Posttraumatischen Belastungsstörung zu erkranken.

Drittens weist die Autorin auf Seelsorge und Religionsausübung als Gestaltungsfeld von „Innerer Führung" hin. Dies mag zunächst überraschen, erklärt sich aber schlüssig aus dem klaren „Willen der militärischen Führung wie der politischen Leitung, dass auch im Militär das Überwältigungsverbot des Individuums durch den Staat … – häufig chiffrehaft abgekürzt im Verweis auf das personal und individuell konstruierte Gewissen und dessen Schutz im Grundgesetz", gültig ist. (179) Das Vortragsrecht der Militärgeistlichen bei den militärischen Vorgesetzten ist Privileg und Verpflichtung zugleich, den kirchlichen Auftrag zur Seelsorge an den Soldatinnen und Soldaten in kritischer Solidarität wahrzunehmen.

Auch wenn die von Angelika Dörfler-Dierken vorgelegte Studie „Führung in der Bundeswehr" auf vor mehreren Jahre erhobenen Daten basiert, weist sie doch überzeugend auf die Bedeutung und die vielfältigen Anwendungsgebiete des Konzeptes der Inneren Führung hin. Viele der Daten belegen gutes Führungshandeln. Manche

Ergebnisse würden heute, vor dem Hintergrund gewachsener Anforderungen durch Auslandseinsätze und zusätzlicher Belastungen durch die Umstrukturierungen der Bundeswehr, vermutlich anders aussehen. Weil nach staatlichem Recht und Völkerrecht jede Soldatin, jeder Soldat persönlich für jede begangene Handlung verantwortlich ist, bleibt das Konzept der Inneren Führung ein überzeugendes und wirkmächtiges Instrument für Gewissensbildung und Führungskultur in einer demokratischen Gesellschaft, das allerdings ausgebaut und noch verbindlicher gelehrt werden muss.[1]

Dr. Martin Dutzmann
Evangelischer Militärbischof

---

[1] Siehe S. 86-93. Vgl. auch Jürgen Groß: Die Innere Führung der Bundeswehr, IMS Nr. 5 (2008).

Vorwort

„Mit der Neuausrichtung der Bundeswehr muss also auch eine Modernisierung und Weiterentwicklung des beruflichen Selbstverständnisses und der Führungskultur in der Bundeswehr einhergehen. Die mit ihr verbundenen strukturellen und organisatorischen Maßnahmen sollen die Freude an der Übernahme von Verantwortung in einer selbstbewussten Truppe erhöhen. Für das berufliche Selbstverständnis behält das Konzept der Inneren Führung, das den Dienst in den Streitkräften an die Normen und Werte des Grundgesetzes bindet, unverändert seine Gültigkeit." (Bundesministerium der Verteidigung 2012: 118).

Menschenführung ist das erste der „hauptsächlichen Gestaltungsfelder" der Inneren Führung, weil in der Bundeswehr Menschen Verantwortung tragen für andere Menschen, für ihre Untergebenen und Kameraden – aber auch (wie erst neuerdings stärker in den Blick genommen wird:) – für ihre Partner, Kinder und Eltern daheim sowie für die Menschen in den Einsatzgebieten der Bundeswehr, seien es Zivilisten oder Aufständische (wie beispielsweise in Afghanistan). Von menschlichen Entscheidungen kann, besonders im Einsatz, Leben oder Tod abhängen. Wer solche Verantwortung für andere trägt, wer also ‚führt', muss sein Führungsverständnis und Führungsverhalten selbstkritisch reflektieren können. Sie oder er sollte sich auseinander setzen mit dem in der Bundeswehr *erfahrenen* und im eigenen Dienstalltag *gewünschten* Führungsstil, mit dem in den Vorschriften *geforderten* Führungsstil und dem *eigenen* Führungsverständnis und Führungsverhalten.

Im Januar 2008 ist die Neufassung der Zentralen Dienstvorschrift (ZDv) 10/1 „Innere Führung. Selbstverständnis und Führungskultur der Bundeswehr" veröffentlicht worden. Im Unterschied zu anderen Vorschriften der Bundeswehr, im Unterschied auch zu älteren Fassungen dieser Vorschrift, die in der Zivilgesellschaft nahezu unbekannt waren, ist die Neufassung in einer Hardcoverausgabe im Taschenbuchformat erschienen, angereichert mit vielen Bildern. Diese Publikation ist weit über die Bundeswehr hinaus in der Öffentlichkeit verbreitet, wozu sicher auch beigetragen hat, dass sie im Internet leicht allgemein zugänglich ist. Zudem sind 90 000 Hardcopys in Umlauf gebracht worden. Jede Mutter kann sich informieren, nach welchen Grundsätzen der Dienst von Soldatinnen und Soldaten in der Bundeswehr gestaltet werden soll; jeder Jugendliche erhält Hinweise, was Innere Führung ist und wie sie gelebt werden soll. Anders als frühere Vorschriften wird hier unterstrichen, dass die Innere Führung die Organisationskultur der gesamten Bundeswehr bestimmen soll. Auch die zivilen Angehörigen der Bundeswehr sollen „ihr Handeln in gleicher Weise [wie die Soldatinnen und Soldaten, ADD] an den Grundsätzen der Inneren Führung ausrichten". (ZDv 10/1 2008: 502) Der Bundesminister der Verteidigung Dr. Thomas de Maizière hat in seiner Grundsatzrede zur Neuausrichtung der Bundeswehr am 22. Oktober 2012 in Strausberg daran erinnert.

Das Sozialwissenschaftliche Institut der Bundeswehr (SOWI), inzwischen aufgegangen im Zentrum für Militärgeschichte und Sozialwissenschaften der Bundeswehr (ZMSBw), hat den Prozess der Neufassung der neuen Zentralen Dienstvorschrift zur Inneren Führung intensiv begleitet und in zahlreichen Projekten zur Umsetzung und ethischen Dimension dieser militärischen Führungskonzeption Analysen vorgelegt und aktuelle Trends aufgewiesen. An diese Untersuchungen schließt die vorliegende Studie an.

Dank zu sagen allen denjenigen, die als geistige Ziehmütter und -väter der hier vorgetragenen Beobachtungen und Überlegungen gewirkt haben, ist mir eine angenehme Pflicht und Freude. Es handelt sich um die Kolleginnen und Kollegen vom früheren SOWI, um die Brüder und Schwestern im Herrn von der Evangelischen und der Katholischen Kirche, um Kolleginnen und Kollegen aus dem Bereich der Wissenschaft und um Menschen, die in der Bundeswehr Verantwortung tragen. Ihnen allen ein herzliches Dankeschön!

Großhansdorf, im Februar 2013
Angelika Dörfler-Dierken

Zusammenfassung

Diese Studie untersucht das in der geltenden ZDv 10/1 Innere Führung (2008) normativ gesetzte Verständnis von Menschenführung
- vor dem Hintergrund der bundeswehreigenen Tradition der Inneren Führung
- mit Bezug auf das in der zivilen Welt übliche Führungsverständnis
- und im Blick auf die Führungswirklichkeit in der Bundeswehr.

Bedeutsam ist die Vergewisserung und kritische Reflexion des Führungsverständnisses der Bundeswehr aus zwei Gründen:
- wegen ihrer Neuausrichtung zu einer Armee im Einsatz und
- aufgrund der Notwendigkeit, Freiwillige für den Dienst in der Bundeswehr zu gewinnen.

Diese Studie leistet damit einen Beitrag für die Analyse und Weiterentwicklung des soldatischen Selbstverständnisses und der Führungskultur in der Bundeswehr. Nicht betrachtet werden Probleme der Truppenführung im Gefecht sowie Probleme des Zusammenwirkens von Uniformträgern und Zivilisten im Geschäftsbereich des Bundesministers der Verteidigung (auch wenn die Grundsätze der Inneren Führung ebenso in der zivilen Wehrverwaltung wie in den Streitkräften gelten). „Soldatisches Selbstverständnis und Führungskultur" heißt es im Untertitel der ZDv 10/1, der Leitvorschrift zur Inneren Führung. Darauf konzentriert sich die folgende Untersuchung.

Das Dilemma für (militärisches) Führungspersonal besteht darin, dass Führung – verstanden als Anregung eines Anderen zu einem bestimmten Tun – nur mit Blick auf sehr einfache Aufgaben befohlen werden kann. In komplexeren Zusammenhängen bedarf es des Zusammenwirkens von Vorgesetzten und Untergebenen, wobei auf die Selbststeuerung eines jeden Mitarbeitenden und sein Handeln aus Einsicht gesetzt werden muss. Dass Menschen ihre Kreativität, Fähigkeiten und Fertigkeiten in ihre Arbeit einbringen *wollen*, um *Sinn* in ihrem Tun erfahren und Befriedigung daraus schöpfen zu können, ist bekannt. Eigenkompetentes Verhalten und intrinsische

Motivation sind für den Erfolg von Organisationen und Unternehmen unverzichtbar. Das gilt auch für die Bundeswehr.

Die Untersuchung benennt folgende Desiderate bei der Umsetzung der Inneren Führung:

- Berücksichtigung von Individualität und Pluralismus
- Förderung von verantwortlichem Handeln aus Einsicht
- Anerkennung von Selbständigkeit und Eigenverantwortlichkeit
- Anerkennung familiärer Verpflichtungen der Soldatinnen und Soldaten.

Insofern leistet dieser Forschungsbericht einen Beitrag zu „Modernisierung und Weiterentwicklung des beruflichen Selbstverständnisses und der Führungskultur in der Bundeswehr", wie vom Generalinspekteur, General Volker Wieker, in seiner Grundsatzrede „Soldatsein heute" vor wenigen Monaten gefordert. Leitend für Wiekers Überlegungen war die Frage, wie Vorgesetzte die „Freude an der Übernahme von Verantwortung" bei ihren Untergebenen fördern können. Eine solche positive Organisationskultur zu fördern und das soldatische Selbst- und Berufsverständnis entsprechend weiter zu entwickeln ist das Anliegen dieser Studie.

1 Aufgabenstellung: Innere Führung überprüfen

Im Februar 2011 wurde neben vielen anderen Einrichtungen der Bundeswehr auch das SOWI durch das Bundesministerium der Verteidigung beauftragt, Erkenntnisse aus laufenden oder abgeschlossenen Studien zum Führungsverhalten der Vorgesetzten innerhalb der Bundeswehr zusammenzustellen, um so den Generalinspekteur der Bundeswehr zu informieren über Desiderate im Verständnis der Inneren Führung und Verstöße gegen deren Grundsätze.

Damit war klargestellt, dass die Konzeption der Inneren Führung das ‚Korsett' der Bundeswehr bleibt – im Inland wie im Ausland. Entsprechend formulierten auch die Verteidigungspolitischen Richtlinien: „Die Prinzipien der Inneren Führung mit dem Leitbild des Staatsbürgers in Uniform bestehen unverändert fort. Sie haben sich seit Gründung der Bundeswehr bewährt und sind Garant dafür, dass die Bundeswehr in der Gesellschaft verankert bleibt. In einer Freiwilligenarmee bleiben die Auseinandersetzung mit dem Primat der Politik, mit dem soldatischen Selbstverständnis und Kenntnisse in Ethik, Geschichte und Politik genauso wie die Pflege erhaltenswerter Traditionen selbstverständlich." (Verteidigungspolitische Richtlinien 2011, Ziffer X). Dazu führte der Bundesminister der Verteidigung Dr. Thomas de Maizière in seiner grundlegenden Rede zur „Neuausrichtung der Bundeswehr" noch näher aus: „Die Prinzipien der Inneren Führung mit dem Leitbild des Staatsbürgers in Uniform garantieren, dass auch künftig der Dienst in den Streitkräften an die Normen und Werte des Grundgesetzes gebunden bleibt." (de Maizière 2011) Gerade wieder hat der Verteidigungsminister die Innere Führung bestätigt – als Führungs- und Organisationsphilosophie der Bundeswehr, die mit „innerer Haltung zu tun" (de Maizière 2012) habe. Politische, gesellschaftliche und kirchliche Gremien haben den Wert der Inneren Führung herausgestrichen, auch und besonders unter der Bedingung von Auslandseinsätzen (beispielsweise König 2010; Rose 2011).

Diese Untersuchung setzt den Auftrag des Bundesministeriums der Verteidigung um, eine (selbst)kritische Reflexion auf die Führungswirklichkeit in der Bundeswehr zu fördern. Die rote Linie der Argumentation bilden die Festlegungen des Generalinspekteurs sowie des Bundesministers der Verteidigung und vieler deutscher Politiker. Deshalb werden die normativen Grundlagen des Führungsverständnisses der Bundeswehr wie es in der „Zentralen Dienstvorschrift 10/1 Innere Führung. Selbstverständnis und Führungskultur der Bundeswehr" (2008) formuliert wird, in den Mittelpunkt gestellt, deren geistesgeschichtliche und politische Hintergründe erläutert, deren psychologische und organisationssoziologische Konsequenzen bedacht. So wird deutlich, inwiefern „Soldatsein heute" heißt, sich innerhalb eines Wertegerüsts zu bewegen und zu verhalten.

Dazu tritt die Zusammenstellung der für das Thema einschlägigen Forschungsergebnisse, die eine Vielzahl von Einblicken in den Ist-Zustand der Umsetzung der Inneren Führung erlauben. Es handelt sich bei den meisten dieser Untersuchungen um empirische Studien, die natürlich nicht alle Erfahrungen von Soldatinnen und Soldaten mit ihren Vorgesetzten abbilden können, die aber doch den Eindruck zu bestätigen scheinen, dass eine Vergewisserung über die Grundsätze der Inneren Führung in der Bundeswehr nottut – was der Anlass des Auftrags an das SOWI war.

1.1 Die „Leitsätze" der Inneren Führung

Die zehn „Leitsätze", die der neuesten Fassung der Zentralen Dienstvorschrift (ZDv) 10/1 Innere Führung (erlassen durch Verteidigungsminister Dr. Franz Josef Jung am 28. Januar 2008) beigegeben sind, wollen insbesondere „jüngeren Vorgesetzten als Hilfe und Anleitung" dienen. (ZDv 10/1 2008: 46, Anlage 1) Aufgrund der sprachlichen Gestaltung der Ratschläge als Selbstverpflichtung – „ich achte und schütze die Menschenwürde (…)" (Ebd.: 46, Nr. 1) ist zu erschließen, dass sie der individuellen kritischen Selbstreflexion dienen wollen.

„1. Ich achte und schütze die Menschenwürde.

2. Ich bin an Recht, Gesetz und mein Gewissen gebunden und trage für mein Handeln die Verantwortung.

3. Ich bin Vorbild in Haltung und Pflichterfüllung und teile mit meinen Untergebenen Härten und Entbehrungen.

4. Ich setze meine Befehle in angemessener Weise durch und kontrolliere ihre Ausführung.

5. Ich schaffe die Voraussetzungen für gegenseitiges Vertrauen.

6. Ich bilde meine Soldatinnen und Soldaten bestmöglich aus und fordere sie angemessen unter Beachtung der Menschenwürde, Gesetze, Dienstvorschriften und Sicherheitsbestimmungen.

7. Ich führe partnerschaftlich. Ich nutze die Fähigkeiten und Fertigkeiten meiner Soldatinnen und Soldaten und beteilige sie wann immer möglich an meiner Entscheidungsfindung.

8. Ich kenne meine Soldatinnen und Soldaten und nehme mich ihrer Sorgen und Nöte an.

9. Ich informiere meine Soldatinnen und Soldaten und mache ihnen meine Befehle einsichtig.

10. Ich suche das Gespräch mit meinen Soldatinnen und Soldaten und bin für sie stets ansprechbar." (ZDv 10/1 2008: 46, Anlage 1)

Mit diesen ‚Zehn Geboten' soll den Vorgesetzten ein Geist der Menschenfreundlichkeit, Verantwortlichkeit und Verbindlichkeit, der Akzeptanz von Andersheit und Fremdheit, der Toleranz und der Liberalität nahegebracht werden. Die Leitsätze sollen – so jedenfalls die Erwartung der Autoren dieser Dienstvorschrift – ein diesem Geist entsprechendes Klima erzeugen, indem sie die Erwartungen des Dienstherrn hinsichtlich des ethischen Verhaltens der Soldatinnen und Soldaten in aller Deutlichkeit aussprechen.

Die Formulierung solcher Leitsätze zur Inneren Führung ist nicht neu: Bei seiner Abschiedsrede als Wehrbeauftragter des Deutschen Bundestages am 4. März 1985 formulierte Willi Berkhan (1915–1994), zuvor Staatssekretär unter Verteidigungsminister Helmut Schmidt (*1918), vier Ratschläge für die Bundeswehr, drei davon an Vorgesetzte, einer an Untergebene gerichtet. Sie spiegeln ein Verständnis von Innerer Führung wider, das speziell auf den einzelnen Menschen zielt. Ein jeder Soldat – außer Ärztinnen und Apothekerinnen gab es damals noch keine Soldatinnen in der Bundeswehr –

wird in Berkhans Ratschlägen in seiner Verantwortung für seinen Mitmenschen in den Streitkräften ernst genommen:

„1. Achten Sie die Würde und die Eigenständigkeit Ihrer Untergebenen.

2. Fördern Sie die Mündigkeit Ihrer Soldaten und begegnen Sie ihnen mit Anerkennung und Rücksicht.

3. Begegnen Sie Ihren Untergebenen mit einer noblen und schwierigen Toleranz, die den anderen in seinem Anderssein nicht nur anerkennt, sondern will, weil man weiß, daß auf Gottes Harfe viele Saiten sind, und daß nur alle zusammen den vollen Akkord des Menschseins zum Tönen bringen.

4. Von den Untergebenen erwarte ich: Seien Sie auch in den Streitkräften keine Untertanen, sondern mündige Bürger." (zitiert nach Vogel 2003: 235)

Zwischen den heutigen und Berkhans vor knapp 30 Jahren formulierten Leitsätzen gibt es beachtliche sachliche Übereinstimmungen, die deutlich machen, dass die Normen und Werte der Inneren Führung sich nicht geändert haben.[2]

---

2   Allerdings wird gegenwärtig häufig von Unterstellten statt von Untergebenen gesprochen. Deshalb sei am Rande darauf hingewiesen, dass die Perzeption eines ‚Unterstellten' sich von derjenigen eines ‚Untergebenen' unterscheidet: Nach Grimms Deutschem Wörterbuch bedeutet ‚unter die Hand geben', dass eine Art von Obrigkeit jemanden unter die Hand eines anderen gibt, unter die Hand, die Gewalt über den Untergebenen hat, die straft und auszeichnet, die das Schwert führt und Vasallen in ihr Amt einsetzt. Kinder sind ihren Eltern untergeben, Untertanen ihren Obrigkeiten. Diese für vormoderne Verantwortlichkeiten bezeichnende Gedankenwelt beinhaltet nicht nur einen Rechtsanspruch an den Untergebenen, sich der Oberperson gegenüber untertänig zu verhalten, sondern auch ein Moment der Fürsorge. Diejenigen, die unter die obrigkeitliche Hand gegeben sind, sind nicht nur solche, die etwas ‚geben', sondern haben auch einen Anspruch darauf, etwas zu ‚empfangen'. Dazu tritt die zeitspezifische Vorstellung, dass der Höhere seinerseits einer noch höheren Macht untergeben ist: demjenigen, der noch höher steht als der König, dem himmlischen Herrscher. Ihm gegenüber sind die irdischen Obrigkeiten verantwortlich dafür, wie sie mit den Untergebenen umgehen, denn diese sind den unteren Obrigkeiten von der obersten Obrigkeit anvertraut. Deshalb sind die Obrigkeiten, die Untergebene ‚empfangen' haben, Gott gegenüber verantwortlich für den rechten Umgang mit den ihnen An-

In Berkhans Ratschlägen vermisst man allerdings den Begriff „Gewissen", der im zweiten der aktuellen Leitsätze verwendet wird: „Ich bin an Recht, Gesetz und mein Gewissen gebunden und trage für mein Handeln die Verantwortung" (ZDv 10/1 2008: 48, Anhang) In den Dienstvorschriften, im Soldatengesetz und im Grundgesetz wird die Freiheit des je eigenen Gewissens geschützt. „Die Freiheit des Glaubens, des Gewissens und die Freiheit des religiösen und weltanschaulichen Bekenntnisses sind unverletzlich." (GG Art. 4) Das Gewissen soll nach der abendländischen Tradition diejenige Instanz sein, die dem Menschen sagt, was ‚gut' und was ‚böse' ist. Zudem wird das Gewissen als ‚Mitte' des Individuums gedacht, die nicht durch Befehl oder Gewalt überwältigt und bezwungen werden darf. Das Gewissen ist auf eine ständige Schulung und Übung durch Erziehung, Bildung und öffentliche Diskussion angewiesen. Erfahrung lehrt jedoch, dass Menschen, denen ihr Gewissen Fehlhandlungen hätte verbieten sollen, die Stimme ihres Gewissens offenbar nicht vernommen hatten. Das Gewissen ist in mancher Situation gleichsam ‚reglos'. Entsprechend der Wertewelt des Grundgesetzes genießt das Gewissen – auch das Gewissen des Soldaten – Schutz vor staatlicher Überwältigung. Zudem weiß das Grundgesetz darum, dass die Vorstellung eines Gewissens und von dessen Wirken von Voraussetzungen abhängig ist, die es seinerseits nicht schaffen kann. Es sind dies die Traditionen abendländischen Denkens, die tief von Christentum, Judentum und Hellenismus durchdrungen sind. Die ZDv 10/1 Innere Führung (2008) benennt diese Traditionen: „Das Wertesystem des Grundgesetzes beruht auf einer in Europa über Jahrhunderte entwickelten Philosophie und Ethik sowie auf besonderen geschichtlichen Erfahrungen. Dieses Wertesystem garantiert vor allem: Menschenwürde, Freiheit, Frieden, Gerechtigkeit, Gleichheit, Solidarität und Demokratie." (ZDv 10/1 2008: 304.)

---

vertrauten. Wer aufgrund dieses vormodernen Hintergrundes den Begriff Untergebener ablehnt, muss sich darüber im Klaren sein, dass der scheinbar funktionalere und damit modernere Ausdruck ‚Unterstellter' nicht mehr die umfassende Verantwortlichkeit des Vorgesetzten für die von ihm und seinen Entscheidungen abhängigen Menschen zum Ausdruck bringt. Offiziell heißt es in der Bundeswehr: Untergebener. (WStG § 2, Nr. 2)

Mit ihren „Leitsätzen für Vorgesetzte" steht die Bundeswehr also unübersehbar in Kontinuität zu den Vorstellungen, die Wolf Graf von Baudissin (1907–1993) schon in den fünfziger Jahren des letzten Jahrhunderts für die Bundeswehr als erste demokratische Armee auf deutschem Boden entworfen hatte. (Aus der reichen Literatur zum Gewissen des Soldaten und zur Inneren Führung vgl. Beckmann 2012; Dörfler-Dierken 2005, 2006c, 2011; Ebeling 2006; Elßner 2005 u. v. a. m.) Es war Baudissins Überzeugung, dass im Mittelpunkt demokratischer Streitkräfte entsprechend der grundgesetzlichen Ordnung der Bundesrepublik Deutschland der Mensch als verantwortliches, gewissensgeleitetes, selbständiges Individuum stehen müsse – und dass eben dieser Mensch auch im Mittelpunkt der militärischen Organisation zu stehen habe, wenn denn diese tatsächlich eine Armee in der Demokratie und für die Demokratie sein solle. Die demokratischen Spielregeln müssten auch in der Armee gelten, wenn diese ihrem Auftrag entsprechend als Verteidigerin der Demokratie funktionieren solle. Deshalb müssen die Grundrechte auch für Soldatinnen und Soldaten der Bundeswehr in Geltung stehen.[3]

---

3   Bis heute wird mit der Unterscheidung von der demokratischen Armee und der Demokratie in der Armee argumentiert. Dabei findet der Topos von der demokratischen Armee bei Soldatinnen und Soldaten schnell Widerspruch, weil sie eine innere Auflösung durch Auflösung der Befehlskette und der Hierarchie befürchten. Tatsächlich geht es implizit darum, die Frage zu diskutieren, „mit welchen zivilgesellschaftlichen und ethischen Argumenten die Teilnahme an immer gefährlicheren Auslandseinsätzen legitimiert werden kann" (Meyer 2009: 2) und wie die Spannung zwischen dem auf dem „Prinzip von Befehl und Gehorsam beruhenden Kommunikationsmuster einerseits und den egalitären und diskursiven Struktur- und Kommunikationsprinzipien der Demokratie andererseits abgemildert, d. h. für die Untergebenen erträglicher werden" (a. a. O.: 7). Die im Jahr 2006 am Institut für Friedensforschung und Sicherheitspolitik in Hamburg (IFSH) eingerichtete externe Forschungsgruppe ‚Demokratisierung von Streitkräften' (DemoS) hat ihre Arbeit unter folgende Leitideen gestellt: „Demokratie hört nicht am Kasernentor auf! Die Verwirklichung demokratischer Normen und Werte auch innerhalb des Militärs (‚Innere Führung') war ein zentraler friedenspolitischer Ansatz des Gründungsdirektors des IFSH, Wolf Graf von Baudissin." (Online: http://www.ifsh.de/index.php/Forschungsgruppe-demos.html; letzter Zugriff: 19. April 2012) Diesem Ziel dient auch die letzte Veröffentlichung eines Mitgliedes dieser Gruppe, s. Bald: 2011. Baudissin (1951: 356): „[D]ie

An anderer Stelle ging Berkhan noch einen Schritt weiter als die neuen „Leitsätze für Vorgesetzte": Er forderte Achtung vor der Eigenständigkeit und Mündigkeit der Untergebenen durch Anerkennung und Rücksichtnahme. Er forderte damit ein positives Verständnis von gesellschaftlicher und menschlicher Unterschiedlichkeit, von Andersheit, Eigenheit, Besonderheit – von Individualität eben. Selbst wer den von Berkhan gebrauchten Ausdruck „auf Gottes Harfe sind viele Saiten" zu altmodisch findet, der wird doch dem Gedanken zustimmen können, dass Menschsein sich nur individuell realisiert in zahlreichen Brechungen und Facetten. Im Abschnitt „V. Gesellschaftliche Grundlagen" anerkennt die neue ZDv 10/1 Innere Führung (2008) die „pluralistische Gesellschaft, die von vielfältigen Überzeugungen, Lebensentwürfen, religiösen und weltanschaulichen Bekenntnissen, Meinungen und Interessen gekennzeichnet ist" (312.), die sich auch in der Bundeswehr abschattet, und sie leitet daraus die Forderung ab, dass „die Angehörigen der Bundeswehr einander als Mitglieder einer freiheitlichen und pluralistischen Gesellschaft anerkennen" (313.). In die „Leitsätze für Vorgesetzte" sind diese Forderungen jedoch nicht aufgenommen worden.

Zudem – auch dazu findet sich nichts Vergleichbares in den aktuellen Leitsätzen – hat Berkhan die Untergebenen direkt angesprochen und sie aufgefordert, sich ihrerseits als mündige Bürger zu verhalten, weil sie nur dann auch als mündige Soldaten angesprochen werden können. Berkhans Ratschläge weisen sozusagen einen Überschuss an Sinn auf, der sie dagegen feit, als ‚human-relations'-Maßnahmen missverstanden zu werden.

1.2 Die älteren Dienstvorschriften zur Inneren Führung

Am 28. Januar 2008 wurde die neue Zentrale Dienstvorschrift 10/1 Innere Führung erlassen. Sie stellt die dritte Fassung der Inneren Führung in einer Zentralen Dienstvorschrift dar. Voraus gingen ihr die ZDv 10/1 Hilfen für die Innere Führung (1972) und die ZDv 10/1 Innere Führung (1993). Davor hatte das Handbuch Innere Führung (1957) das Führungsverständnis der Bundeswehr zusam-

---

Grundrechte [sollen] auch für den Soldaten Geltung behalten, soweit sie irgend vereinbar mit dem Wesen seines Dienstes" sind.

menhängend dargestellt. (Historischer Überblick bei Meyer 2009: 5–15; zur Vorschrift aus dem Jahr 1993 Dörfler-Dierken 2011)

Die verschiedenen Fassungen der Leitvorschriften zur Inneren Führung und des Handbuchs Innere Führung zeigen, dass die Frage angemessener Menschenführung innerhalb der Bundeswehr zu jeder Zeit virulent war. Innere Führung wurde seit den fünfziger Jahren von Politik, Gesellschaft und militärischen Vorgesetzten ebenso wie von den Untergebenen immer wieder diskutiert. Insofern ist die häufig zu hörende Bemerkung, Innere Führung sei ein dynamisches Konzept, ganz richtig. Die Konzeption hat bisher allen gesellschaftlichen, politischen und militärischen Wandel überstanden. Jede Generation entwickelte die Konzeption der Inneren Führung und die Vorschriften dafür entsprechend der von ihr wahrgenommenen Notwendigkeiten weiter, ohne doch grundsätzlich die drei Dimensionen der Wirksamkeit der Inneren Führung – Integration (in die Gesellschaft), Legitimation (des politischen Auftrags) und Motivation (der Soldatinnen und Soldaten) – zu verändern.

1.3   Führen, Führung, Innere Führung

Der Begriff ‚Führung' ist in der Umgangssprache ebenso gebräuchlich wie in der wirtschaftswissenschaftlichen und in der politischen Diskussion. Geradezu inflationär wird er etwa in den großen Tageszeitungen gebraucht: Führung wird von Politikerinnen und Politikern im öffentlichen Leben ebenso wie von Managerinnen und Managern im Umgang mit Mitarbeiterinnen und Mitarbeitern gefordert. Seminare für Führungskräfte bieten allerhand Spezialwissen an, das den jeweiligen Führerinnen und Führern ihre Aufgabe erleichtern soll. Der Aufstieg des Begriffs ‚Führung' zu einem Leitbegriff der öffentlichen Diskussion in den letzten Jahren ist deshalb auffällig, weil die Deutschen bekanntlich besondere Erfahrung mit einem ‚Führer' gemacht haben und der Begriff „Menschenbehandlung", nahe verwandt mit Menschenführung, sich sogar im „Wörterbuch des Unmenschen" findet: „Der Meister, Abteilungs- oder Betriebsleiter, der solch einen Kursus [in Menschenbehandlung, ADD] mit Erfolg absolviert hat, wird zu einem Seelentechniker, (…) der weiß, wie man nach den Regeln der Kunst auf dem Klavier der Triebe spielen muß, um ‚ein gutes Betriebsklima' zu erzeugen. Im schlimmsten Fall ist es Verachtung, im besten eine naive und halbe Wissenschaftlichkeit, die dergleichen eingibt. Schlimmer als der schlimmste Fall ist noch der unmerkliche, seiner selbst unbewußte Zynismus, der die besten Absichten zu verfolgen meint: ihm winkt obendrein der Erfolg. Dem Menschen ziemt es nicht, den Menschen zu behandeln. Ihm ziemt es aber, mit seinesgleichen umzugehen. Menschenbehandlung ist eo ipso so viel wie Menschenmißhandlung. Die rechte Menschenbehandlung aber ist der Umgang mit Menschen." (Sternberger 1968: 136)

Ein Stichwort in theologischen und ethischen Nachschlagewerken ist das Begriffsfeld ‚Führen, Führung' dagegen nur in dem eingeschränkten Sinne von Exerzitien, obwohl genügend biblische Geschichten von der menschlichen Erfahrung berichten, ‚geführt' zu werden. Erinnert seien Abraham, der aus seinem Vaterland geführt wird, Moses, der aus Ägypten geführt wird, Jesus, der nach Jerusalem zu seiner Kreuzigung geführt wird, und Paulus, der unter die Heiden geführt wird. Wenn Christen sich diese Erfahrungen zu Eigen machen, sich selbst als ‚Geführte' im biblischen Sinne begreifen, dann können sie auch christlich inspirierte Führungslehren für Manager goutieren. Wie der gute Hirte seine Schäfchen, so soll der gute Manager seine Mitarbeiter führen. Dieses Bild soll vor allem die Fürsorge des ‚guten Hirten' herausstellen. (Leman/Pentak 2005) Obschon das Bild, dass alle Menschen irgendwie ‚Schafe' sind, die von einem ‚Hirten' auf ihren Weidegrund geführt werden müssen, dem neuzeitlich-autonomen Individuum ausgesprochen anstößig dünken möchte – wer wollte schon gern ein Schaf sein? Wer will sich schon gern zur Schlachtbank führen lassen? – birgt in der von Firmenpleiten und Entlassungen gebeutelten Gegenwart, in der sogenannte ‚Heuschrecken' die einfachen Arbeiter und Angestellten um ihren gerechten Anteil am Bruttosozialprodukt bringen, die Rede vom ‚guten Hirten' ein Versprechen. Und wenn das Schaf nicht daran zweifelt, dass sein Hirte ‚gut' ist, dann mag es mit dessen Führung wohl auch ganz zufrieden sein.

Die Literatur zur geistlichen Führung bzw. Seelenführung, wie sie im Rahmen geistlicher Übungen (Exerzitien) gepflegt wird, thematisiert damit einen Aspekt, der für das rechte Verständnis von Führung von großer Bedeutung ist: Die Führung muss vom Geführten freiwillig angenommen werden. Sie muss auf dem Vertrauen des Geführten basieren, darf nicht auf Recht oder Forderungen beruhen. Der Gehorsam dem Führer oder der Führerin gegenüber kann in diesem Sinne nur ein freier sein. (Wulf 1964: 574) Was hier für die ‚Seelenführung' beschrieben wurde – abgeleitet vom biblischen Verständnis von göttlicher Führung – macht den positiven Sinn von Führung deutlich: Der Allwissende führt. Ihm darf der Geführte vertrauen und sich führen lassen.

Trotzdem – oder gerade deshalb, weil militärische Führer ebenso wenig wie Politiker und Manager ‚Gott' sind und an seine Stelle treten können – die positive Konnotierung aller Derivate des Verbs ‚führen' ist auffällig. Dieser Trend ist neu und wirft ein bezeichnendes Licht auf die Gegenwart. Nach 1968 galten ‚Führer' allein im Militär als unumgänglich, weil die Streitkräfte – so hieß es – eine Organisation mit straffer und steiler hierarchischer Gliederung seien, in der die jeweiligen Vorgesetzten die jeweiligen Untergebenen führen und jeder Vorgesetzte zugleich Untergebener und Vorgesetzter anderer Soldaten sei. Seit Jahren wird jungen Menschen versprochen, sie könnten im Dienst der Bundeswehr bald ‚Führungsverantwortung' tragen, und daran, dass jeder ‚Führung lernen' könne, wird von Wehrdienst- bzw. Karriereberatern und von Ausbildern in den Offizierschulen kein Zweifel gelassen.

1.4 Neufassung der ZDv 10/1 Innere Führung (2008)

Das BMVg hat am 17. Juli 2001 dem SOWI die folgende Rahmenweisung erteilt: Die „die zeitgebundenen Auslegungen und tagespolitischen Präferenzen ‚überdauernden' ethischen Normen, Wertkonzepte und Begründungszusammenhänge der Konzeption [Innere Führung, ADD] sollen aufgezeigt werden." Sie sollen „fundiert und abgeleitet sein aus den Leitgedanken der Gründerväter der Inneren Führung und des Grundgesetzes" und die Funktion erfüllen, die spätere Entwicklung auf „Brüche und Paradigmenwechsel" hin zu bewerten. Auf die impliziten und expliziten ethischen Voraussetzungen und Forderungen der Konzeption der Inneren Führung nimmt auch das Weißbuch Bezug: „Intensive ethisch-moralische Bildung trägt nicht nur dazu bei, ein reflektiertes berufliches Selbstverständnis zu entwickeln, sondern fördert auch die Fähigkeit des Einzelnen, in moralisch schwierigen Situationen eigenverantwortlich zu handeln." (Weißbuch 2006: 63) Zusammenfassend heißt es im Weißbuch weiter: „Die Innere Führung hilft auch bei der Transformation [dieser Begriff wäre heute zu ersetzen durch: Neuausrichtung, ADD] der Streitkräfte. Gerade in der komplexer gewordenen Welt leistet sie einen unverzichtbaren Beitrag zur Orientierung der Soldaten. Mitverantwortung, Motivation, Fürsorge, Auftragstaktik und Führen durch Vorbild bleiben auch nach 50 Jahren zentrale Begriffe des Führungsverständnisses in der Bundeswehr der Zukunft." (Ebd.: 64) Die Bundesregierung hält an der Inneren Führung fest, um „die Funktionsbedingungen einsatzfähiger Streitkräfte mit den freiheitlichen Prinzipien eines demokratischen Rechtsstaats in Einklang zu bringen." (Ebd.: 78)

Mit diesen Formulierungen und Überlegungen wird der Selbstverpflichtung der Bundesrepublik Deutschland Rechnung getragen, den OSZE-Verhaltenskodex zu politisch-militärischen Aspekten der Sicherheit vom 3. Dezember 1994, der seit dem 1. Januar 1995 in Kraft ist, umzusetzen. Hier heißt es zur Verantwortung eines jeden einzelnen Soldaten, einer jeden einzelnen Soldatin, welche die Teilnehmerstaaten der OSZE zu garantieren sich verpflichtet haben: „Jeder Teilnehmerstaat wird (…) gewährleisten, daß sich die Angehörigen der Streitkräfte der Tatsache bewußt sind, daß sie nach dem innerstaatlichen Recht und dem Völkerrecht für ihre Handlungen persönlich verantwortlich sind." Vorgesetzte werden „für die unrechtmäßige Ausübung ihrer Befehlsgewalt persönlich zur Verantwortung gezogen. (…) Die Verantwortlichkeit der Vorgesetzten entbindet die Untergebenen von keiner einzigen ihrer persönlichen Verantwortlichkeiten."[4] Selbständige Verantwortlichkeit bei der militärischen Auftragserfüllung wird hier explizit von den Soldatinnen und Soldaten gefordert. Innere Führung und OSZE-Verhaltenskodex laufen also auf dasselbe Ziel zu: die Stärkung der Ver-

---

4 Online: http.:www.auswaertiges-amt.de/diplo/de/Aussenpolitik/Themen/Abruestung/KonRue/Kontrolle/OSZE-CoC.html, letzter Zugriff: 30. August 2012, Ziffer 30f.

antwortlichkeit des soldatischen Individuums als sittliche Persönlichkeit.[5]

Es wäre also falsch zu behaupten, die Konzeption Innere Führung, die unter den Bedingungen des Kalten Krieges für den Ost-West-Gegensatz entwickelt wurde – den niemand anders denn als zwischenstaatlichen Krieg austragen zu müssen fürchtete – sei untauglich für die Szenarien der Gegenwart, die durch neue, asymmetrische Bedrohungen gekennzeichnet sei. Nach dem Willen der politischen und militärischen Entscheidungsträger ist genau das Gegenteil wahr.

Die wichtigsten Stationen, die der Neufassung der ZDv 10/1 Innere Führung (2008) vorausgingen, seien hier kurz skizziert: Während der Amtszeit von Verteidigungsminister Rudolf Scharping (VM 1998–2002) mehrten sich die Stimmen, die feststellten, dass „die Innere Führung (...) mehr Aufmerksamkeit verdient [hätte], als ihr in jüngster Zeit widerfahren ist; stell[e] sie doch ein Führungsmodell dar, das ethisch fundiert, demokratisch gewollt und politisch wie militärisch akzeptiert ist, und das sich historisch bewährt hat." (Opitz 2001: 42) Anlass für viele Äußerungen zur Inneren Führung waren die Auslandseinsätze der Bundeswehr in Bosnien-Herzegowina (1992), im Kosovo (1999), in Mazedonien (2001) und Afghanistan (2001). Auf Anfrage des Verteidigungsausschusses hat das BMVg am 27. Februar 2002 einen „Bericht zur Lage der Inneren Führung im Zusammenhang mit der Armee im Einsatz" vorgelegt. (Informationen aus Privatarchiv Oberst a. D. Dieckhoff) Minister Scharping betonte in seinen Reden mehrfach, der Staatsbürger in Uniform solle durch die Einrichtung von Laufbahnlehrgängen in Innerer Führung und eine Neufassung der ZDv 10/1 Innere Führung gestärkt werden (das wurde dann die aktuell vorliegende Vorschrift). Am 29. Januar 2003 wurde ein Unterausschuss des Verteidigungsausschusses des Deutschen Bundestages zum Thema „Weiterentwicklung der Inneren

---

5   Die Konzeption der Inneren Führung erlaubt eine ethisch fundierte Gesamtschau des Phänomens Militär in der demokratischen Gesellschaft. (Meyer 2009; Dörfler-Dierken 2006c) Militärethik ist unter den Bedingungen zunehmender und friedenserzwingender, robuster Auslandseinsätze ein Thema mit enormem Wachstumspotential. (Vgl. Ebeling 2006; Walther 2006; Hartmann 2007; Wiesendahl 2007ab; Evangelisches Kirchenamt für die Bundeswehr 2009; Beck/Singer 2011)

Führung, politischen Bildung und sozialen Verantwortung für Angehörige der Bundeswehr vor dem Hintergrund des Aufgaben- und Strukturwandels im Einsatz" eingesetzt, der allerdings weitgehend ergebnislos im Herbst 2004 seine Arbeit erst einmal eingestellt hat, um sich der Aufarbeitung der März-Unruhen im Kosovo zuzuwenden. Erst im Mai 2006 konstituierte sich dieser Unterausschuss des Verteidigungsausschusses wieder. (Abschlussbericht 2007: 3)

Von etwa 2004 bis 2007 wurde im Verteidigungsministerium und den nachgeordneten Dienststellen an der angekündigten Neufassung gearbeitet, die nach ausführlichen internen Beratungen im Zentrum Innere Führung in Koblenz und ihrer Präsentation im Unterausschuss Innere Führung des Verteidigungsausschusses sowie im Beirat Innere Führung am Beginn des Jahres 2008 der Öffentlichkeit vorgestellt werden konnte. Diese Vorschrift spiegelt also einen breiten Konsens innerhalb der Bundeswehr und ihrer politischen Leitung.

Nach Veröffentlichung der neuen Vorschrift, am 6. März 2008, debattierte das Plenum des Bundestages 45 Minuten lang über die Innere Führung. Anlass war die Vorlage des Abschlussberichts des Unterausschusses des Verteidigungsausschusses zur „Weiterentwicklung der Inneren Führung" (Deutscher Bundestag 16/8378: 15618–15626). Einmütigkeit bestand bei allen Parteien darin, dass die Innere Führung mit dem Soldaten als mündigen Staatsbürger gestärkt und weiterentwickelt werden müsse. Am 23. April 2009 nahm der Bundestag dann den 50. Bericht des Wehrbeauftragten (Deutscher Bundestag 16/12200) entgegen. Die politische Diskussion konzentrierte sich auf Probleme der Menschenführung in der Bundeswehr. So heißt es in der Beschlussempfehlung und im Bericht des Verteidigungsausschusses vom 26. Februar 2009 (Deutscher Bundestag Drucksache 16/12071: 2): „Die regelmäßig in den Jahresberichten des Wehrbeauftragten aufgeführten Fälle von entwürdigenden Behandlungen von Untergebenen und menschenverachtenden Ausbildungsmethoden sind ein deutliches Indiz dafür, dass die Innere Führung in der Praxis nicht konsequent genug umgesetzt wurde und in den Köpfen auch nicht immer bereits angekommen ist." Das gilt – liest man die späteren Berichte des nachfolgenden Wehrbeauftragten und die an die Übergabe seines Berichts jeweils anschließenden Parlamentsdebatten – immer noch, wenn auch die Akzente der Darstellung in den Berichten jeweils unterschiedlich gesetzt wurden. Meist geht es um Fragen der Menschenführung: menschenunwürdige Rituale, mangelnde Vereinbarkeit von Familie und Dienst, Scheidungshäufigkeit, Pendlerprobleme, die Integration und Förderung von Frauen. (Vgl. die Berichte des Wehrbeauftragten des Deutschen Bundestages für die Jahre 2010, 2011, 2012; 2013; vgl. auch Biehl et al. 2011) Beachtlich und beängstigend zugleich ist die Tatsache, wie sehr die Berichte über die Missstände einander gleichen und wie einhellig die Beteuerungen der Abgeordneten klingen. Auf der Ebene der Handelnden scheint weniger anzukommen als zu erwarten – oder sollte man besser annehmen, in einer Großorganisation gebe es immer Fälle von menschlichem Fehlverhalten und die öffentliche Empörung über besonders gravierende Mängel der Menschenführung sei ein probates und kostenneutrales Instrument zur Erziehung von Soldatinnen und Soldaten?

1.5   Forschungsstand und Quellen

Die hier vorgelegte Studie ist ethisch geprägt. Integriert werden die Ergebnisse verschiedener Fachwissenschaften in die Argumentation. Der Logik managementtheoretischer, sozialpsychologischer oder sozialwissenschaftlicher Argumentation kann deshalb nicht einlinig gefolgt werden. Es steht zu hoffen, dass die Integration der unterschiedlichen Perspektiven der verschiedenen Wissenschaftskulturen aus speziell ethischem Blickwinkel heraus bewusst macht, dass das Thema Führung multiperspektivisch bedacht werden muss. Einen breiten Raum nehmen dabei empirische und andere Studien aus dem SOWI, jetzt ZMSBw, ein. Dazu treten Untersuchungen von anderen akademischen Einrichtungen und einzelnen Wissenschaftlern, aber auch Beiträge aus der Militärseelsorge.

Dieser Abhandlung argumentiert somit aus einer anderen Perspektive als der jüngst erschienene Sammelband zur „Neuausrichtung der Bundeswehr. Beiträge zur professionellen Führung und Steuerung" (Richter 2012), der die Bedingungen, Möglichkeiten und Probleme des umfassenden Modernisierungsprozesses der Bundeswehr aus managementtheoretischer und -praktischer Perspektive begleitet. Die leitende Frage der Autorinnen und Autoren dieses Sammelbandes zielte auf Organisationssteuerung. Hier ging es weniger um das ‚was unten ankommt', als um das, ‚was oben hinein gehört' – vor allem also um die Instrumente, mit denen Politiker und höhere Verantwortungsträger in der Bundeswehr deren Entwicklung in Zeiten knapper öffentlicher Mittel und eines veränderten Aufgabenprofils steuern. Es ging hier also um die ‚Makroebene'. (Zur Verwendung dieser Terminologie in der Militärsoziologie vgl. Leonhard/Werkner 2012)

In diesem Forschungsbericht geht es dagegen um die ‚Mikroebene', um das soldatische Individuum und um das Zusammenwirken von Soldaten verschiedener Dienstgrade. Dabei kommt den Spannungsfeldern, in die Uniformträger durch die Anforderungen des Dienstes gestellt sind, besondere Aufmerksamkeit zu: etwa der für Armeen typischen Struktur von Befehl und Gehorsam (Apelt 2012) und der Erfahrung der Zerrissenheit zwischen Familie und Dienst (Näser-Lather 2011).

2 ‚Führung' in der ZDv 10/1 Innere Führung (2008)

Diskussionen um die Auslegung dessen, was Führung in der Bundeswehr bedeutet, und wie das Führungsverständnis durch die Konzeption der Inneren Führung – die bekanntlich die Organisationskultur der Bundeswehr bestimmen und deren Struktur zutiefst durchdringen und prägen soll – bestimmt werden muss, waren zu jeder Zeit virulent. Deshalb kann man sagen: Die Geschichte der Inneren Führung in der Bundeswehr ist die Geschichte der jeweiligen Fassung der ZDv 10/1! Insofern ist die häufig zu hörende Bemerkung, Innere Führung sei ein elastisches und dynamisches Konzept, ganz richtig. Jede Generation entwickelte die ZDv 10/1 Innere Führung entsprechend ihrer eigenen Ansichten und Bedürfnisse weiter. Dabei blieb das Grundgesetz die Konstante. Zusammenfassend kann zugespitzt werden: Die unterschiedlichen Fassungen der ZDv 10/1 im 20-Jahre-Rhythmus (1972, 1993, 2008) tragen dem Trend zu immer stärkerer Individualisierung Rechnung, wie er in vielerlei Hinsicht in der Gesellschaft (Vgl. Jugend 2000; Gerhard 1999; grundlegend Klages 1984) zu beobachten ist.

Die faktische Entwicklung wird schlaglichtartig deutlich, wenn man sich eines einfachen Beispiels erinnert, das bis heute die Gemüter militärischer Vorgesetzter erhitzen kann, und eben deshalb als Indikator für die Frage der Anerkennung von Individualität innerhalb der Bundeswehr gelten kann: die langen Haare der Rekruten in den späten sechziger und siebziger Jahren. Dass es zum Ausdruck persönlicher Individualität – eines jungen Mannes (!) – gehören könnte, seinen Pferdeschwanz im Grundwehrdienst behalten zu dürfen, erscheint heute merkwürdig. Dabei hat das Haarurteil des Truppendienstgerichts Süd in München vom 4. Januar 2005 (Az: S4 BLc 18/04) noch vor wenigen Jahren unmissverständlich festgestellt, dass die Forderung eines Kurzhaarschnitts seitens militärischer Vorgesetzter ein unbilliger Eingriff in die Persönlichkeitsrechte eines Wehrpflichtigen ist. Wer zur Ableistung seines Grundwehrdienstes durch Gesetz gezwungen sei, dürfe nicht gezwungen werden, seine

Individualität – als deren legitimer Ausdruck lange Haare angesehen wurden – an der Wache abzugeben. Militärische Vorgesetzte hörten das damals nicht gern und argumentierten mit dem Erlass „Die Haar- und Barttracht der Soldaten" (Anlage 1 zur ZDv 10/5 Leben in der militärischen Gemeinschaft) – faktisch aber trug die Bundeswehr dem Urteil Rechnung, indem sie ihre auf Haare, Schmuck und Aussehen des Soldaten bzw. der Soldatin bezüglichen Vorschriften änderte. Gegenwärtig ist das Urteil wegen der Aussetzung der Wehrpflicht obsolet, der Streit um die Individualität des Soldaten wird auf anderen Feldern ausgetragen, beispielsweise im Blick auf sichtbare Tattoos oder Piercings. Da derzeit nur Freiwillige Wehrdienst leisten, kann man von ihnen die Übernahme der Normen des Dienstherrn erwarten – und das ist ein Kurzhaarschnitt bei männlichen Uniformträgern. Für viele Menschen gelten heutzutage Kurzhaarschnitte – freilich nichts, was an ‚Glatze' erinnert – als Ausdruck von Professionalität und Kompetenz.

Aus religionsgeschichtlicher Perspektive ist das Thema Haare und Kampfkraft hoch besetzt: Nicht nur war es ein Kennzeichen des asketischen Kampfes gegen die eigenen Leidenschaften und Dämonen, die Haare lang und offen zu tragen – Urbild dafür ist etwa der Hl. Antonius Eremita, eindrücklich dargestellt auf dem Isenheimer Altar. Es war auch der Urtyp des biblischen Kämpfers Samson, der seine Kampfkraft verlor, als seine Geliebte Delila ihm die Haarpracht schor. Nur solange, bis das Haupthaar nachgewachsen war, musste er in Gefangenschaft bleiben. Das lange Haar der fränkischen Könige galt als symbolischer Ausdruck der ihnen zugeschriebenen Sakralität und auch die männlichen Sikh verbinden mit ihrem Langhaar Stärke und Virilität. (Naacke 1999: 1) Wenn heutzutage Soldaten mit Kurzhaarschnitt als professionell und durchsetzungsfähig gelten, dann zeugt das vor allem von der Vergesslichkeit der Gegenwart.

Frauen wird es ermöglicht, ihre längeren Haare zusammenzubinden und die individuelle Frisur mit soldatischem Dienst zu verbinden. Warum sollte das Männern nicht auch möglich sein?

Wer Haartracht zum Gruppenmerkmal erklärt und zum Gegenstand von Verhaltensvorschriften macht, der nimmt den Menschen die kleinen Unterschiede, die sie im Verhältnis zu ihrem Nachbarn und Gegenüber zum Individuum machen. Dann sucht sich der Wunsch nach Bewahrung von Individualität trotz Uniformtragens gegebenenfalls andere Auswege.

Die Betrachtung vergangener Diskussionen um die Haarlänge macht deutlich, dass es in der Bundeswehr um die Frage der Aufrechterhaltung des Bewusstseins von Individualität und um die der Anerkennung von individueller Besonderheit geht. Soldatinnen und Soldaten suchen in dem gleichmachenden äußeren Ambiente – das sieht ein jeder, der sie mit scharfem Blick mustert – nach Möglichkeiten, sich als Individuen kenntlich zu machen: durch Versilberungen von Abzeichen, durch besondere Knöpfe, durch Einsatz- und Gefechtsmedaillen oder durch andere kleine Zeichen. Zum Gegenstand der ZDv 10/1 Innere Führung (2008) sind die Fragen des soldatischen Aussehens nicht geworden. Die Vorschrift kann aber dahingehend ausgelegt werden, dass die Anerkenntnis von Individualität den Vorgesetzten und Kameraden abverlangt wird. Individualität anzuerkennen und zu fördern liegt in der geistigen Linie der Inneren Führung.

Die Konzeption der Inneren Führung kann deshalb angepasst werden an die Notwendigkeiten einer jeden Zeit und Generation, weil sie mit überzeitlichen Spannungsfeldern arbeitet, die je individuell ausbalanciert und ausgehalten werden müssen: Die Freiheit des Menschen im Soldatenrock steht in Spannung zur Einordnung in die militärische Gruppe und Organisation. Sein Wunsch nach Individualität steht in Spannung zu seinem Verlangen nach Einswerdung mit einem überindividuellen machtvollen Organismus. Der Wunsch nach Selbstbestimmung oder Herrschaft über Andere steht in Spannung zum Sichfallenlassen. Diese Spannungsfelder sind nicht charakteristisch für militärische Organisationen, treten in ihnen aber mit größerer Schärfe als im Zivilleben auf, da die hierarchische Regelungskultur den Eindruck entstehen lassen mag, dass es weniger auf das Individuum als auf die Gruppe, weniger auf Selbständigkeit als auf Einordnung, weniger auf Selbstverantwortung als auf Gehorsam ankomme. Das allerdings wäre nicht im Sinne der Inneren Führung.

2.1 Definition von Innerer Führung

Wolf Graf von Baudissin unterschied noch das „Innere Gefüge" und die „Innere Führung" (Reeb/Többicke 2003abc). In die Bundeswehr eingeführt wurde aus kontingenten historischen Gründen allein der Begriff Innere Führung.[6] Während der Begriff Innere Führung ursprünglich auf das Selbstverhältnis des Soldaten zielte, steht der Begriff „Inneres Gefüge" für die Strukturen, die innerhalb der Streitkräfte im Verhältnis Militär und Gesellschaft sowie Militär und Politik dafür sorgen sollten, dass demokratische Bürger Soldaten sein können. Wenn nun der Begriff Innere Führung jetzt beide Dimensionen abdecken soll, dann können Verständigungsprobleme nicht ausbleiben.

In der neuen ZDv 10/1 Innere Führung (2008) wird im Kapitel „Grundlagen und Grundsätze" Innere Führung folgendermaßen definiert: „301. Durch die Innere Führung werden die Werte und Normen des Grundgesetzes in der Bundeswehr verwirklicht. Sie bildet die Prinzipien von Freiheit, Demokratie und Rechtsstaatlichkeit in den Streitkräften ab. Ihr Leitbild ist der ‚Staatsbürger in Uniform'."[7]

Diese Kurzdefinition gibt an, wofür Innere Führung taugt: Sie sorgt dafür, dass die im Grundgesetz festgeschriebenen Normen und Werte auch in der Bundeswehr gelten. Als Normen und Werte, aus de-

---

6 Ursprünglich sprach man vom ‚Inneren Gefüge', um dessen Formulierung sich Baudissin im Amt Blank bemühen sollte. Über die Hintergründe der Entstehung des neueren Begriffs ‚Innere Führung' berichtete ein Zeitgenosse: Der Begriff Innere Führung entstand als „spontane Notlösung Baudissins, dessen Arbeitsgruppe ‚Inneres Gefüge' nach Vollzug der gesetzlichen Verankerungen der Konzeption von Auflösung durch nur statisch denkende Organisatoren und Juristen bedroht war. Die notwendigen dynamischen Komponenten kontinuierlicher Erziehung, Bildung und Führung konnten kurzfristig nur mit jener Wortkorrektur ‚streiche Gefüge, setze Führung' als Anspruch sichergestellt werden." Th. von Mutius, Kommandeur der Zerstörerflottille, Kiel, 9. Oktober 1967 an Prof. Dr. L. von Friedeburg, Institut für Sozialforschung, Frankfurt a. M. EKA Az. 36-01-01.

7 Vgl. auch ZDv 10/1 Innere Führung (2008) Abschnitt: Selbstverständnis und Anspruch „107. Durch die lebendige Gestaltung und Befolgung der Grundsätze der Inneren Führung werden die Werte und Normen des Grundgesetzes in der Bundeswehr verwirklicht."

nen heraus das Grundgesetz entwickelt wurde und die es zugleich schützt, werden im Folgenden (304.) „Menschenwürde, Freiheit, Frieden, Gerechtigkeit, Gleichheit, Solidarität und Demokratie" genannt. Innere Führung zielt demnach auf die Implementierung des Grundgesetzes – mit seinen impliziten und expliziten Annahmen über den Menschen – in die militärische Organisation.

> **Definition von Innerer Führung: Umsetzung der Werte, Normen und Prinzipien des Grundgesetzes in der Bundeswehr.**

Es wirkt befreiend, dass fünfzig Jahre nach Aufstellung der Bundeswehr der Grundgedanke, dass die Werte und Normen des Grundgesetzes auch in der Bundeswehr gelten müssen – ein Gedanke, der überhaupt die Bedingung dafür schafft, dass Soldatinnen und Soldaten in demokratischen Streitkräften dienen können – in der Dienstvorschrift formuliert und eingeschärft wird. Schon zuvor bestand daran allerdings grundsätzlich kein Zweifel. Auffällig ist an dieser Definition von Innerer Führung jedoch, dass mit ihr nur einige der Seiten des in multipler Bedeutung schillernden Begriffs Innere Führung aufgenommen und in eine scheinbar weniger komplexe Formel übersetzt wurden. Innere Führung wird hier verkürzt auf den ‚Geist der Truppe', der grundgesetzkonform sein soll. Das wird einerseits durch Gesetzeskonformität fordernde Vorschriften erreicht, andererseits müssen in der Bundeswehr Menschen tätig sein, die sich selbst von den Werten und Normen des Grundgesetzes geleitet wissen. Dass eine innerliche Selbstführung und Selbstdefinition der Soldatinnen und Soldaten im Geist dieser Vorschrift nötig ist, wird von der ZDv 10/1 Innere Führung (2008) durch die Formulierung von „Leitsätze[n] für Vorgesetzte" insbesondere diesen eingeprägt. (Anlage 1)

> **Gefahr: Verengung der Inneren Führung auf den ‚Geist der Truppe'.**

Unausgesprochen bleibt in dieser Vorschrift jedoch, dass Soldatinnen und Soldaten auch politische Menschen sind, die als Bürger, Betroffene und Experten mitverantwortlich für die Einsätze der

Bundeswehr und deren konkrete Ausgestaltung sind. Die Staatsbürger in Uniform müssen sich an der Diskussion über die strategische Ausrichtung der deutschen Außen- und Sicherheitspolitik, an der Diskussion des Für und Wider konkreter Auslandseinsätze beteiligen – und zwar auch die höheren Offiziere. Ein unpolitischer Offizier, der sich auf die Haltung „das Parlament möge beschließen und dann gehe ich (…)" zurückzöge, täte der Bundeswehr nicht gut. Dieser unpolitische Zug zeichnete die Innere Führung nicht immer aus: In den siebziger und achtziger Jahren wurde häufig eingeschärft, Innere Führung sei „mehr als nur eine Vorgesetztenkonzeption: die bewußte Teilhabe am politischen Geschehen, die Wahrnehmung der demokratischen Rechte in und außerhalb der Streitkräfte und die Weiterentwicklung und Umsetzung gesellschaftlicher Normen in persönliche Verhaltensweisen im Dienst gehören geradezu zum Pflichtenkatalog aller Soldaten in der Demokratie." (Rössler 1977: 129) Innere Führung sei nicht nur eine militärische Handlungslehre, sondern „politische Handlungsmaxime" zu einer Zeit, in der der Soldatenberuf unpolitisch „auf das Militärhandwerk" reduziert werde. (Ebd.: 133) Freilich kann eine Vorschrift diese Art von Diskussion und Reflexion nicht vorschreiben oder befehlen. Sie kann nur ausdrücklich deutlich machen, dass der politisch informierte und urteilsfähige Soldatentyp ausdrücklich gewünscht ist.

> **Gefahr: Verengung der Inneren Führung auf das Militärhandwerkliche.**

In der jetzt erlassenen ZDv 10/1 Innere Führung (2008) fehlt das Stichwort ‚Frieden' nahezu ganz. Im Register werden zwar mehrere Nennungen ausgewiesen, die Überprüfung im Text ergibt aber, dass entweder Art. 1 des Grundgesetzes zitiert wird (ZDv 10/1 2008: 104.) oder allgemeine deklaratorische Aufzählungen geboten werden: „Die Soldatinnen und Soldaten der Bundeswehr erfüllen ihren Auftrag, wenn sie aus innerer Überzeugung für Menschenwürde, Freiheit, Frieden, Gerechtigkeit, Gleichheit, Solidarität und Demokratie als den leitenden Werten unseres Staates aktiv eintreten." (ZDv 10/1 2008: 106.) Ebenso wird unter Ziffer 304. (vgl. die Zitation des ganzen Abschnitts oben) das „Wertesystem des Grundgesetzes" angesprochen, das neben Menschenwürde und Freiheit natürlich auch Frieden garantiert. Die Unterweisung zum Grundgesetz soll in der Politischen Bildung erfolgen. (ZDv 10/1 2008: 625.) Die Hinweise auf den Frieden zwischen den Staaten, dem die Bundeswehrsoldatinnen und -soldaten dienen sollen, sind also eher implizit als explizit. Zum Aufbau eines beruflichen Selbstverständnisses eignet sich der in der Vorschrift verwendete Friedensbegriff jedenfalls nicht. Einprägsamer ist die Verwendung von Frieden in dem zusammengesetzten Begriff „Berufszufriedenheit", der in Verbindung mit Motivation und Einsatzbereitschaft gesehen wird. (ZDv 10/1 2008: 612., 654., 656., 664.) Dieser Mangel ist ein weiteres Indiz für die Verkürzung des Gehalts der Inneren Führung.

> **Gefahr: Leere Beliebigkeit statt Frieden als Mittelpunkt des beruflichen Leitbildes für Soldatinnen und Soldaten.**

Die Zusammenstellung einschlägiger Studien zum Thema „Gewalt im Militär" zeigt, wie intrapsychische und gruppendynamische Prozesse in Untergruppen einer militärischen Organisation sowie bei einzelnen Soldaten bis in deren Privatleben hin zur Akzeptanz gewaltförmiger Konfliktlösung führen können. (Vgl. Kümmel/Klein 2002; dies. 2012) Innere Führung sollte diejenige Konzeption sein, mit der die westdeutschen Militärplaner Staatsbürger in Uniform zu friedensorientierten Soldaten erziehen wollten, zu Menschen, die imstande sind, Konflikte durch Abschreckung und Abrüstung zu transformieren. Von diesem Geist findet sich nichts in der ZDv 10/1 Innere Führung (2008). Dabei ist – psychologisch und pädagogisch gedacht – die Friedensfähigkeit die Voraussetzung für Konflikttransformation. Wer mit sich selbst im Frieden lebt, der kann auch andere befrieden – (notfalls auch) mit Waffengewalt. Anders herum gilt: Wer von seinen eigenen Gefühlen zerrissen oder zerfressen wird, wird irgendwann seinen inneren Unfrieden nach Außen wenden und im Zweifelsfall berserkerhaft reagieren. Damit würde die vielbeschworene ‚Spirale der Gewalt' angeheizt, die Möglichkeiten befriedend zu wirken, würden eingeschränkt. Andererseits mag es Situationen geben, in denen Gegner gar keinen Frieden wollen, in denen Unfriede für manche Menschen ökonomisch interessanter ist als Friede – dagegen haben friedensorientierte Soldaten nur wenig Chancen. Deshalb muss das soldatische Selbstverständnis auf den Frieden als politische Aufgabe bezogen sein. Der Beratung der Politik durch friedensorientierte Soldatinnen und Soldaten gebührt besondere Beachtung.

> **Gefragt sind politisch beteiligte Soldatinnen und Soldaten, deren Selbstverständnis vom Frieden her bestimmt ist.**

Die oben zitierte Definition von Innerer Führung weist ein weiteres Desiderat auf: Weggefallen ist der Gedanke, dass Soldaten sich in ihrem Tun von einer transzendenten Größe gerichtet wissen. Das war aber ursprünglich die Gedankenwelt Baudissins und der Gruppe um ihn, die dem Soldaten eindringlich einschärften, dass er nicht nur vor dem Vorgesetzten und dem Richter zu bestehen habe in seinem Tun, sondern vor allem vor Gott (*coram Deo*). Das wurde am Thema Eid bzw. Gelöbnis breit erläutert. (Handbuch Innere Führung 1957: 7–14) Hier wurde, in traditionell religiöser Sprache und Logik, der Gedanke ausgesprochen, dass jede Untat irgendwann ans Licht kommt – und sei es an das Licht des eigenen Gewissens (*forum internum*), das sich irgendwann ‚rührt'. In der neuen Vorschrift klingt dieser Gedanke nur sehr verhalten an: Die Soldatinnen und Soldaten werden darauf aufmerksam gemacht, dass sie „vor allem im Einsatz Gewissensentscheidungen [fällen], die ihre ethische Bindung in den Grundwerten finden" (ZDv 10/1 2008: 105.) und sie werden aufgefordert, ihre „Kernkompetenz" „selbstverantwortlich zu leben und zu handeln und Verantwortung für andere übernehmen zu können" (508.) durch die Schärfung ihres eigenen Gewissens und die Entwicklung moralischer Urteilsfähigkeit beständig weiter zu entwickeln. (Ebd.: 508.) Einen Beitrag dazu soll der Lebenskundliche Unterricht leisten. Zudem haben die militärischen Vorgesetzten die „Pflicht" zur „Unterstützung und (…) Zusammenarbeit mit der Militärseelsorge". (ZDv 10/1 2008: 674.)

> **Gefahr: Vernachlässigung der Bildung des eigenen Gewissens des Soldaten bzw. der Soldatin.**

Es handelt sich bei den Formulierungen der neuen ZDv um eine Verkürzung der entsprechenden Gedanken aus der christlichen Tradition, die den Säkularisierungs- und Pluralisierungsprozessen der letzten Jahrzehnte geschuldet ist. Es gilt als gestrig, an die geistigen (abendländisch-christlichen) Wurzeln des Grundgesetzes zu erinnern und sie in den Horizont von dessen Auslegung einzubeziehen. Rechtsphilosophen beklagten schon in den fünfziger Jahren des letzten Jahrhunderts – und sie beklagen es heutzutage zunehmend –, dass das Wissen um die Notwendigkeit einer transzendenten Verankerung des Grundgesetzes schwindet. Bezeichnend für diesen Gedanken ist eine Äußerung Ernst-Wolfgang Böckenfördes, die inzwischen schon so bekannt geworden ist, dass sie unter dem Stichwort: „Böckenförde-Dilemma" in die Literatur eingegangen ist: „Der freiheitliche, säkularisierte Staat lebt von Voraussetzungen, die er selbst nicht garantieren kann. Das ist das große Wagnis, das er, um der Freiheit willen, eingegangen ist. Als freiheitlicher Staat kann er einerseits nur bestehen, wenn sich die Freiheit, die er seinen Bürgern gewährt, von innen her, aus der moralischen Substanz des einzelnen und der Homogenität der Gesellschaft, reguliert. Andererseits kann er diese inneren Regulierungskräfte nicht von sich aus, das heißt, mit den Mitteln des Rechtszwanges und autoritativen Gebots zu garantieren versuchen, ohne seine Freiheitlichkeit aufzugeben und – auf säkularisierter Ebene – in jenen Totalitaritätsanspruch zurückzufallen, aus dem er in den konfessionellen Bürgerkriegen herausgeführt hat." (Böckenförde 1976: 60)

Ergänzend hat der Soziologe Wolf Lepenies in seiner Dankesrede anlässlich der Verleihung des Friedenspreises des Deutschen Buchhandels darauf hingewiesen, dass dem Reden über das Grundgesetz „die Wärme" fehle. Verfahrensweisen und Regelungen, wie sie in einer Demokratie üblich sind, würden hoch gehalten, es fehle aber ein tieferes Verständnis für die Voraussetzungen und Verständnisbedingungen von Demokratie. (Lepenies 2006)

Die Mahnungen von Böckenförde und Lepenies gelten auch für Soldatengesetz und Dienstvorschriften, die doch im Grunde nichts anderes leisten sollen, als das Grundgesetz in die Bundeswehr hinein zu buchstabieren. Zu den entscheidenden Voraussetzungen für die demokratische Lebensform und Gesellschaftsgestaltung gehört das

Christentum, das gerade dadurch, dass es konfessionell verfasst ist (evangelisch – römisch-katholisch), seine Anhänger lehrte, dass rechtlich geordnete Verfahren religiöse Wahrheitsansprüche bändigen können und zugleich der Religion Raum lassen. Die christlichen Werte in ihrer konfessionellen Ausprägung haben die abendländischen Vorstellungen von Welt und Mensch zutiefst durchdrungen und geprägt. Sie sind im für die Demokratie grundlegenden Gedanken der Würde eines jeden Menschen festgeschrieben. Gerade religiöse *dissenters* haben entscheidende Beiträge zur Entstehung eines demokratischen politischen Systems und einer demokratisch geprägten Gesellschaft geliefert. Diese Grundfigur des Denkens ist leicht auf Muslime übertragbar, deren Religionsgeschichte auf vielerlei Weise mit der christlichen verknüpft ist. Und auch Atheisten können nicht anders als zur Kenntnis nehmen, dass der Atheismus sich dem Christentum und seinem Menschenbild verdankt.

An diese christliche Prägung des abendländischen Wertehimmels wurde in der Entwurfsfassung zur neuen ZDv 10/1 Innere Führung noch erinnert. So hieß es im Entwurf: „103. Innere Führung fußt auf Werten, die aufgrund geschichtlicher Erfahrungen, einer über Jahrhunderte entwickelten europäischen Ethik und Philosophie Eingang in das Grundgesetz und die freiheitlich-demokratische Grundordnung gefunden haben." (ZDv 10/1 Innere Führung, Entwurf vom 4. Juli 2006) Die vorliegende Textfassung sieht nicht mehr die Konzeption Innere Führung in der abendländisch-christlichen Geistesgeschichte verwurzelt, sondern leitet die Innere Führung aus dem Grundgesetz ab: „304. Das Grundgesetz ist die freiheitlichste Verfassung, die sich die Deutschen je gegeben haben. Das Wertesystem des Grundgesetzes beruht auf einer in Europa über Jahrhunderte entwickelten Philosophie und Ethik sowie auf besonderen geschichtlichen Erfahrungen. Dieses Wertesystem garantiert vor allem (...)". (ZDv 10/1 2008: 304.) Die hier gefundene ‚weiche' Formulierung „in Europa entwickelte Ethik und Philosophie" spielt auf den Jahrtausende alten christlich-jüdischen Hintergrund nur an. Die Stichworte griechisch-römische Antike, Humanismus und Aufklärung fehlen. Die Formulierung verweist nicht darauf, dass in das Christentum und seine Vorstellungen nicht nur alttestamentlich jüdische Erfahrungen und Reflexionen eingeflossen sind, sondern auch hellenistisches Gedankengut. Und nicht hingewiesen wird auf die Bedeutung arabischer Gelehrter für die Tradition des Wissens der Antike im Hochmittelalter. Nur wer diesen Hintergrund wenigstens ansatzweise kennt, kann den Richtungssinn verstehen, in dem die Grundbegriffe des Grundgesetzes ausgelegt werden müssen. Die Idee der Gottebenbildlichkeit des Menschen steht hinter dem Begriff der Menschenwürde; ohne einen solchen Bezugspunkt wird der Begriff leicht hohl. Kürzlich hat die Juristin Tine Stein die „himmlischen Quellen" irdischen Rechts eingehend analysiert. (Stein 2007) Auch umgekehrt gilt: Was „Verbrechen gegen die Menschlichkeit" sind, erschließt sich nur dem, der einen Begriff von Menschenwürde hat. (Dörfler-Dierken 2005: 120–131)

> **Gefahr: Aushöhlung des Grundgesetzes, wenn seine geistesgeschichtlichen Voraussetzungen und Wurzeln nicht mehr verstanden werden.**

Wenn die Vorschrift auf die positive Entfaltung dieser Begriffe verzichtet, dann ist das aufgrund ihres dienstlichen Charakters verständlich. Es muss allerdings darüber diskutiert werden, wie außerhalb des Lebenskundlichen Unterrichts, der explizit mit der Vermittlung von ethischen Grundlagen des soldatischen Selbst- und Berufsverständnisses betraut ist, das Verständnis für den Gehalt der leitenden Werte des Grundgesetzes entstehen und wachsen soll. Deren Verwirklichung durch die Vorgesetzten zu fordern ist richtig – gesagt werden müsste aber den Vorgesetzten auch, was das konkret heißt, und wie sie ihr Handeln entsprechend der Leitsätze für Vorgesetzte als Abbildung der Werte, Normen und Prinzipien des Grundgesetzes verstehen und gestalten sollen.

Wichtig für das Verständnis des zitierten Paragraphen 304. ist in jedem Fall, dass hier mit der nötigen Bestimmtheit ein Richtungssinn angegeben ist, entsprechend dem Ethik und Werte des Grundgesetzes in der Bundeswehr durch die Innere Führung interpretiert werden sollen. Als Basiswert, auf den die Innere Führung in dieser Dienstvorschrift immer wieder bezogen wird (vgl. im Register der Vorschrift die Lemmata Menschenwürde und Menschenrechte), muss die Menschenwürde gelten. Einprägsam heißt es: „Wer Menschenwürde verteidigt, muss Menschen würdig behandeln." (ZDv 10/1 2008: 604.) Zu den antik-christlichen Wurzeln von Menschenwürde wie jedes anderen dieser Werte gibt es eine breite Literatur, deren Diskussionen an dieser Stelle nicht nachzuzeichnen und deren Probleme an dieser Stelle nicht zu entfalten sind. Hingewiesen sei allein auf die Tatsache, dass es bis weit in das 20. Jahrhundert hinein dauerte, bis Menschenrechte und Demokratie von den beiden christlichen Großkirchen als Werte anerkannt wurden.

Die ZDv 10/1 Innere Führung (2008) bewegt sich explizit im Referenzrahmen des Grundgesetzes; sie ist implizit christlich geprägt, denn der Richtungssinn der Auslegung ist in einer bestimmten Weise festgelegt. Es wäre zu fragen, wie die spezifisch abendländische, zutiefst antik-jüdisch-christlich geprägte Vorstellung von einem Kriegsmann, der dem Frieden dient, indem er dem schutzlosen Nächsten hilft (weil er etwas anderes vor seinem Gewissen, in dem Gott zu ihm spricht, gar nicht verantworten könnte), auf in der Bundeswehr dienende Muslime zu übertragen ist. Zwischen christlichen Theologen und Gläubigen besteht Einmütigkeit in dem Urteil, dass es sich bei einem christlich motivierten Terroranschlag nicht um einen legitimen Ausdruck genuin christlichen Gedankenguts, sondern um einen verbrecherischen Terroranschlag handeln würde, der gegen die Werte der eigenen Religion verstößt. Für den Bereich des Islam steht eine solche Selbstfestlegung noch aus.

> **Die Werte, Normen und Prinzipien des Grundgesetzes gelten auch für in der Bundeswehr dienende Muslime.**

Der Versuch der Autoren der neuen Dienstvorschrift, die geistige Welt zu umreißen, auf der allein die Gedanken, die im Grundgesetz Gestalt gewonnen haben, reifen konnten, ist ehrenwert. Grundsätzlich können atheistische Soldatinnen und Soldaten mit diesen Bestimmungen ebenso leben und arbeiten wie Muslime, die sich an der Verteidigung der freiheitlich-demokratischen Grundordnung beteiligen wollen. Wer allerdings der festen Überzeugung wäre, dass Frauen und Kinder weiblichen Geschlechts keine Menschen sind, könnte wohl kaum seine Aufgabe darin sehen, sie zu achten und zu schützen. Ähnliche Probleme beständen auch dann, wenn ein Mensch nicht die Idee des Gewissens als einer überindividuellen, gleichwohl ihn individuell ansprechenden Größe teilt, oder wenn er den Gedanken des Friedens dem des Krieges systematisch unterordnet. Dann hätte er in der Bundeswehr keinen Platz.

> **Die Werte, Normen und Prinzipien des Grundgesetzes gelten auch für in der Bundeswehr dienende Atheisten.**

Aus der Achtung und dem Schutz der Menschenwürde, die dem Soldaten als Verwalter des staatlichen Gewaltmonopols in besonderer Weise aufgetragen sind, leitete der Entwurf der ZDv 10/1 Innere Führung (2006) ab, dass auch die Menschenwürde von Soldatinnen und Soldaten in besonderer Weise geschützt werden muss. „Soldatinnen und Soldaten der Bundeswehr sind in erster Linie als selbstverantwortliche Menschen und erst danach als Träger militärischer Funktionen zu behandeln." (105.) Dieser Satz fehlt leider in der Endfassung dieser Dienstvorschrift. Dass Vorgesetzte für sich selbst verantwortliche Menschen sind und es bei ihren Untergebenen mit anderen für sich selbst verantwortlichen Menschen zu tun haben, ist in dieser Weise bisher in keiner Vorschrift der Bundeswehr ausgesprochen worden – obwohl es eigentlich selbstverständlich sein müsste. Selbstverantwortlichkeit des Soldaten entspricht den Erfahrungen mit dem je eigenen Gewissen, das Soldaten nach dem letzten Krieg gemacht haben. Selbstverantwortlichkeit entspricht auch den Bestimmungen des Völkerrechts. Der Begriff „selbstverantwortlicher Mensch" hebt zwar die Fürsorgepflicht von militärischen Vorgesetzten und Politikern für die Soldatinnen und Soldaten nicht auf, erinnert aber daran, dass Befehl und Gehorsam niemanden von der Verantwortung für sein Tun entbinden. Logisch-systematisch wird der Mensch dem Soldaten vorgeordnet – der Träger hoheitlicher Funktionen ist zuallererst als Mensch und dann als ‚Funktionär' deutscher Verteidigungs- und Sicherheitspolitik zu betrachten.

> **Gefahr: Den militärischen Funktionsträger über den Menschen zu stellen.**

Angedeutet ist mit diesem Satz zugleich ein zweiter Gesichtspunkt, der an anderer Stelle der Vorschrift genauer ausgeführt wird: Vorgesetzte müssen damit rechnen, dass ihre Untergebenen und Mit-Vorgesetzten den gesellschaftlichen Pluralismus in der Bundesrepublik Deutschland widerspiegeln. Die Bundeswehr soll eine Streitkraft sein, in der Menschen unterschiedlicher Herkunft und Prägung, Menschen mit unterschiedlichen Interessen, Anschauungen und Lebensentwürfen zusammenarbeiten. „Diese [Anschauungen und Lebensentwürfe, ADD] unterliegen einer ständigen Entwicklung und stehen teilweise im Wettbewerb miteinander." (ZDv 10/1 2008: 312.) „Die Menschen in der Bundeswehr sind Teil der Gesellschaft mit ihrer Vielfalt, aber auch mit ihren Interessengegensätzen und Konflikten. Damit steht auch die Bundeswehr selbst im Widerstreit der Meinungen und im Spannungsfeld unterschiedlicher Generationen, Kulturen und Herkünfte. Der Inneren Führung entspricht es, dass die Angehörigen der Bundeswehr einander als Mitglieder einer freiheitlichen und pluralistischen Gesellschaft anerkennen und sich mit den gesellschaftlichen Entwicklungen auseinandersetzen. In einem offenen Dialog entsteht durch Vertrauen geprägte Kameradschaft." (ZDv 10/1 2008: 313.)

> In der Bundeswehr soll die Unterschiedenheit und Besonderheit eines jeden Einzelnen sich entfalten können. Soldatinnen und Soldaten sind keine homogene Masse, sondern ebenso ‚bunt' wie die Gesellschaft.

Mit diesen Worten ist ein deutliches Signal gesetzt: Pluralismus ist in der Bundeswehr nicht als störend, sondern als normal zu empfinden. Sogar Interessengegensätze und Konflikte werden für normal erachtet, sowohl innerhalb der Bundeswehr als auch innerhalb der Gesellschaft bei deren Urteilen über die Bundeswehr. Eine Grenze haben Diskussion und Verhalten allein da, „wo die freiheitliche demokratische Grundordnung selbst in Frage gestellt oder die Erfüllung der militärischen Aufgabe unangemessen eingeschränkt wird." (Ebd.: 314.) Zu unterstreichen wäre bei dieser Formulierung das Adverb: unangemessen. Grundsätzlich müssen Einschränkungen bei der Erfüllung der militärischen Aufgabe in Kauf genommen werden, wenn sie aufgrund des gesellschaftlichen Pluralismus entstanden sind. Was das für den Dienstalltag konkret heißen soll, wird nicht im Einzelnen ausgeführt.

> Der Pluralismus der Meinungen und die möglicherweise daraus entstehenden Konflikte werden in der Bundeswehr ausgehalten und konstruktiv gestaltet.

Der Gedanke der Eigen- bzw. Selbstverantwortlichkeit findet sich auch in Bezug auf soldatische Erziehungs- und Bildungsprozesse: Soldatinnen und Soldaten sollen „selbstverantwortlich (…) leben und (…) handeln und Verantwortung für andere übernehmen" können. (Ebd.: 508.) Durch Beteiligung an der Gestaltung des Lebens in der militärischen Gemeinschaft und Schärfung ihrer moralischen Urteilsfähigkeit leisten sie „einen entscheidenden Beitrag zu ihrer eigenen **Persönlichkeitsbildung**". (Ebd., Hervorhebung im Original) Entsprechend den Grundregeln der Pädagogik, insbesondere der Erwachsenenpädagogik, wird hier herausgestellt, dass Soldatinnen und Soldaten keine ‚Objekte' von Erziehungsprozessen sind, sondern vielmehr die Subjekte von Selbstbildungsprozessen, die nicht auf die Aneignung von Kompetenzen zielen, sondern auf die eigene Persönlichkeit.

> Soldatinnen und Soldaten sind verantwortlich für die Bildung ihrer je eigenen Persönlichkeit. Vorgesetzte unterstützen sie dabei.

2.2 Zukunftsfähiges Führungsverständnis

„Blei in der Luft" (Janßen 1993) ist das Diktum, das diejenigen Verhältnisse bezeichnet, die Führungspersönlichkeiten der Bundeswehr als größte Herausforderung der Gegenwart ansehen. Was bedeutet die Neuausrichtung der Bundeswehr von einer Abschreckungsarmee hin zu einer Interventionsarmee für das Führungsverständnis ihrer militärischen Führer? Korrespondiert der – wie die Kritiker monieren: – „Remilitarisierung der deutschen Außenpolitik" (ebd.) durch die zahlreichen Auslandseinsätze eine veränderte Vorstellung davon, wie von deutschen Soldaten geführt und befohlen einerseits, gehorcht werden soll andererseits? Das sind diejenigen Fragen, die alle beschäftigen, die gegenwärtig Soldatinnen und Soldaten zu führen haben, und Fragen, die auch die deutsche Öffentlichkeit beschäftigen (sollten).

Es könnte nun nahe liegen, dass unter den Bedingungen des Einsatzes auch die Anforderungen an die militärische Führung sich ändern und ein anderer als der aus Friedensverhältnissen gewohnte Führungsstil als notwendig erscheint. Tatsächlich aber widerspräche das dem erklärten Willen der politischen Leitung und der militärischen Führung der Bundeswehr. Die Erwartungen an militärische Führer sind von „der geistigen und moralischen Mündigkeit des Staatsbürgers" (Leitsätze für Vorgesetzte, Anlage 3 zum Entwurf der ZDv 10/1 Innere Führung 2006) her konzipiert.

> Gerade auch in der Interventionsarmee gilt die Innere Führung.

Ob dem erklärten Willen der politischen Leitung und der militärischen Führung die Erfahrung der Untergebenen im Auslandseinsatz entspricht, steht auf einem anderen Blatt. Diskussionen darüber, dass sich das soldatische Selbst- und Berufsverständnis verändert, dass eine „Generation Einsatz" (Seiffert 2012) sich herausbildet, der der „Spartaner" näher steht als der „Athener" (Wiesendahl 2010), lassen vermuten, dass die Frage nicht akademischer Natur ist. Wer extreme Gewalterfahrungen macht, das sind mehr als ein Drittel aller Mannschaftssoldaten (Seiffert 2012: 87), ist auf die fürsorgliche Zuwendung von Kameraden und Vorgesetzten in besonderer Weise angewiesen. Wer solche Erfahrungen macht – das waren insbesondere Soldaten auf den Außenposten in Afghanistan – ist besonders gefährdet, auf Gewalt mit Gewalt zu antworten und damit seine Mitmenschlichkeit zu verlieren. Auch davor versucht die Innere Führung Soldatinnen und Soldaten zu schützen. (Zur Ambivalenz der Ausübung rechtserhaltender Gewalt vgl. die Aufsätze in Meireis 2012)

Es fällt in diesen Leitsätzen zwar nicht explizit der Begriff ‚Team' und auch die Stichworte ‚Kooperation' und ‚Partizipation' fehlen (wohl auch deshalb, weil Fremdwörter generell vermieden wurden) – es ist jedoch unübersehbar, dass ein mit diesen Begriffen verbundener Geist die Leitsätze durchzieht. Vorgesetzten signalisieren die weichen Formulierungen, dass sie mit ihren Untergebenen Härten und Entbehrungen „teilen" (ZDv 10/1 2008: Anhang 1, Leitsatz 3) sollen – also ihnen nicht etwas zumuten, woran sie selbst sich nicht halten –, dass sie „partnerschaftlich" führen und die Untergebenen an ihrer Entscheidungsfindung „beteiligen" (ebd.: Leitsatz 7) sollen – also nicht einfach befehlen und auf den befohlenen Gehorsam vertrauen sollen –, dass sie sich der Untergebenen „annehmen" (ebd.: Leitsatz 8) – also nicht über die Köpfe der Leute hinweg bestimmen sollen –, dass sie ihre Soldatinnen und Soldaten „informieren" und ihnen Befehle „einsichtig machen" (ebd.: Leitsatz 9) und überhaupt und allgemein „das Gespräch suchen" (ebd.: Leitsatz 10) sollen. Führung vollzieht sich, so kann man die hier formulierte Botschaft zusammenfassen, in der Gemeinschaft von Vorgesetzten mit Untergebenen, nicht im Befehlshandeln von Vorgesetzten. Kommunikation statt Befehl wird den Vorgesetzten abverlangt, sie sollen mit Untergebenen wie mit erwachsenen Mitmenschen und Mitbürgern umgehen. Damit ermöglichen Vorgesetzte Handeln aus Einsicht, für das wiederum sie als Vorgesetzte die Verantwortung tragen. Explizit genannt wird der Begriff ‚Team' im Abschnitt „Gestaltungsfelder[8] der Inneren Führung" der neuen ZDv 10/1 Innere Führung (615.). Es heißt hier: „Zur zeitgemäßen Menschenführung gehört es, die **Zusammenarbeit** im Team zu fördern. Vorgesetzte bilden Teams für die Lösung inhaltlich und zeitlich begrenzter Aufgaben und gegebenenfalls auch abweichend von bestehenden Organisationsstrukturen. Vorgesetzte müssen sich mit der Persönlichkeit und den Kenntnissen, Fähigkeiten und Gefühlen ihrer Untergebenen vertraut machen und um deren Gruppenbeziehungen wissen. **Menschenführung richtet sich gleichermaßen an Herz und Verstand.**" Die Begrifflichkeit unterscheidet sich stark von der traditionell militärischen, insofern die ‚ganze' Person des Untergebenen im Mittelpunkt der Aufmerksamkeit des Führers stehen soll; sogar die „Gefühle" des Untergebenen sollen Berücksichtigung im militä-

---

8 „Gestaltungsfeld" ist ein neuer *Terminus technicus*, der mit der ZDv 10/1 Innere Führung (2008) eingeführt wurde. Bezeichnet werden damit Dimensionen der Inneren Führung, für deren Gestaltung Vorgesetzte die Verantwortung tragen.

rischen Führungsprozess finden. Es passt zum Menschenbild der Inneren Führung, dass mit der neuen Dienstvorschrift erstmals auch die familiären Verpflichtungen der Soldatinnen und Soldaten ernst genommen werden. Zwar sind auch in früheren Jahren schon viele Soldaten zwischen Familienwohnsitz und Dienststelle gependelt, aber die Zahl der Pendlerexistenzen mit Wochenendehen hat aufgrund der Verringerung der Zahl der Standorte zugenommen. Vor allem aber sind für viele Soldatinnen und Soldaten sowie deren Familien die trennungsbedingten Belastungen durch Auslandseinsätze erhöht worden.[9] Die ZDv 10/1 Innere Führung (2008) hält an der Kompatibilität von Gesellschaft und Streitkräften auch unter Einsatzbedingungen fest.

> **Familie ist kein ungeliebtes Anhängsel des Soldaten oder der Soldatin, sondern bezeichnet das grundlegende Recht eines jeden Menschen und seinen primären Verantwortungskreis.**

Die zehn Anwendungsbereiche der Inneren Führung: Menschenführung, Politische Bildung, Recht und Soldatische Ordnung, Vereinbarkeit von Familie und Dienst, Fürsorge und Betreuung, Sanitätsdienstliche Versorgung, Seelsorge und Religionsausübung, Dienstgestaltung und Ausbildung, Organisation und Personalführung und Informationsarbeit, sollen seitens des Führungspersonals in den Blick genommen werden. Zugeordnet ist diesen zehn Gestaltungsfeldern der Inneren Führung der Lebenskundliche Unterricht, der in einer eigenen ZDv 10/4 Lebenskundlicher Unterricht (2011) geordnet wurde. Damit wird der gesamte Bereich des dienstlichen Lebens umfasst und eine positive Vorstellung vom Ausgleich zwischen dienstlichem und privatem Leben angedeutet.

Bei der Bestimmung der Grundsätze der Inneren Führung und ihrer Anwendung in den verschiedenen Gestaltungsfeldern zeigt sich, dass die Herausbildung und Stärkung einer solchen soldatischen Persönlichkeit das Ziel aller Anstrengungen ist, die verantwortlich und ge-

---

9 Das Sozialwissenschaftliche Institut der Bundeswehr hat im Jahr 2012 Studien zu den Belastungen und zum Umgang der Soldatinnen und Soldaten damit angestellt, deren Ergebnisse 2013 vorliegen sollen.

wissensgeleitet, konflikt- und friedensfähig auch in unübersichtlichen Lagen einsatzfähig ist. Der Soldat bzw. die Soldatin soll ein von Geist und Prinzipien des Grundgesetzes, von Menschenwürde, Frieden, Recht und Demokratie durchdrungenes Individuum sein. Alle Bereiche des täglichen Dienstes sollen von dem Geist „verantwortungsvoller Zusammenarbeit" (ZDv 10/1 2008: 401., 510. u. ö.) zwischen Vorgesetzten und Untergebenen durchdrungen sein. Im Abschnitt „Menschenführung" werden graphisch die folgenden Begriffe hervorgehoben: Vertrauen, Führen mit Auftrag, Zusammenarbeit, Kommunikation, Beteiligung, Gleichberechtigung und Gleichstellung, Reservistinnen und Reservisten, kritische Selbsteinschätzung und interkulturelle Kompetenz. Auch diese Zusammenstellung der Leitbegriffe macht deutlich, dass die Bundeswehr bemüht ist, einen kooperativ-partizipativen Führungsstil zu befördern. Dieselben Grundgedanken bestimmen auch die Darlegungen in den übrigen neun Anwendungsfeldern der Inneren Führung.

2.3 Baudissins Begriff von Führung

Wolf Graf von Baudissin hat sich als geistiger ‚Vater' der Konzeption Innere Führung Gedanken darüber gemacht, wie in den zukünftigen westdeutschen Streitkräften geführt werden sollte. Erfahrungen mit militärischer Führung hatte er während seiner langen militärischen Sozialisation in der Weimarer Republik und im nationalsozialistischen Staat gemacht. Zu seinen Erfahrungen als Hauptmann unter Rommel in Afrika oder in seinen früheren militärischen Verwendungen hat er sich nie öffentlich geäußert. (Ausnahme: Witzleben siehe in Dörfler-Dierken 2005: 120) Als Mitautor der Himmeroder Denkschrift und Mitarbeiter im Amt Blank, der Vorgängereinrichtung des Bundesministeriums der Verteidigung, ging es ihm vor allem darum, den Bruch mit dem Geist und den Traditionen der Wehrmacht zu gestalten (Bald 2005: 32f.) und eine ebenso friedensförderliche wie demokratische Organisationsstruktur in der Bundeswehr zu verankern, die es den freiheitlichen, friedensorientierten und gewissensgeleiteten Staatsbürgern erlauben würde, in Uniform Dienst zu tun. Baudissin legte seine Vorstellungen zwar nicht in systematisierter Form – aber doch konzeptionell klar – in zahlreichen

Aufsätzen und Vorträgen dar. (Vgl. Baudissin 1969, 1982, 2006) Eine historische Studie zu seinem Führungsverständnis fehlt (vgl. aber zu Entstehung und Durchsetzung der Inneren Führung zuletzt Nägler 2010; vgl. auch die Aufsätze in Schlaffer/Schmidt 2007). Insbesondere fehlt eine Zusammenschau der zeitgenössischen Diskussionen um betriebliche Mitbestimmung in der Montanindustrie und Jugendarbeit – Baudissin war über Klaus von Bismarck vom Evangelischen Sozialamt Villigst vor Antritt seines Dienstes im Amt Blank an entsprechenden Diskussionen beteiligt. Deutlich ist, dass Baudissin inspiriert war von Wirtschaftswissenschaftlern und Philosophen wie Wilhelm Röpke (1899–1966), dem „Vater der sozialen Marktwirtschaft", und dem Schweizer Ethiker Emil Brunner (1889–1966). (Vgl. Dörfler-Dierken 2005) Er war Mitherausgeber der Zeitschrift „Gruppendynamik" und wollte die zu seiner Zeit modernen Managementmethoden in die Bundeswehr implementieren. Die hier angedeuteten Zusammenhänge wären in weiteren Forschungsarbeiten näher zu untersuchen.

Wichtig ist nach Ausweis von Baudissins literarischer Hinterlassenschaft erst einmal, dass Führung in der Bundeswehr ein von Führung in der Wehrmacht unterschiedenes und deutlich unterscheidbares Geschehen sein sollte. Deshalb hat Baudissin das ‚Innere Gefüge' entwickelt (vgl. o. Kapitel 2.1 mit Anm. 5), als eine Struktur bzw. ein Skelett für die neue Militärorganisation, in der ein demokratischer Geist herrscht. Das ‚Innere Gefüge' sollte so beschaffen sein, dass Menschen mit ihren individuellen Persönlichkeiten, mit ihren Gewissensentscheidungen und Überzeugungen, mit ihren Fachkenntnissen und Lebenserfahrungen vertrauensvoll im Team zusammenarbeiten können. Wenn die Weichen für die Organisationsstruktur angemessen gestellt würden, dann werde sich in der Truppe, bei jedem einzelnen Führungsvorgang, ein Geist manifestieren, der dem Gesamtziel der Streitkräfte in der Demokratie diene. Baudissins zentrale Frage lautete: „Wie kann die deutsche Bundeswehr in der Mitte des 20. Jahrhunderts zu einem Instrument von höchster Schlagkraft gestaltet werden?" (Baudissin 1957: 17) Und er antwortete, dass die Voraussetzung militärischer Schlagkraft derjenige Soldat ist, der in Übereinstimmung mit seiner innersten Überzeugung in Einklang mit der Gesellschaft und politischen Ordnung kämpft, für die er eintritt. In einem demokratischen Staatswesen ist auch in einer militärischen Ausbildung immer daran zu denken, dass Bürger – Bürger, die sich zur gemeinsamen Verteidigung ihrer Freiheit zusammengeschlossen haben – miteinander umgehen, nicht Unterobrigkeiten mit Untertanen. An dem Baudissin-Zitat wird deutlich, dass das ‚Kriegsbild' sich entscheidend geändert hat seit Mitte der 1950er Jahre: Gegenwärtig bedarf es nicht der Verteidigung der Demokratie gegen das Vordringen des Totalitarismus, sondern zahlreicher militärischer, polizeilicher und humanitärer Hilfestellungen für Partner und Verbündete – und das *out of area*.

Im „Handbuch Innere Führung", einem schmalen Büchlein, das allen Offizieren von 1957 bis 1972, bis zum Erscheinen der ersten ZDv 10/1 Hilfen für die Innere Führung (1957), ausgehändigt wurde, damit sie sich selbst darüber informieren und bilden konnten, was Innere Führung bedeuten sollte, vergleicht Baudissin die militärische Organisation mit einer Fußballmannschaft bzw. mit einem Orchester. Und er wählt bezeichnenderweise, um das Orchester zu veranschaulichen, ein Jazzorchester wie das eines Louis Armstrong. Dieses Beispiel steht nicht für einen Geist des Anbiederns an den Zeitgeist der Jugend in den 1950er Jahren, die nach den Jahren der Entwöhnung begeistert solche ‚Negermusik' hörte, sondern illustriert das rechte Verständnis von Zusammenarbeit in der militärischen Gemeinschaft. In der Jazzband hat nämlich jeder Mitspieler die Möglichkeit, zugleich Hintergrundspieler und Solist zu sein. „Die sportliche Mannschaft, die musikalische ‚Band', das technische Team; jeder einzelne hat in diesen Gemeinschaften seine unverwechselbare und für das Ganze unerläßliche Sonderaufgabe, alle ‚spielen' zusammen und ordnen sich freiwillig dem Gesamtziel unter." (Baudissin 1957: 20)

> **Baudissin illustriert sein Verständnis von militärischer Führung an einer Jazzband.**

Dass Hierarchien *per se* undemokratisch seien, weist Baudissin zurück: Manche meinen, „Soldat und Demokratie seien unvereinbare Gegensätze, weil die Demokratie aus völlig anderen Lebensgesetzen lebe: Demokratie sei ausschließlich Willensbildung von unten, militärische Hierarchie dagegen kenne nur Willensbildung von oben." Baudissin kontert: „Eine solche Vorstellung geht an der Wirklichkeit der Demokratie ebenso vorbei wie an den Möglichkeiten militärischer Struktur." (Baudissin 1957a: 19) Dagegen stellt er fest, „moderne, technisierte Streitkräfte [können, ADD] nur funktionieren, wenn dem Von-oben-nach-unten des Befehls, Mitverantwortung und Initiative von unten entgegenwachsen. Zu glauben, Hierarchie an sich sei zwangsläufig schon undemokratisch, ist in der Tat wirklichkeitsfremd: Es gibt – sozusagen – totalitäre und freiheitliche Hierarchie. Freiheitlich ist sie, wenn sich Menschen gleicher Würde der Gehorsamspflicht nur insoweit unterwerfen, als es von der Aufgabe her notwendig ist; wenn diese Menschen ganz bestimmte, gesicherte Verantwortungsbezirke verwalten, wenn dann das Ganze im Zusammenspiel der einzelnen Bereiche funktioniert." (Ebd.: 20)

Baudissins Gedanken über Partnerschaft und Kooperation, die hier an einer besonders populären und weit verbreiteten Schrift nur ansatzweise entfaltet wurden, sind zeittypisch. Sie finden sich in ganz ähnlicher Weise auch in der betriebswirtschaftlichen Literatur jener Jahre. Stichworte wie ‚Sozialpartnerschaft' zwischen Arbeitgebern und Arbeitnehmern entstanden gerade jetzt und wurden, zuerst in der Montanindustrie, umgesetzt. Weitergehend forderte Baudissin für die Bundeswehr, dass eine „freiheitliche" Ordnung vorherrschen solle, die es den Soldaten – an Soldatinnen dachte damals noch niemand – erlaubt, sie dazu ermuntert und einlädt, persönlich Verantwortung zu übernehmen. Das „bedeutet, daß dem Soldaten nicht nur soviel Freiheit gewährt wird, wie mit seinem Dienst vereinbar ist, sondern, daß er darüber hinaus in soviel Entscheidung, Verantwortung und Risiko gestellt wird, wie eben erforderlich ist, um das größtmögliche Maß an Selbstdisziplin, Initiative, Verantwortungsfreude und mitdenkendem Gehorsam zu wecken." (Baudissin 1957a: 24)

In der Bundeswehr soll freiheitliche Hierarchie herrschen, in der Untergebene aus Freude an der Verantwortung mit ihren Vorgesetzten zusammen die Aufgaben bearbeiten und den Dienst mitgestalten.

Man könnte noch viele Zitate Baudissins anführen, um seine Vorstellung vom Soldaten in der Demokratie, der das Wagnis der Freiheit im alltäglichen Dienst auf sich nimmt, näher zu illustrieren. Das ist an dieser Stelle allerdings nicht nötig, denn die veröffentlichten Sammelbände mit seinen Schriften laden ein zum Selbststudium. (Baudissin 1969, 1982, 2006)

Manchmal dürfte es sinnvoll sein, sich an ein altes Gedicht zu erinnern, mit dem in den 1950er Jahren Grundgedanken der Inneren Führung dem Führerkorps eingeprägt wurden:

> Der Name ‚Offizier' entstammt,
> dem Wort *officium* – Pflicht und Amt,
> Willst du dich dem *officium* weih'n,
> hörst du nicht auf, ein Mensch zu sein.
> Die Uniform – auch wenn sie steht –
> Gibt nicht allein Autorität.
> Autorität wird erst geweckt,
> wenn man entdeckt,
> dass auch ein Mensch dahinter steckt.
>
> Ein Mensch zu sein – wie man das macht?
> Vielleicht, indem man auch mal lacht.
> Vielleicht, indem man eingesteht,
> dass man sich auch 'mal irren tät;
> indem man nicht so leicht verletzt ist,
> nicht fortgesetzt nur vorgesetzt ist.
> Der Vorgesetzte ist gewitzt,
> der nicht erhitzt,
> wenn er 'mal etwas hinten sitzt.
>
> Ein Mensch zu sein, ist Hauptgebot,
> weil sonst im Nu der Unmensch droht.
> Auch dieser spricht zwar gern von Pflicht,
> doch seine Grenzen kennt er nicht;
> missachtet – dass er heller glänze –
> des Andern Grenze.

Baudissins Vorstellung vom Inneren Gefüge, das durch seine Struktur freiheitliche Selbstführung im Sinne von Eigenverantwortlichkeit der Individuen fördert, korrespondiert mit der Inneren Führung, der es um das selbständige Individuum, das sich in Freiheit für die Verteidigung der Freiheit selbst bildet und sich in seinen demokratischen Lebens- und Arbeitszusammenhängen als Mensch verwirklicht. Die ZDv 10/1 Innere Führung (2008) steht in der Tradition von Baudissins Vorstellungen zur Inneren Führung, auch wenn der Name des geistigen Vaters der Konzeption an keiner Stelle fällt und mancher Gedanke deutlichere Worte verdient hätte.

2.4 Überlegungen zur Weiterentwicklung der Inneren Führung

Die verantwortlichen Militärs und Politiker tun insofern gut daran, die Innere Führung als Grundkonzeption der Bundeswehr beizubehalten, als sie unbestreitbar eine ethisch fundierte Gesamtschau des Phänomens Militär in der demokratischen Gesellschaft ermöglicht. Demokratische Militärethik ist unter den Bedingungen zunehmender und zunehmend robuster Auslandseinsätze ein Thema mit enormem Wachstumspotential. (Vgl. zuletzt Ebeling 2006; Walther 2006; Hartmann 2007; Wiesendahl 2007ab)

2.4.1 Weiterentwicklung im Gestaltungsfeld Politische Bildung

In der ZDv 10/1 Innere Führung (2008) fällt auf, dass der Friedensbegriff weitgehend durch den Sicherheitsbegriff ersetzt wurde. Wenn auf die Friedensorientierung der Bundeswehr nicht schon in der Definition ihrer aktuellen Organisationsphilosophie hingewiesen wird, dann ist das der Diskussion um die Legitimität, Notwendigkeit und Sinnhaftigkeit der Einsätze geschuldet, die sich in den gesellschaftlichen Diskussionen um die „Verteidigungspolitische[n] Richtlinien" (zuletzt 2011) und den Charakter der Einsätze der Bundeswehr spiegelt. Eben weil der Sicherheitsbegriff als kompatibler mit der gesellschaftlichen Wertewelt und den Auslandseinsätzen gilt als der Friedensbegriff, bleibt letzterer ausgespart. Schließlich will man nicht gesellschaftlichen und politischen Debatten um die Legitimität einzelner Auslandseinsätze der Bundeswehr Vorschub leisten. Diskussionen könnten nämlich Unruhe auch in die Soldatenschaft hineintragen.

Trotzdem und gerade deshalb: Es ist bedauerlich, dass nicht eine deutlichere gedankliche und sprachliche Anbindung an die grundgesetzlich vorgegebene Friedensorientierung der Bundesrepublik Deutschland gefunden wurde, weil der Bezug auf den Frieden konstitutiv für das Selbstverständnis deutscher Soldaten sein sollte. Schon die erste Schrift, die ein Leitbild für den westdeutschen Soldaten formulierte, das „Handbuch Innere Führung" (1957), argumentierte vom Friedensgedanken her: „Im Denken des europäischen und damit auch des deutschen Soldaten gilt von jeher der Frieden als der Normalzustand und bildet somit das Ziel, um dessentwillen ein Krieg allein verantwortet werden kann. Vom Frieden her bekommt die Kriegführung ihren Auftrag und ihre Grenzen." (Baudissin 1957b: 59) Ausschließlich um des Zieles Frieden willen ist der Einsatz militärischer Mittel erträglich. Selbst wenn man dagegen einwenden würde, dass der Friedensbezug in dieser Zentralen Dienstvorschrift wegen deren Einsatzorientierung nicht deutlicher herausgestellt worden sei – und die Einsätze ja nur dem Frieden dienen sollen –, dann bleibt der mangelnde Friedensbezug ein Desiderat. Denn den Frieden herauszustellen hätte die Soldaten daran erinnert, dass ein erfolgreicher Einsatz der Bundeswehr nur ein solcher sein kann, an dessen Ende ein höheres Maß an Frieden für die Weltgemeinschaft und die Bürgerinnen und Bürger der Bundesrepublik Deutschland steht. Unfriedliche Zustände zu befrieden, bedeutet aber auch, dass die Soldatinnen und Soldaten als Individuen im Einsatzland in jeder Situation deeskalierendes Verhalten zeigen müssen. Sie dürfen sich nicht in Gewalteskalationen hineinziehen lassen, auch wenn sie Gewaltmittel einsetzen.

> **Innere Führung ermuntert die Soldatinnen und Soldaten zur friedensorientierten Konflikttransformation.**

Mit dem Rekurs auf den Friedensbegriff verbunden gewesen wäre ein Statement zu den Diskussionen um Begriffe wie Krieg, Kampf und Feind. Sicherheits- und Gewaltspezialisten, wie es die Soldatinnen und Soldaten der Bundeswehr sein sollten, hätten damit ein Selbst- und Leitbild entwickeln können, das ihren Erfahrungen zuwider läuft. Eben das – kontrafaktisch am Auftrag festzuhalten – wäre die Aufgabe eines Leitbildes: Messlatte zur Überprüfung eigenen Wahrnehmens, Denkens und Handelns sowie Quelle beständigen Ansporns zu sein.

Kontrafaktisch bietet die Innere Führung ein friedensorientiertes berufliches Leitbild an.

Die erste ZDv 10/1 Hilfen für die Innere Führung (1972) war noch stark vom expliziten normativen Bezug auf den Frieden bestimmt, dem die Bundeswehr dienen soll. So heißt es, dass im Jahr 1972 Helmut Schmidt in seiner Funktion als Verteidigungsminister den Teil zur Friedensorientierung bundesrepublikanischer Politik persönlich verfasst habe. In sachlicher Hinsicht hat er die entscheidenden Festlegungen des Grundgesetzes wiederholt. In Kapitel 1 der unter Schmidt erstmals als ZDv formulierten Vorschrift – das sollte der Inneren Führung höhere Verbindlichkeit geben – werden die verfassungsrechtlichen Grundlagen der Aufstellung von Streitkräften dargelegt. Ausgehend vom Verteidigungsauftrag des Grundgesetzes Art. 87a (1) wird die „defensive Aufgabe" der Bundeswehr unterstrichen und eingeprägt, dass alle Handlungen, die „in der Absicht vorgenommen werden, das friedliche Beisammenleben der Völker zu stören, insbesondere die Führung eines Angriffskriegs vorzubereiten, (…) verfassungswidrig" nach Grundgesetz Art. 26 (1) sind. (ZDv 10/1 Hilfen für die Innere Führung 1972: 101.1 und 2) Durch „Abschreckung" trage die Bundeswehr „[i]m Frieden (…) zur Sicherheit und *Friedenserhaltung*" bei, „in Krisenzeiten und im Spannungsfall sichert die Einsatzbereitschaft der Bundeswehr die *Handlungsfreiheit* von Bundesregierung und Bundestag". (Ebd., Hervorhebung in der Vorlage) Davon unterschieden wird der Verteidigungsfall. Das zentrale Stichwort ‚Frieden' begegnet auch in weiteren Abschnitten des ersten Kapitels der ersten ZDv 10/1 Innere Führung (1972). (Ebd.: 104: Einordnung in Systeme kollektiver Sicherheit „zur Wahrung des Friedens"; ebd.: 105: Befehls- und Kommandogewalt des Verteidigungsministers „im Frieden")

Das Urteil des 2. Senats des Bundesverfassungsgerichts vom 12. Juli 1994 (Online: http://www.aasfrab.de/urteil-bverfg-1271994-2-bve-392.html; letzter Zugriff: 28. März 2012), das Auslandseinsätze unter dem Mandat internationaler Organisationen grundsätzlich bestätigt, ist von der Friedensorientierung der Politik der Bundesrepublik Deutschland keineswegs abgerückt. Im Gegenteil, es bestätigt ausdrücklich: „[d]ie deutsche Beteiligung an friedenssichernden Operationen der Vereinten Nationen ist durch Art. 24 Abs. 2 GG verfassungsrechtlich legitimiert. Friedenstruppen und ihre friedenssichernden Aufgaben sind Bestandteil des Systems kollektiver Sicherheit der Vereinten Nationen. (…)" (Ebd.: 245) Deutlich ausgesprochen wird hier und andernorts in diesem Urteil, dass „militärische Zwangsmaßnahmen" durch den Sicherheitsrat nur „zur Wahrung oder Wiederherstellung des Weltfriedens" erfolgen dürfen. (Ebd.: 24)

Wenn nun also dem Begriffsfeld ‚Frieden' in der ZDv 10/1 Innere Führung (2008) nicht die ihm aufgrund der Geschichte Deutschlands und der Tradition der Bundeswehr zukommende Bedeutung eingeräumt wird, dann ist das auf seine Weise ein Indiz für den Paradigmenwechsel, der auf mehreren Ebenen und in unterschiedlichen Zusammenhängen beobachtet werden kann. So wird in der öffentlichen und politischen Diskussion das Begriffsfeld Frieden zunehmend abgelöst durch Derivate der Begriffsfelder Sicherheit und Wohlfahrt. Aus einer Landesverteidigungsarmee – aufgestellt zu Abschreckungszwecken – ist eine Interventionsarmee geworden, so dass Elmar Wiesendahl ihr „einen grundlegenden Identitätswechsel" bescheinigte. (2007b: 157) Und Sabine Jaberg (2006: 54, 77–79) fürchtet gar, dass die friedensverträgliche Sicherheitspolitik, die durch das Grundgesetz gefordert wird, abgelöst wird von einer an nationalen wirtschaftlichen Interessen geleiteten Sicherheitspolitik. Die Verlagerung der Begrifflichkeit von Frieden zu Sicherheit in der öffentlichen Diskussion spiegelt auf ihre Weise die neuen politischen Herausforderungen, denen sich die Politik gegenüber sieht. Sicherheit, herzustellen und zu gewährleisten in ‚Vernetzung' von unterschiedlichen Akteuren, die zusammen der Sicherheit Deutschlands dienen sollen, gibt einen anderen Horizont für militärisches Handeln vor als Frieden.

> Gerade nach Aussetzung der Wehrpflicht sollten Staatsbürger in Uniform sich an der öffentlichen Diskussion über das Verhältnis von Sicherheit und Frieden beteiligen.

Als „konstante Elemente" der Inneren Führung wurden im Entwurf der neuen Zentralen Dienstvorschrift benannt: „die Achtung und der Schutz der Menschenwürde, das Menschenbild des Grundgesetzes, die Friedensorientierung des Grundgesetzes, die Bindung an die freiheitliche demokratische Grundordnung, die Bindung an Recht und Gesetz, der Primat der Politik, die Parlamentarische Kontrolle." (ZDv 10/1 Innere Führung 2006) Diese durch das Grundgesetz vorgegebenen „konstante[n] Elemente" der Inneren Führung wurden „variable[n] Elementen" gegenüber gestellt. Die aktuell geltende ZDv 10/1 Innere Führung (2008) verwendet die Unterscheidung „konstant" und „variabel" nicht mehr, spricht aber von einem „unveränderbar[en]" „Kernbestand der Inneren Führung". Der wird allerdings nicht näher bestimmt. (Ebd.: 108.) Aus dem Kontext ergibt sich, dass die Soldatinnen und Soldaten „aus innerer Überzeugung" für die im Grundgesetz verbürgten Rechte und Werte „aktiv eintreten" sollen. (Ebd.: 106.) Zuvor ist in der Vorschrift von der unantastbaren Menschenwürde die Rede, die durch staatliche Gewalt geschützt werden muss. So wird der Friedensbegriff dem Begriff der Menschenwürde untergeordnet und implizit die These formuliert, Verletzung der Menschenwürde bzw. -rechte bedeute Unfrieden und müsse gegebenenfalls unter Einsatz militärischer Gewaltmittel bekämpft werden.

> Ist soldatisches berufliches Selbstverständnis tatsächlich vom Sicherheitsgedanken her zu entfalten?

Tatsächlich werden viele Verletzungen der Menschenwürde in aller Welt toleriert, obwohl sie gut belegt sind. Die *Responsibility to protect* kann von der Weltgemeinschaft faktisch nicht wahrgenommen werden, auch wenn immer wieder Interventionismus humanitär begründet wird. Soldatinnen und Soldaten der Bundeswehr diskutieren in den letzten Jahren öffentlich die Kosten des humanitär begründeten

Interventionismus, wenn sie auf Gefallene aus ihren Reihen, auf Verletzte und lebenslang an Leib und Seele versehrte Kameraden hinweisen.

Auffällig ist, dass auch die kritische Friedensforschung meist nicht von den Soldatinnen und Soldaten als Individuen, sondern von der Verhältnisbestimmung zwischen Angriffsverbot und *Responsibility to Protect* her argumentiert oder einen „ultimativen Paradigmawechsel (sic!)" deutscher Außen- und Sicherheitspolitik grundsätzlich ablehnt.[10] Streitkräfte dürfen nicht politisches Instrument sein, argumentieren sie und können doch diejenigen nicht überzeugen, die argumentieren, für viel Geld hätten Soldatinnen und Soldaten Leib und Seele verkauft. Verstärkt wird dieser Eindruck einer Verlagerung des Diskurses vom Frieden zur angeblich Menschenwürde und Sicherheit gewährleistenden Intervention auch innerhalb der Bundeswehr, wenn man im Teil „IV. Politische Grundlagen" der Vorschrift zur Inneren Führung den Abschnitt zur Kenntnis nimmt, der mit dem Sicherheits- und Interessenbegriff operiert und ihn gleichberechtigt neben die „Werte und Normen des Grundgesetzes" stellt: „Die Sicherheitspolitik Deutschlands wird von den Werten und Normen des Grundgesetzes und von dem Ziel geleitet, die Interessen unseres Landes zu wahren. Die Interessen deutscher Sicherheitspolitik sind: (…)." (Ebd.: 311.)

> **Müssen Soldatinnen und Soldaten der Bundeswehr die Menschenwürde in aller Welt schützen?**

Die Notwendigkeit einer friedensorientierten Politik war in der ersten Entwurfsfassung zur ZDv 10/1 mit der Formulierung, dass Soldaten „Diener des Friedens" sein sollen, deutlicher zum Ausdruck

---

10 Vgl. beispielsweise das Programm der Tagung der Evangelischen Akademie Loccum „16/12. Angriffsverbot versus Schutzverantwortung. Europa, UNO und die Zukunft humanitärer Interventionen" im Juni 2012 (Online: http://www.loccum.de/programm/p1226.html) oder ein Votum der Kommission Friedenspolitik von Pax Christi, Kommission Friedenspolitik, März 2012: „Nein zur laufenden ‚Neuausrichtung der Bundeswehr' – Nein zu einem ultimativen Paradigmawechsel!"

gekommen als in der jetzt erlassenen Leitvorschrift. In der erwähnten Entwurfsfassung der ZDv 10/1 Innere Führung, vorgestellt und diskutiert im November 2005 im Zentrum Innere Führung in Koblenz, war in die Definition aufgenommen worden, dass „Soldaten Diener des Friedens" sein sollten. (102.) Dieser christlich konnotierte Begriff ist aus einer öffentlichen Verlautbarung der Katholischen Kirche übernommen worden: In ihrem Hirtenwort „Soldaten als Diener des Friedens. Erklärung zur Stellung und Aufgabe der Bundeswehr" vom 29. November 2005 hat die Deutsche Bischofskonferenz aus der Pastoralkonstitution „Gaudium et spes" über die Kirche in der Welt von heute die Formulierung von dem Soldaten als „Diener der Sicherheit und Freiheit der Völker", der zur „Festigung des Friedens bei[trägt]", übernommen. (Gaudium et Spes 1965: Nr. 77–84, bes. 79) In der Verlautbarung der deutschen Bischöfe wurde der Zusammenhang von Friedensarbeit und Innerer Führung deutlich ausgesprochen: „Die lebendige Weiterentwicklung des Konzepts der Inneren Führung ist eine der entscheidenden Voraussetzungen für die friedensethische Legitimität der Streitkräfte". (Deutsche Bischofskonferenz, Sekretariat 2005: 5) Dann wurden breit die ethischen Voraussetzungen erläutert, die gegebenenfalls Gewaltanwendung erlauben können. Die Deutsche Bischofskonferenz hat also in noch weit eindrücklicheren Formulierungen als die Entwurfsfassung der ZDv 10/1 Innere Führung und deren Endfassung (2008) von den Gefahren des militärischen Weges und den damit für das soldatische Handeln und Selbstverständnis verbundenen Gefährdungen gesprochen, indem sie auf die Spirale der Gewalt Bezug nahm, in der Soldaten Täter und Opfer zugleich sind: „Die Anwendung von Gewalt bringt grundsätzlich die Gefahr mit sich, dass sich die Gewaltausübenden in die Gewalt verstricken, somit selbst zu einem Teil der Gewalt werden und damit auch ihre Persönlichkeiten bzw. ihre gesellschaftlichen und politischen Zusammenhänge auf das Empfindlichste schädigen. Ein kritisches Verhältnis zur Gewalt sowie zu ihren Dynamiken ist eine notwendige Voraussetzung, um den in der Gewaltausübung unausweichlich begründeten Übeln zu wehren. Die Begrenzung der Gehorsamspflicht sowie der Respekt vor der Gewissensfreiheit und den Menschenrechten der Soldaten angesichts der ethisch prekären Situation der Gewaltanwendung versuchen, dieser Grundsituation gerecht zu werden." (Deutsche Bischofskonferenz, Sekretariat 2005: 6) Ein entsprechender Gedanke fehlt in der ZDv 10/1 Innere Führung (2008), obwohl es gerade eines der Anliegen der Konzeption Innere Führung war, diese gewaltkritische Selbstreflexion einzuüben.

Die Erfahrungen der Vergangenheit und auch manche Vorkommnisse in der Gegenwart lehren, dass die Soldatinnen und Soldaten nicht genug dafür sensibilisiert werden können, bei allem ihrem Handeln den Frieden im Blick zu behalten. Nur derjenige Soldat und diejenige Soldatin, die sich selbst als friedliebende Menschen in Streitkräften entfalten können, sind imstande, dem vorgeblichen Feind befriedend zu begegnen und ihm seine Menschenwürde zu belassen. Ausgeglichenheit und Umsicht können ihnen dabei helfen, sich gegen die Hasstiraden von Warlords oder terroristischen Fanatikern zu immunisieren. Das gilt auch unter den Bedingungen eines hoch technisierten Gefechts: Auf den einzelnen Menschen und sein befriedendes Handeln kommt es an. In den Konstellationen der Gegenwart geht es nicht länger um die Frage, wer wen besiegt – es geht vielmehr darum, sogenannte *win-win*-Situationen zu schaffen und gemeinsame Projekte zur Verrechtlichung von Konflikten zu verabreden. Wer sich besiegt fühlen muss, kann dazu neigen zurückzuschlagen. Und das kann zur Keimzelle neuer militärischer Auseinandersetzungen werden. So und ähnlich argumentieren die Friedensdenkschriften und Hirtenworte der beiden christlichen Großkirchen, die Ergebnisse der Friedens- und Konfliktforschung und der Erfahrung der Mediation bei politischen Konflikten aufgenommen haben. (Überblick bei Imbusch/Zoll 2006) Konflikttransformation gelingt dann besonders gut, wenn der Mediator großes Renommee bei den Konfliktparteien genießt. Religionsbasierte Mediatoren erfreuen sich besonderen Ansehens in vielen Konflikten. (Weingardt 2007)

2.4.2 Weiterentwicklung im Gestaltungsfeld Familie und Dienst

Die ZDv 10/1 Innere Führung (2008, 664.–669.) sieht, erstmals in einer militärischen Dienstvorschrift, ein Handlungsfeld für Vorgesetzte in der Berücksichtigung familiärer Verpflichtungen der Soldatinnen und Soldaten. Dieses neue Gestaltungsfeld der Inneren Führung ist vor Abfassung der Vorschrift ausführlich in den entsprechenden Gremien erörtert worden. Dabei konnte man zur Legitimation der Innovation nicht auf Quellen und Überlegungen aus dem Umfeld der die Innere Führung begründenden und politisch durchsetzenden ‚Väter' wie Baudissin, Ulrich de Maizière und Adolf Heusinger zurückgreifen, denn denen war dieses Themen- und Handlungsfeld noch völlig unbekannt. Ihr Familienbild – das Familienbild der bundesdeutschen Gesellschaft der 1950er Jahre – war bestimmt von der Restitution älterer Muster, auch wenn unter den Nachkriegsbedingungen mit Frauenüberschuss und Frauenerwerbstätigkeit sich schon Probleme ankündigten. Für die familiär gebundenen Soldaten der Bundeswehr mussten damals vor allem Wohnungen bereitgestellt werden, die es den Soldatenfrauen ermöglichten, sich um Kinderpflege und -erziehung zu kümmern. Eines stand für die Väter der Inneren Führung aber unumstößlich fest: Die Kampfkraft des Soldaten im erwarteten „heißen Gefecht" ist dann am größten, wenn er nicht wie ein Söldner für die Interessen irgendeines Anderen kämpft, sondern für seine eigenen: also seine Frau, seine Kinder, seine Eltern, seine Heimat, seine Freiheit.

Heute hat sich die Lage für die Soldatenfamilien grundsätzlich geändert durch das veränderte Kriegsbild einerseits, durch Frauenerwerbstätigkeit und ein verändertes Familienbild, nach dem die lebenslange Aufrechterhaltung der einmal geschlossenen Ehe zwar Ziel beider Partner bei der Heirat sein mag, die Wahrscheinlichkeit, dass die Ehe tatsächlich bis zum Tode hält, dagegen deutlich geringer ist andererseits. Die neue Scheidungsgesetzgebung fordert von beiden Ehepartnern, dass sie finanziell selbständig sind und sich selbst ernähren können. Das macht partnerschaftliche Absprachen hinsichtlich der Kindererziehung und der Betreuung pflegebedürftiger Angehöriger notwendig. Die Attraktivität einer besonderen beruflichen Möglichkeit, eines neuen Jobs, einer Beförderung, muss von den Partnern in Einklang gebracht werden mit den gemeinsam zu tragenden Verantwortlichkeiten. Das bedeutet für den Dienstherrn Bundeswehr und für jeden einzelnen Vorgesetzten eine neue Herausforderung, die vom Gesetzgeber ausdrücklich so gewollt ist.

> **Das neue Gestaltungsfeld der Inneren Führung „Familie und Dienst" macht deutlich, dass die erste Pflicht und Verantwortung eines jeden Soldaten bzw. einer jeden Soldatin die gegenüber der eigenen Familie ist.**

Das Grundgesetz der Bundesrepublik Deutschland stellt Ehe und Familie unter besonderen Schutz (GG Art 6). Die Einführung dieses Menschenrechts ist den Erfahrungen mit dem totalitären Staat und seinem umfassenden Zugriff auf das Individuum geschuldet: Der nationalsozialistische Staat maßte sich die Herrschaft über das Individuum und alle Bereiche seiner persönlichen Lebensführung an; kein Bereich der je eigenen Lebensführung sollte dem Zugriff des Staates entzogen sein. Selbst die Familie, der Kernbereich menschlicher Lebensführung, wurde reglementiert. Sogar, was sonntags auf den Familientisch kam, wurde vorgeschrieben. Dagegen setzten die Väter und Mütter des Grundgesetzes bewusst einen Bereich persönlicher Gestaltungs- und Verantwortungsfreiheit.

Für Soldatinnen und Soldaten, die in einer tendenziell ‚totalen Institution' (Erving Goffman) Dienst tun, für welche die Ausübung mancher Grundrechte eingeschränkt ist, wird in der ZDv 10/1 Innere Führung (2008) erstmals festgehalten, dass ihr Familienleben in der Dienstgestaltung durch Vorgesetzte zu berücksichtigen ist. Auch wenn die Forderungen an den militärischen Vorgesetzten nur Kann-Bestimmungen sind, ist damit doch ein wichtiger erster Schritt getan, die Möglichkeiten der Realisierung dieses Grundrechts zu verbessern. Mit Teilzeit- und Telearbeit, speziellen Angeboten für Pendler und Familienbetreuung entwickelt die Bundeswehr diesen Bereich weiter. Auf dem Weg zu einem familienfreundlichen Arbeitgeber sind noch viele Schritte vorstellbar. Wichtig ist vor allem, dass die Soldatinnen und Soldaten gestärkt werden, ihre Vorgesetzten tatsächlich anzusprechen und gegebenenfalls auch in die Pflicht zu nehmen.

3 ‚Führung' in Militärorganisation und Zivilgesellschaft

Würden Streitkräfte der Gesellschaft entgegengesetzt – oder verstünden sie sich gar selbst als Widerpart zur zivilen Gesellschaft –, dann hätte das Folgen für die Militärorganisation wie für die Gesellschaft: Diese laufen zusammen in dem Begriff 'Desintegration des Militärs'. Dagegen steht die Idee vom ‚Staatsbürger in Uniform', der ebenso wie sein Kollege im Blaumann eine wichtige Aufgabe für Erhalt und Funktionieren der freiheitlichen Gesellschaft erfüllt. Entsprechend soll die in der Bundeswehr praktizierte Führung derjenigen in anderen Großorganisationen vergleichbar sein. Tatsächlich aber können zahlreiche Inkompatibilitäten dem Beobachter nicht verborgen bleiben, auch wenn die Bundeswehr kein in sich homogenes und der zivilen Gesellschaft abgeschottet gegenüberstehendes Gebilde ist.

3.1 Veränderungen im zivilen Verständnis von Führung

Selbst wer nur im Internet unter dem Stichwort Führung ‚googelt', der wird rasch eine lange Liste von Begriffen finden, die das traditionelle Verständnis von Führen: einer geht voran und die anderen folgen ihm widerspruchslos, auflösen: Vorgesetzte und Untergebene, Chefs und Mitarbeiter sollen gegeneinander ‚sicher auftreten', ‚wirkungsvoll sprechen' und ‚geschickt' miteinander umgehen. Mitarbeiter sollen ‚mitgenommen' werden auf dem ‚Weg zum Erfolg', sie sollen ‚von der Begeisterung ihrer Vorgesetzten angeregt werden', ‚selbst- und eigenständig konkrete messbare Ziele' zu definieren und umzusetzen. Durch ‚sinnvolles Delegieren' soll die ‚Eigenverantwortung der Mitarbeiter gestärkt' und ihre ‚Selbständigkeit aufgebaut' werden. Nur durch diese Einbindung der Mitarbeiterinnen und Mitarbeiter könne deren ‚ganzes Potential' an Kreativität, Fähigkeiten und Fertigkeiten genutzt werden, so dass sie Höchstleistungen erbringen. Die ‚Übertragung von Entscheidungsbefugnissen von oben nach unten' bringe ‚mehr Dynamik in die Firma'. ‚Eigenverantwortung' und ‚Selbststeuerung' der Mitarbeiter und Mitarbeiterinnen würden gestärkt. Damit einhergehend müsse man ein ‚kreatives Klima des Vertrauens und Respekts' in der Firma schaffen, ein Klima, in dem ‚offen, klar und verständlich kommuniziert' wird. Als hervorstechendste Eigenschaft des Vorgesetzten gelte nun: ‚Andere loben und anerkennen, zuhören!' Nicht grundsätzlich anders würden diejenigen argumentieren, die Trainer für Fußballvereine ausbilden. Vorbildhaftigkeit, Zuhören, Respekt, Fördern der individuellen Anlagen der Spieler. Dass das von den Vorgesetzten in der Bundeswehr häufig nicht so gesehen wird, machen die Berichte des Wehrbeauftragten immer wieder schmerzlich bewusst. Militärische Vorgesetzte müssen sich deshalb ebenso wie Vorgesetzte im zivilen Raum der Einsicht stellen, dass ihr Selbstbild und das Bild ihrer Mitarbeiterinnen und Mitarbeiter von ihnen kaum überein stimmt.

> **Vorgesetztenselbstbild und Blick der Untergebenen auf den Vorgesetzten sind häufig nicht kompatibel.**

Der Begriff ‚Führen', der traditionellerweise mit den Begriffen ‚Leiten' und ‚Lenken' zusammengehörte, wird dabei in einem charakteristisch neuen Sinne verwendet: Er wird faktisch aufgelöst in ein neues Wort- und Vorstellungsfeld, das traditionellerweise zum Feld ‚Bitten', ‚Anregen', ‚Unterstützen' zu zählen war. Anders ausgedrückt und typologisch zuspitzend formuliert: Die väterlich-patriarchalische Machtkommunikation zwischen Chefs und Mitarbeitern, Vorgesetzten und Untergebenen wird ersetzt durch eine mütterlich-feminine Unterstützungskommunikation. Führen entwickelt sich zu ‚coachen', der Führer wird zum ‚Mentor'. Problemlösungen werden in ‚Teams' erarbeitet, in denen zahllose ‚Synergieeffekte' auftreten sollen. Selbst wenn man die Werbe-Sprechblasen-Rhetorik der Texte mithört, fällt doch auf, dass Führungsverständnis und Führungsprozess derzeit anders dargestellt werden als in früheren Jahren: Aus *hardskills*, die mit ‚Durchsetzen' assoziiert wurden, sind *softskills* geworden. Diese Verschiebung des Bedeutungsfeldes von Führen und Führung steht für einen grundlegenden gesellschaftlichen Wandel.

Inzwischen hat sich allerdings auch gezeigt, dass die Ermächtigung der Mitarbeitenden, gewissermaßen ihr eigener Chef zu sein, auch ihre Schattenseiten haben kann: Über Selbstausbeutung, Überforderung und Scheitern an den angeblich freiwillig übernommenen Zielvereinbarungen wird geklagt.

> **Führen meint vor allem Koordinieren, Kooperieren, Moderieren.**[11]

Die zivile Managementberatung würde der Bundeswehr etwa Folgendes empfehlen: Der Vorgesetzte soll lernen, wie man Untergebene inspiriert, motiviert und für gemeinsame Ziele gewinnt. Von zivilen Beratern würde militärischen Vorgesetzten etwa folgendes versprochen: ‚Ihr Umfeld wird sie gerne und aktiv unterstützen, Ihre

---

11 Viele Vorgesetzte widersprechen diesem Führungsverständnis mehr oder minder heftig, denn sie sehen sich selbst als Entscheider, die mit ihren Entscheidungen nicht nur den Weg der Einrichtung, für die sie verantwortlich sind, sondern auch den beruflichen Weg sowie den Lebensweg der ihnen Untergebenen zutiefst prägen. Sie seien erinnert an das Führungsverständnis, das der Bundesminister der Verteidigung, Dr. Thomas de Maizière in seiner Grundsatzrede zur Neuausrichtung der Bundeswehr bei der Bundeswehrtagung am 22. Oktober 2012 in Strausberg (wie schon vorher in seiner Rede zum Dresdener Erlass) von ihnen gefordert hat: „Erstens: Führen durch Vorbild. (…) Zweitens: Führen durch Führung. Das bedeutet, als Vorgesetzter zu steuern, nicht zu rudern. Dafür braucht es Kommunikation, Konfliktfähigkeit, Konsensbereitschaft. Drittens: Führen durch Handeln. (…) Viertens: Führen durch Vertrauen. Das bedeutet, ein Klima des Vertrauens zu schaffen; etwa dadurch, nicht die Antwort vorzugeben, sondern nach der besten Lösung zu fragen – und dabei auch Fehler zuzulassen, sie anzusprechen und abzustellen. Vertrauen entsteht, wo Vorgesetzte Zutrauen signalisieren, Motivation schaffen, zur Mitverantwortung ermutigen. Fünftens: Führen durch Lob. Das bedeutet, als Vorgesetzter die Leistung anderer differenziert anerkennen. Lob soll dabei weder zu häufig noch zu selten, geschweige denn unehrlich sein, sondern echte Wertschätzung zum Ausdruck bringen. Und Lob wird nur dann als Lob wahrgenommen, wenn es auch Tadel, Kritik gibt." Andere Vorgesetzte stellen den Auftrag an die erste Stelle und betonen, dass die Führung der Untergebenen bzw. Mitarbeiter von der Auftragserfüllung her verstanden werden müsse. Wegen des übergeordneten Auftrags sei menschenorientierte Führung unmöglich. Auch sie seien an die Strausberger Rede des Ministers erinnert, denn hier werden explizit der Auftrag Neuausrichtung und die Grundsätze menschenorientierter Führung miteinander verbunden.

Ziele zu erreichen – und Sie führen effektiv und erfolgreich.' Bezeichnenderweise wird in dieser Sichtweise der Managementberatung die Schar der Untergebenen als ‚Umfeld' charakterisiert – und damit ist signalisiert, dass der Vorgesetzte auf seine Weise abhängig ist von seinen Untergebenen. Ohne das geeignete und geneigte Umfeld ist keine optimale Leistung zu erwarten – und die Steuerung des menschlichen Umfeldes ist eine Führungsaufgabe. Sie soll durch Kommunikation und andere *softskills*, nicht durch Durchsetzung des Vorgesetztenwillens erzielt werden.

Für die Bundeswehr sollten gegenwärtig besonders die systemischen Theorien des Führungsvorgangs (Rahn 2006) bedeutsam sein. Dementsprechend sind die Inhaber von Führungspositionen ihrerseits als eingebunden in Strukturen und Prozesse zu betrachten, in denen sie selbst Geführte sind. Sie stehen in umfassenden Kontexten zusammen mit und neben ihren Untergebenen. Die Bedingungen, unter denen Soldatinnen und Soldaten führen und geführt werden, sind teilweise selbstbestimmt bzw. selbst geschaffen, teilweise fremdbestimmt. Systemische Führungstheorien stellen in Rechnung, dass das gesamte Zusammenwirken gesellschaftlicher, politischer und sozialer Faktoren Einfluss auf eine Organisation wie die Bundeswehr und das Führungshandeln in ihr hat. In dieser Perspektive kommt nicht nur die Interaktion zwischen Führungskraft und Mitarbeitenden bzw. Untergebenen in den Blick, sondern auch die Interaktion beider Gruppen mit Politikern, Verbändevertretern, Bundeswehr- oder Militärkritikern, Vertretern ausländischer Staaten, Familienangehörigen und Kameraden. Auch eine Führungskraft wie der Generalinspekteur der Bundeswehr ist in dieser Perspektive nur einer der vielen Kontextfaktoren, die auf die Geführten wirken. Eine entsprechende Definition von Führung findet sich in einem Standardwerk zum modernen Management: „Unter Führung verstehe ich die Beeinflussung der Einstellungen und des Verhaltens von Einzelpersonen sowie der Interaktionen in und zwischen Gruppen, mit dem Zweck, bestimmte Ziele zu erreichen. Führung als Funktion ist eine Rolle, die von Gruppenmitgliedern in unterschiedlichem Umfang und Ausmaß wahrgenommen wird. Führung ist lediglich eine Form der Verhaltensbeeinflussung neben anderen und in ihren Wirkungen auf das Verhalten vielfach moderiert." (Staehle 1999: 328)

> Systemische Führungstheorien analysieren nicht nur die Interaktion zwischen Führern und Geführten, sondern auch die zwischen Militär, Gesellschaft und Politik.

Zunächst einmal fällt hier auf, dass Führung ein zielorientierter Prozess ist. Wenn kein bestimmtes Ziel zu erreichen ist, dann ist Führung überflüssig. Wichtig ist sodann, dass Führung sich auf Einstellungen und Verhalten richten soll; der Führende muss also in beiderlei Hinsicht: geistig und handlungsorientiert, tätig werden. Führung hat, das ist die dritte Einsicht, mit Gruppen und deren Interaktion zu tun. Und die vierte Einsicht wäre: Jeder führt, indem er eine bestimmte Rolle im Gruppengeschehen einnimmt; er ist mehr oder weniger Führer. Auch derjenige, der sich dem Verständnis der anderen Gruppenmitglieder und seinem Selbstverständnis nach führen lässt, ist seinerseits als Führer in geringerem Umfang tätig. Und wenn Staehle dann noch betont, dass Führung nicht unbedingt dazu führt, dass die Geführten auch das tun, was der Führer möchte, dann ist deutlich, dass erfolgreiche Führung tatsächlich eine Kunst ist, die damit zu tun haben muss, dass sogenannte Untergebene dazu angeregt werden, sich selbst in den Führungsprozess einzubringen. Die sich von dieser systemischen Führungstheorie her ergebenden Nähen zur Konzeption Innere Führung liegen auf der Hand. Deutlich ist damit auch, dass das Führungsverständnis der ZDv 10/1 Innere Führung (2008) in diesem Sinne umfassend angelegt ist. Es reflektiert auf die unterschiedlichen Umweltfaktoren ebenso wie auf diejenigen Faktoren, die zum Kern der Organisation Bundeswehr gehören. Systemische Führungstheorien analysieren auch die Umweltfaktoren.

In der Bundeswehr hat sich das Verständnis von Führung seit Baudissins Darlegungen zur Inneren Führung geändert, allerdings nicht nur in Richtung des zivilen bzw. mit zivilen Managementtheorien kompatiblen Verständnisses, sondern auch in einer charakteristisch anderen Weise: Wenn seitens des Heeres, etwa in der Heeresdienstvorschrift (HDv) 100/200, von Führung bzw. Führungsunterstützung die Rede ist, dann geht es um den Einfluss der Informationstechnik auf das militärische Führungshandeln. Der militärische Führer gewinnt durch verbesserten Informationsfluss über die aktuelle

Lage entscheidende militärische Vorteile für den Kampf. Regelrecht inflationär wird in einem Aufsatz zur Einführung in die genannte HDv, aber auch in anderen Texten aus dieser Teilstreitkraft, das Begriffsfeld Führung bemüht: Führungsgrundsätze, Führungsprinzip, Führungsprozess, Führungssystem, Führungsstruktur, Führungsebene, Führungseinrichtungen, Führungsmittel, Führungsverfahren, Führungsorganisation, Führungsfähigkeit, Führungsdienst, Führungswechsel neben dem in anderem Zusammenhang schon erwähnten Begriff Führungsunterstützung seien beispielhaft angeführt. Indem Führung definiert wird als „zielgerichtete[r] Einsatz von Kräften und Mitteln" (Heuser 1999: 178), wird die personale Dimension völlig ausgeblendet. Menschen kommen als Kräfte und Mittel vor. Der militärische Führer wird nur einmal an unauffälliger Stelle als Kontrolleur erwähnt (HDv 100/200, Kapitel 6 Ende). Führer des Heeres sollten jedoch nicht der Meinung sein, sie könnten ihr Ziel, die Beeinträchtigung der feindlichen Führungsfähigkeit, ohne die Menschen in ihrem Umfeld erreichen. Und diese haben sowohl ihre Fähigkeiten und Stärken wie auch ihre Schwächen.

> **Wer führen will, muss mit Menschen umgehen wollen.**

Neuere Literatur stellt heraus, dass die Leitideen und die gelebte Wertkultur eines Unternehmens oder einer Organisation von fundamentaler Bedeutung für den Erfolg sind. Dabei wird verstärkt darauf hingewiesen, dass eine Interdependenz zwischen christlichen und ökonomischen Perspektiven hergestellt werden kann. Die Ergebnisse einer Studie zu *Leadership Values* der Forschungs- und Beratungsgesellschaft *Deep White* in St. Gallen bei 35 Unternehmen und Organisationen (Online: http://www.deep-white.com; letzter Zugriff: 28. März 2012; vgl. auch die Ergebnisse in Google für christliche Werte Unternehmen) kam zu dem Ergebnis, dass eine an christlichen Werten orientierte Unternehmensführung ein Kriterium wirtschaftlichen Erfolges sein kann. Insbesondere zeigt die Studie, dass eine ganzheitliche Betrachtung des Unternehmens und die Wertschätzung des einzelnen Menschen ein grundlegender Faktor für das erfolgreiche Führungsverhalten sind und sich dieser Respekt auch in allen Führungsprinzipien, im ‚Ernstnehmen' der Mitarbeiter und in der Fürsorge für sie niederschlagen sollte: „Wo der Mensch in seiner Individualität, seinen Werten gefördert wird, wo in hohem Maße persönliche Werte mit den Werten des Unternehmens übereinstimmen, da sind die Einsatzbereitschaft und die Erfolgsorientierung hoch." (Deep White GmbH 2006: 33)

> **Menschenführung ist immer wertegeleitet. In der Bundeswehr gelten die Werte des Grundgesetzes.**

Andere Autoren sekundieren, indem sie den menschlichen Faktor herausstellen: „Das personale Prinzip betont die Würde des Menschen und ist auf den einzelnen Menschen gerichtet. Es verpflichtet ihn zur Entfaltung seiner Fähigkeiten und richtet einerseits das Individuum als Mitmensch auf das gemeinsame Wohl aller seiner Mitmenschen aus; andererseits schließt das Gemeinwohl das eigene Wohl jedes einzelnen ein." (Gleich 2006: 25) Die Wertschätzung und Förderung der Persönlichkeit der Mitarbeiter bedarf der Strukturen, „in denen die Mitarbeiter ihre Arbeit und sich entwickeln können und am Erfolg des Unternehmens beteiligt werden, gegenseitige Unterstützung im Sinne der Partizipation am Unternehmenserfolg". (Ebd.: 25) Auf die Mitarbeiter einer Firma bezogen bedeutet das, dass es solcher Strukturen bedarf, die individuelles Wachstum, Selbstentfaltung, Verantwortungsübernahme und Partizipation am Unternehmenserfolg ermöglichen. „Die Achtung der Freiheit und der Würde des Menschen führt zu einer Aufwertung des Mitarbeiters als Mitwisser, Mitwirker und Mitunternehmer und ist im Sinne von Solidarität als gegenseitige Verpflichtung und Zusammengehörigkeitsgefühl zu sehen. Das Solidaritätsprinzip fordert Haftung und Verantwortlichkeit des Individuums für die Gemeinschaft. Jeder einzelne ist für das Wohl des Ganzen und für das Versagen jedes Anderen verantwortlich." (Ebd.: 26)

> **Menschenführung kann nur bei strikter Beachtung der Würde und der Werte des Anderen gelingen.**

Es ist offensichtlich, dass die Rahmenbedingungen, für welche die Führungskräfte verantwortlich sind, so gestaltet werden müssen, dass den einzelnen Mitarbeiterinnen und Mitarbeitern ein Maß an Freiheit zukommt, das es ihnen ermöglicht, ihre Energien kreativ und produktiv im Kontext der Mitverantwortung für das Unternehmen oder die Organisation einbringen zu können. Auch wenn diese Erkenntnisse seit Jahrzehnten Bestandteil des Führungskräftetrainings der Bundeswehr sein sollten, ist es doch nicht überflüssig, an sie zu erinnern angesichts der aktuellen Herausforderungen.

3.2 Ökonomische Modernisierung der Bundeswehr und Führung

Im Jahr 2001 hat der Beirat für Fragen der Inneren Führung angeregt, betriebswirtschaftliche Denkweisen und Methoden in den deutschen Streitkräften einzuführen und „in systematischer Weise über einen mehrjährigen Zeitraum hinweg die mit der Ökonomisierung möglicherweise verbundenen Verhaltensänderungen bei militärischen Vorgesetzten und Untergebenen [zu] ermitteln, um der militärischen Führung die Möglichkeit zu geben, im Falle des Auftretens unerwünschter Effekte Korrekturen zu veranlassen." (Zitiert nach Großeholz 2006b: 7) Das Forschungsprojekt des SOWI bzw. ZMSBw „Ökonomische Modernisierung der Bundeswehr – Sozialwissenschaftliche Begleitung der Einführung betriebswirtschaftlicher Steuerungsinstrumente und Denkweisen in der Bundeswehr" (vgl. die einschlägigen Arbeitspapiere: Kantner/Richter 2004; Richter 2006; Großeholz/Portugall 2006; Großeholz 2006ab; Portugall 2006ab; Richter 2012) trägt der Aufgabenstellung Rechnung. Dabei ist schon der Beirat Innere Führung davon ausgegangen, „dass die ökonomische Modernisierung in ein[em] unübersehbare[n] Zusammenhang mit dem Konzept der Inneren Führung" steht (zitiert nach Großeholz 2006a: 8), zumal durch die Einführung der Kosten-Leistungsverantwortung (KLV) die geltenden Führungsprinzipien ergänzt werden sollten „durch konsequente Delegation von Verantwortung. Dabei sollen Eigeninitiative, Kompetenz und Kreativität vor Ort gefördert und die Qualität der Entscheidungen verbessert werden. Die altbewährte Führung mit Auftrag wird also nicht durch neue administrative Regelungen eingeschränkt, sondern im Gegenteil aufgewertet und gestärkt." (Hubbert 2000: 79; vgl. auch Portugall/Fiebig 2012)

Der Idee nach soll die Einführung betriebswirtschaftlicher Steuerungsmomente in der Bundeswehr zu stärkerer Einbindung von Mitarbeiterinnen und Mitarbeitern in Entscheidungsprozesse führen und durch die Stärkung partizipativer Aspekte im Veränderungsprozess mehr Transparenz bewirken, was unerlässliche Voraussetzung für das Mittragen und Umsetzen von Führungsentscheidungen ist. Die Forschungen von Großeholz haben jedoch ergeben, dass den Mitarbeitern in der Bundeswehr mehrheitlich weder deutlich ist, ob ihre Vorgesetzten die ökonomischen Reformen unterstützen, noch ob sie sich überhaupt über die gewünschten und auf den Weg gebrachten Veränderungen mehr als „mittelmäßig" informiert fühlen. „Mehrheitlich werden nicht nur mehr allgemeine Informationen für alle gewünscht, sondern auch eine verstärkte unmittelbare, dialogisch-vermittelnde Kommunikation, durch die Sinn und Ziel einzelner Veränderungen begreifbarer werden. Hier liegt im Sinne des Change Management ein wesentlicher Schlüssel für die Schaffung eines Akzeptanz- und Beteiligungsklimas." (Großeholz 2006b: 6) Organisationsentwicklung ist – so die Voraussetzung des Forschungsberichts von Großeholz – nur durch intensive Kommunikation auf allen Hierarchieebenen möglich. Dabei müssen Entscheidungsprozesse möglichst „schlank" gestaltet werden. Die vom SOWI Befragten gaben allerdings an, dass im Zuge der Anstrengungen zur Organisationsentwicklung „der Modernisierungsweg durch zusätzlich entstandene bürokratische Hürden zum Teil verstellt wird." (Ebd.: 7) Die Entscheidungsspielräume für Führungskräfte seien nicht größer geworden, wie es eigentlich gewünscht und versprochen war, sondern eine „erhöhte Regelungsdichte" habe Entscheidungen zusätzlich verzögert. (Ebd.)

Die Einführung der KLV hat (noch) nicht dazu geführt, dass Vorgesetzte größere Entscheidungsspielräume wahrnehmen und ausschöpfen können.

Die bisher ungenügenden Ergebnisse bei der Umsetzung des Kontinuierlichen Verbesserungsprogramms (KVP) sprechen ebenfalls dafür, dass die potentiell vorhandene Mitarbeitermotivation nicht für Organisationszwecke eingesetzt wird. Weder sind die Vorgesetzten angemessene Multiplikatoren des Programms, noch bringen sich die Untergebenen mit Verbesserungsvorschlägen in dem gewünschten Umfang ein, noch fühlen sich die wenigen, die Verbesserungsvorschläge gemacht haben, durch ihre Erfahrungen bestätigt, weiter im Sinne der Organisationsreform tätig zu werden. (Portugall 2006b: 10f.; zuletzt Portugall/Fiebig 2012: bes. 149, im Zusammenhang mit dem Konzept des Change Management)

> Auch KVP wird (noch) nicht in dem erwünschten Maße von den Untergebenen angenommen.

Zusammenfassend kann die ZDv 10/1 Innere Führung (2008) als ein angemessener Anknüpfungspunkt für die vom Beirat Innere Führung angeregten, von politischer und militärischer Führung gewünschten Innovationen beurteilt werden.

3.3 Befehl und Gehorsam

In einem gewissen Gegensatz zum in der Bundeswehr erwünschten kooperativen Führungsstil steht das Führungsmittel ‚Befehl und Gehorsam', das nach Meinung von Militärsoziologen typisch für alle Streitkräfte ist. Befehle gibt es nur zwischen Soldaten (Soldatengesetz § 10, 6. Abs. 4b, 60, S. 162), niemals zwischen Zivilisten oder zwischen Soldaten und Zivilisten. Klassisch bringt eine französische Dienstvorschrift von 1818 (die 1965 in der französischen Armee noch in Geltung stand) ein traditionelles Verständnis von Befehl zum Ausdruck, das dem landläufig-umgangssprachlichen Verständnis ebenso wie der Einsicht vieler Militärsoziologen entspricht: „Da die Hauptstärke der Armeen auf der Disziplin beruht, ist es notwendig, daß jeder Vorgesetzte von seinen Untergebenen einen vollkommenen Gehorsam und eine fortwährende Unterwerfung erreicht, daß die Befehle buchstabengetreu, ohne Zögern und Murren ausgeführt werden; die Autorität, die sie erteilt, ist dafür verantwortlich, und der Untergebene darf sich erst beschweren, nachdem er gehorcht hat." (Zitiert nach Nardi 1965: 19)

Im deutschen Soldatengesetz entspricht die rechtliche Festschreibung *nicht* diesem alten französischen Verständnis von Befehl. Ein Befehl ist demnach „eine Anweisung zu einem bestimmten Verhalten, die ein militärischer Vorgesetzter einem Untergebenen schriftlich, mündlich oder in anderer Weise, allgemein oder für den Einzelfall und mit dem Anspruch auf Gehorsam erteilt. (…) Das Nichtbefolgen eines Befehls ist unter bestimmten Voraussetzungen strafbar (§§ 19, 20, 21 WStG); andererseits ist die rechtliche Verantwortung eines Soldaten, der auf Befehl handelt, eingeschränkt (vgl. § 5 WStG, § 11 Abs. 2 Satz 2 SG, § 3 VStGB)." (SG § 10 6. Absatz 4b, S. 48) Voraussetzung für Gehorsam ist das Vorliegen eines rechtsverbindlichen Befehls. Ein unrechtmäßiger Befehl ist jedoch nicht automatisch unverbindlich. Nur die Befehle, die keinen dienstlichen Zweck erfüllen, müssen nicht ausgeführt werden. Die Äußerung des Vorgesetzten wird dann behandelt wie ein „unverbindlicher Befehl". (SG § 11, S. 159) Vorgesetzte haben selbst „in kritischen Lagen im Falle äußerster Not" kein Recht, das es ihnen erlauben würde, Gehorsam „mit der Waffe zu erzwingen", das „wäre verfassungskonform nicht realisierbar." (SG § 10, 7. Abs. 5,2, 93, S. 169f.; vgl. GG Art. 102)

Die Gehorsamspflicht des Soldaten wurde im Soldatengesetz 1956 erstmals gesetzlich geregelt. (SG § 11, S. 175) Soldatischer Gehorsam ist demnach als „mitdenkender Gehorsam" zu bestimmen. (SG § 11, S. 179) Deshalb gibt es für den Untergebenen das Recht und die Pflicht, Fragen zu stellen und gegebenenfalls „Gegenvorstellungen" zu erheben, etwa wenn die Lage sich seit Erteilung des Befehls so geändert hat, dass die Ausführung des Befehls „sinnwidrig" wäre. (SG § 11, S. 180) Allerdings sind rechtswidrige Befehle grundsätzlich verbindlich, außer wenn sie die Menschenwürde verletzen, nicht zu dienstlichen Zwecken erteilt worden sind, die Begehung einer Straftat zur Folge haben, wenn die Durchführung der Befehle objektiv unmöglich ist, sie sich inhaltlich widersprechen, sie aufgrund einer Änderung der Sachlage sinnlos geworden sind, wenn deren Ausführung dem Soldaten nicht zugemutet werden kann oder wenn sie gegen eine allgemeine Regel des Völkerrechts verstoßen. (SG § 11, S. 181f.) Dazu zählt auch ein Verstoß gegen das Verbot des Angriffskrieges. (GG Art. 26 Abs. 1 Satz 1) Den Typus des rechtswidrigen Befehls gibt es in den vielen Partnerarmeen nicht. (Rose 2011: 14 mit Fußnote 8)

> **Befehle fordern nicht Kadavergehorsam, sondern Mitdenken und Einsicht.**

Den Typus des sinnlosen Befehls kannten die Bundeswehrsoldaten noch im Jahr 1966. Es handelt sich hier gewissermaßen um eine Verlängerung des unmöglichen Befehls: „Eine zweite Grenze des Gehorsams [nach der ersten: Verletzung der Menschenwürde, ADD] wird selbstverständlich wirksam, wenn sich die Ausführung eines Befehls als unmöglich erweist. Das kann durchaus eintreten, denn das Urteil des Befehlenden über die Umstände und Gewalten, die der Durchführung des Befehls entgegenwirken, ist nicht gegen alle Irrtümer gesichert. (…) Eine dritte Grenze, welche die zweite gewissermaßen verlängert, wird dadurch gezogen, daß immer auch Ereignisse eintreten können, die, ohne daß der Vorgesetzte das weiß oder wissen kann, seinen Befehl sinnlos machen. Eine deutsche Dienstvorschrift aus dem Jahr 1906 enthielt folgenden Satz: ‚In Fällen, in denen sich der Untergebene sagen muß, daß der Auftraggeber die Verhältnisse nicht genügend übersehen konnte, oder wo der Befehl durch die Ereignisse überholt ist, wird es Pflicht des Untergebenen, erhaltene Befehle nicht oder abgeändert durchzuführen und dies dem Vorgesetzten zu melden." (Bundesministerium der Verteidigung 1966: 22f.)

> **Jeder Untergebene muss selbständig und eigenverantwortlich darüber urteilen, ob ihm ein rechtswidriger oder sinnloser Befehl erteilt wurde.**

In den Anweisungen von 1966 wird sehr anschaulich darauf verwiesen, dass Vorgesetzte mit ihren eigenen Zweifeln am Befohlenen umgehen müssen: „Die Frage aber, ob das richtig oder ob das Opfer, gemessen an dem, was im ganzen auf dem Spiel steht, zu hoch ist, kann seinem eigenen Gewissen nicht abgenommen werden. (…) Wollte man verschweigen, daß Gehorsam in schwere Konflikte führen kann, so würde man der menschlichen Unvollkommenheit nicht gerecht. (...) Um so unsinniger ist die Meinung, der Gehorchende käme ohne eigenes Urteil und Gewissen aus; er braucht beides, sowohl um den Befehl recht auszuführen, als auch um gegebenenfalls der Grenzen gewahr zu werden, jenseits derer er nicht mehr zu gehorchen hat." (Bundesministerium der Verteidigung 1966: 24)

Während hier deutlich ausgesprochen wird, dass das Befehlen wie das Gehorchen Grenzen hat, betonen Militärsoziologen die Funktionalität des Systems. „Entsprechend der Binnenperspektive des Militärs ist das Befehls-Gehorsamsprinzip die Voraussetzung für die strategische und taktische Effizienz von Streitkräften. Dabei handelt es sich nicht nur um einen unmittelbaren Vollzug von Handlungsanweisungen, sondern auch um einen antizipatorischen Glauben an die Richtigkeit der Anweisungen, an ihre Legitimität. Willensbildung und Entscheidungsfindung sind hierarchisch abgeschottet. Die Befehlsunterworfenen haben keinen Einfluß auf den Befehlsinhalt. Befehlsbefolgung wird erzwungen, Gehorsamsverweigerung wird schwer sanktioniert. Das ist eine Sozialordnung, die in der zivilen Gesellschaft kaum eine Entsprechung findet." (Lepsius 1997: 366)

Dagegen kann man einwenden, dass diese Vorstellung von der Funktionalität der militärischen Sozialordnung aufgrund von Befehlsgehorsam eine zivile Chimäre ist. Es gibt keinen völlig unfreien Gehorsam, jedem Gehorsam wohnt ein Moment von Freiheit inne. Und wenn Freiheit die Möglichkeit zur Selbstbindung ist, dann heißt Gehorsam: sich an den Befehl binden. Das heißt auch, dass ohne ein Moment von Freiwilligkeit, von freiwilliger Unterstützung des Ansinnens eines anderen – egal wie machtvoll oder gewaltförmig es eingefordert wird – es keine Erklärung für auf Befehl geleistete schandbare oder unrechtmäßige Taten gibt. „Der Henker gehört zu den wenigen, die beim Vollzug des ihnen ergangenen Befehls keinen Spielraum haben. Der Henker muß stets Dienst nach Vorschrift tun." (Reemtsma 1998a: 137) Aus diesem Blickwinkel betrachtet, macht die Befehlshierarchie die in sie eingebundenen Uniformträger frei, denn sie gewinnen Macht durch die Umsetzung oder Verweigerung, durch die Weitergabe, Interpretation, Verschärfung oder Auflösung erhaltener Befehle, denen sie sich durchaus verweigern könnten. (Reemtsma 1998a: 138)

| **Jedem Gehorsam wohnt auch Freiheit inne.** |

Aus traditionalistischem militärischen Pathos kann eine militärische Subkultur entstehen. Diese würde schnell zum Problem, und deshalb wurden und werden von Seiten der Politik wie der Streitkräfte immer wieder Anstrengungen unternommen, in die Bundeswehr zivile Strukturen einzuführen bzw. solche tiefer in ihr zu verankern. Die Innere Führung ist selbst ein solcher Versuch, einen Ausgleich zwischen militärspezifischen Erfordernissen und zivilem Verhalten zu formulieren. Deshalb wird die Innere Führung von manchen Soldatinnen und Soldaten der Bundeswehr faktisch als Synonym für die Auflösung eines starren und dichotomischen Verständnisses von Befehl und Gehorsam wahrgenommen und abgelehnt. (Eine Studie des ZMSBw zur Akzeptanz der Inneren Führung und zum Stand ihrer Umsetzung ist in Arbeit.) Innere Demokratisierung der Bundeswehr, wie sie in der Inneren Führung begründet sei, bedeute eine „demokratiewidrige autoritär-hierarchische Organisationsstruktur zu überwinden." (Rose 2011: 7, vgl. auch 10 u. ö.; vgl. auch Dörfler-Dierken 2010b)

| **Innere Führung ist eine demokratische Führungslehre.** |

Im Bericht der sogenannten Weizsäcker-Kommission „Gemeinsame Sicherheit und Zukunft der Bundeswehr" vom 23. Mai 2000 wird empfohlen, die Innere Führung „weiterzuentwickeln und zu stärken". (Weizsäcker-Kommission 2000: 123) Kategorisch wird im Leitsatz zum Abschnitt Innere Führung festgestellt: „Die Grundsätze der Inneren Führung stehen auch in der neuen Bundeswehr nicht zur Disposition." (Ebd.: 123) In der folgenden Auslegung der Grundgedanken der Inneren Führung spielt der Gedanke des Gehorsams eine bemerkenswert untergeordnete Rolle: „Der ‚Staatsbürger in Uniform' ist der Kernbegriff der Inneren Führung. Er sagt aus, dass Führung, Ausbildung, Bildung und Erziehung in den Streitkräften den Soldaten zu Selbstverantwortung und Selbstdisziplin, zu mitdenkendem Gehorsam und persönlicher Initiative, zu individueller Leistungsbereitschaft und zu kameradschaftlicher Zusammenarbeit ermuntern sollen. So ausgebildete und so handelnde Soldaten sind Voraussetzung für eine Truppenführung mit Auftragstaktik. Verfassungs- und gesellschaftspolitisch bringt das Leitbild zum Ausdruck, dass der Soldat ein freier Staatsbürger ist, auch wenn er Beschränkungen seiner Grundrechte hinnehmen muss. Er ist Bürger unter Bürgern." (Ebd.: 123f., Abschnitt 211)

Unübersehbar dominieren hier die dem Gedanken der Individualität kompatiblen Wendungen Selbstverantwortung, Selbstdisziplin, persönliche Initiative, individuelle Leistungsbereitschaft. Selbst Gehorsam wird durch das Adjektiv „mitdenkend" eigens qualifiziert. Es ist also nach Meinung der Planer unverzichtbar, dass der Beruf des Soldaten von der Individualität des Soldaten als Person her begriffen werden muss.

> **Deutsche Soldatinnen und Soldaten sind freie Staatsbürger, die selbständig Verantwortung für ihr Handeln und für andere Menschen übernehmen.**

Von der Zulassung von Frauen zum freiwilligen militärischen Dienst erwartet die Weizsäcker-Kommission, dass das innere Gefüge der Streitkräfte verändert wird. „[E]in Element gesellschaftlicher Normalität" soll dadurch in einer „durch männliche Verhaltensmuster geprägten Institution wie der Bundeswehr" gefördert werden. (Ebd.: 124; grundsätzlich kritisch gegen den Bericht der Weizsäcker-Kommission: Opitz 2001: 37f.) Seit gut zehn Jahren ist der Prozess der Neubesinnung auf die Innere Führung in politischer Leitung und militärischer Führung nun in Gang. Davon legen die Äußerungen der Weizsäcker-Kommission ebenso Zeugnis ab wie die ZDv 10/1 Innere Führung (2008). (Zu Geschichte und Entwicklung der Inneren Führung vgl. oben Kapitel 2)

Unzweifelhaft gibt es in Streitkräften wie in vielen anderen Zusammenhängen des Lebens Situationen, in denen man besser dasjenige tut, was derjenige mit der größeren Übersicht anordnet, Situationen, in denen jeder Mann und jede Frau sich gerne unter- bzw. einordnet, weil er oder sie darauf vertraut, dass ein Vorgesetzter besser Bescheid weiß als er oder sie selbst. Es ist aber fraglich, ob dieser Gehorsam vom ersten Tag der Grundausbildung an den Rekrutinnen und Rekruten eingedrillt werden muss. Insofern wäre zu wünschen, dass Situationen, in denen sinnvollerweise nach dem Schema von Befehl und Gehorsam gehandelt werden muss, von solchen anderen Situationen unterschieden werden, in denen es auf freiwillige, aus Einsicht geborene Zusammenarbeit unterschiedlicher Menschen mit verschiedenen Kompetenzen ankommt. Wenn – wie man es im Gespräch mit Vorgesetzten oft hört – der Befehl als spezifisch militärisches Sprachspiel, als *terminus technicus* für eine dienstliche Anordnung oder Weisung verstanden wird, dann entleert das den eigentlichen Sinngehalt von Befehl und Gehorsam. So sollte darauf verzichtet werden, Bitten und allgemeine Anweisungen als ‚Befehl' zu formulieren; es ist beispielsweise nicht notwendig, zur Vorbereitung eines Besuches von Zivilisten in der Kaserne einen Befehl zu schreiben oder Sport für die Soldatinnen und Soldaten per Befehl anzuordnen. Wenn in solchen Fällen argumentiert wird, die Form des Befehls hätte versicherungsrechtliche Gründe (nur dann, wenn sie auf Befehl handeln, sind Soldatinnen und Soldaten im Dienst versichert bzw. rechtlich abgesichert), dann wird der Sinn und geistige Gehalt eines Befehls verwässert und letztlich destroyiert.

> **Befehle sollten nur dann erteilt werden, wenn sie nötig sind.**

Ein anderes Problemfeld tut sich auf, wenn man bedenkt, dass auch in den Streitkräften zukünftig immer mehr Zivilisten tätig sein werden, für deren Dienst das Prinzip Befehl und Gehorsam überhaupt nicht gilt. Deshalb sollen neuerdings in zivil-militärisch gemischten Dienststellen überhaupt keine Befehle mehr erteilt werden. Statt dessen soll, wie anderswo im öffentlichen Dienst auch, mit Weisungen gearbeitet werden.

Dazu kommt auch die in der Gesellschaft weit verbreitete Ablehnung des Befehls und der mit Befehlen gestalteten Kommunikation zwischen Vorgesetzten und Untergebenen: In seiner Auseinandersetzung mit dem in der Gesellschaft zu beobachtenden Wandel der Wertorientierung der Bevölkerung – weg von Konformitäts- und Pflichtwerten hin zu Selbstverwirklichungswerten – stellte das Zentrum Innere Führung schon 1992 fest: „Die neuen Wertmaßstäbe führen zu Konflikten mit traditionellen Erziehungs-, Ordnungs- und Hierarchievorstellungen. Das trifft besonders am Prinzip von Befehl und Gehorsam orientierte Institutionen wie die Bundeswehr." (Zentrum Innere Führung, Kursbuch 2000: 34) Daraus wurde u. a. als Empfehlung zur Diskussion abgeleitet: „Stärkeres Verdeutlichen und Beachten der funktionalen Bedeutung und gesetzlichen Begrenzung des Prinzips von Befehl und Gehorsam." (Ebd.) Heute hat sich die Spanne zwischen den gerade bei jungen Menschen positiv beurteilten Werten und den in der militärischen Organisation geforderten und geförderten eher noch vergrößert als verringert. „Die jungen Männer, die sich nicht für den Soldatenberuf interessieren, verweisen nicht nur auf bessere Alternativen im zivilen Bereich, sondern sie vermuten in der Tätigkeit des Soldaten selbst eine Reihe von Defiziten und Problemen. Ein großer Teil meint, dass man als Soldat nur wenig selbst entscheiden kann, die eigenen beruflichen Ziele nicht verwirklichen kann und die Tätigkeit zu wenige Möglichkeiten bietet, sich persönlich weiterzuentwickeln. Diese Begründungen sind Ausdruck von Befürchtungen, die entsprechenden Wachstumsbedürfnisse, wie das Streben nach Unabhängigkeit, Entfaltung der eigenen Persönlichkeit, interessanten Aufgaben und gestaltender Aktivität, als Soldat nicht befriedigen zu können. In der Gruppe der besser Gebildeten kann man dieses Einstellungsmuster besonders häufig beobachten, weil diesen Jugendlichen Wachstumsbedürfnisse besonders wichtig sind. (…) Sechs von zehn Befragten sagen, dass ihnen das militärische Leben mit Disziplin und Gehorsam nicht liege (…)." (Bulmahn 2004b: 459)

> **Die Befürchtung, mit unangemessenen Gehorsamsforderungen konfrontiert zu werden, schreckt junge Menschen vom freiwilligen Wehrdienst ab.**

Gehorsam ist nicht nur ein Thema des Militärs, sondern auch eines der Religion. Sowohl im Katholizismus wie im Protestantismus spielt der Begriff eine zentrale Rolle, wenn auch mit je unterschiedlichen Konnotationen, denen nachzudenken das Verständnis für den militärischen Gehorsamsbegriff schärft. Gehorsam ist die innerliche

Zustimmung zu einer Entscheidung des autoritativen Willens Gottes bzw. seiner irdischen Stellvertreter und die Verwirklichung des Aufgetragenen in der Tat. Diesem katholischen Gehorsamsverständnis entspricht es, dass der gebietenden Autorität Gefolgschaft geleistet wird. Gehorcht wird nicht deshalb, weil das Befohlene in ethischer Hinsicht aus der Sicht des Betroffenen gut ist, sondern weil es befohlen ist. Der Betroffene vertraut darauf, dass ihm, um eines guten Zieles willen, Gehorsam abverlangt wird, auch wenn er das zeitweilig nicht zu erkennen vermag. Die Tugend des Gehorsams zeichnet jemanden aus, der ständig bereit ist, das Befohlene prompt auszuführen. Von unsittlicher Knechtschaft statt von Gehorsam spricht man allerdings dann, wenn der Gehorchende einer Anordnung der Autorität folgt, obwohl diese nicht im Hinblick auf das Gemeinwohl gegeben wurde. (Berg 1960; Hilpert 1995) Die Autorität, die Gehorsam fordert, ist Gott – vertreten durch seine irdischen Stellvertreter – den Papst oder Priester, oder den Vorgesetzten.

Eine evangelische Lehre vom Gehorsam stellt dagegen nicht Autoritäten in den Mittelpunkt, denen Gehorsam gebührt, sofern sie auf das Gemeinwohl bezogene Befehle erteilen, sondern argumentiert exklusiv vom Gehorsam gegenüber Gottes Wort her. Damit wird die menschliche Autorität degradiert. Sie ist nicht ‚Mund' oder ‚Vollstrecker' der göttlichen Autorität wie ein Stellvertreter Gottes auf Erden. Der Befehlende und der Gehorchende werden vielmehr nebeneinander *coram Deo* unter dessen Anspruch und Verheißung gestellt. (Slenczka 2000; Schweitzer 2000; Sieckmann 2000; Walther 1984) Das bedeutet für die befehlende Autoritätsperson (beispielsweise den militärischen Vorgesetzten), dass er sich weniger als Gebieter denn als Bruder und Diener dessen sieht, von dem er Gehorsam erwartet.

> Das Gehorsamsverständnis in Religionssystemen zu analysieren, schärft den Blick für die Grenzen militärischer Gehorsamsforderungen.

Die katholische Sozialethik sympathisiert demnach stärker mit einem hierarchischen Gehorsamsverständnis, die evangelische tendiert eher zu einer funktionalen Beziehung zwischen befehlender Autorität und

Gehorsam der zu Führenden. Sie ist also von ihrer Struktur eher egalitär angelegt, die katholische Lehre dagegen eher elitär konzipiert, auch wenn den Untergebenen nach katholischer Auffassung das Recht und die Pflicht zum Widerstand (die Lehre vom Tyrannenmord wurde erstmals formuliert von dem spanischen Jesuiten Juan de Mariana im Jahr 1599) zuwachsen kann, in dem Fall nämlich, wenn die Befehle der weltlichen Autorität dem Gemeinwohl schaden. Idealtypisch stellt im katholischen System die geistliche Autorität fest, dass die Gläubigen den Ansprüchen eines Herrschers nicht (mehr) folgen dürfen. Im evangelischen System stellt das idealtypisch ein jeder Gläubige selbst fest. Diesen beiden religiösen Begriffen von Gehorsam ist gemeinsam, dass sie den Gehorsam gegenüber Menschen unter Hinweis auf eine transzendentale Größe relativieren. Der Rekurs auf die beiden konfessionell gefärbten Begriffe von Gehorsam macht schlaglichtartig deutlich, dass die europäisch-christliche Tradition vielschichtig und widersprüchlich ist, dass Gehorsam aber in ethischer wie in sozialer oder politischer Hinsicht ein zentrales relevantes Thema der abendländischen Tradition ist.

> **Gehorsam spielt in der ZDv 10/1 Innere Führung (2008) nur eine untergeordnete Rolle. Keinesfalls soll das militärische Funktionsprinzip Befehl und Gehorsam den Alltag in der Bundeswehr bestimmen.**

Ebenso wie der Glaubensgehorsam der zwei christlichen Konfessionen könnte auch der Befehlsgehorsam religiös, sozial ethisch analysiert werden. Schon biblische Geschichten erzählen vom autoritativen Willen Gottes, der sich auch gegen den erklärten Willen des Betroffenen durchsetzt (z. B. Jonas-Geschichte). Deshalb sei noch einmal auf den entscheidenden Unterschied zwischen Gott und dem militärischen Führer hingewiesen: Der eine handelt aus Vollmacht, der andere ist angewiesen auf die Kooperation seiner Vorgesetzten wie seiner Untergebenen.

3.4 Militärische Sozialisation

Das Rollenbild des Rekruten ist bisher bestimmt durch den Bruch zwischen der aktuellen militärischen und der früheren zivilen Rolle;

Konformität wird bis heute erzwungen durch die Erzeugung „einer gewissen Spannung" in Erwartung möglicher Sanktionen (als solche werden Angebrüllt- bzw. Lächerlich-gemacht-werden oder Ausgangs- bzw. Wochenendsperre empfunden), wenn nicht sogar durch Erzeugen von Angst. (Apelt 2012) „Aus jemandem einen Soldaten machen, heißt, ihn das Gehorchen in alltäglichen Situationen lehren, die das Gehorchen auch dann noch als etwas Alltägliches erscheinen lassen, wenn die Situationen alles andere als alltäglich sind." (Treiber 1973: 397f.)

Man möchte gerne annehmen, dass diese militärspezifische Sozialisation in den letzten Jahren an Bedeutung verloren hat – den Erfahrungen vieler Wehrpflichtiger nach ist das aber nicht der Fall. Eindrücklich Zeugnis davon legen die jährlichen Berichte des Wehrbeauftragten vor dem Parlament ab. Unter dem Thema „Führung und Ausbildung" finden sich in den Berichten Abschnitte wie „Missachtung von Untergebenen", „Missbrauch der Befehlsbefugnis", „Bildliche Dokumentation von Dienstvergehen" und „Rechtsextremismus" (so beispielsweise die Überschriften des am 4. März 2008 vorgelegten Berichts). Die vom Wehrbeauftragten jeweils dargestellten Fälle sind als Spitze eines Eisberges zu werten, denn jedes Jahr finden sich immer wieder ähnliche Problemstellungen. So heißt es auch im Bericht für das Jahr 2011, der am 24. Januar 2012 dem Parlament übergeben wurde, im Abschnitt zum Führungsverhalten, dass „Umgangston und -formen" zu wünschen übrig ließen, dass „Reaktionen auf Dienstpflichtverletzungen" unzureichend waren, dass Einsatzregeln nicht bekannt waren etc. (Jahresbericht des Wehrbeauftragten 2012, Deutscher Bundestag 17/8400: 12f. mit Beispielen 43–46)

Diskussionsbedürftig ist neben dem Thema Gehorsam auch der militärische Drill, der bis heute von Bedeutung ist, weil er Verhaltensweisen automatisiert und dadurch Hilfe gewährt in hoch angstbesetzten Situationen. Die Einsichten der Militärpsychologie aus den Jahren vor 1914 scheinen immer noch zu gelten: „Von den ‚Fesseln des Drills', in die man die Schützengefechte zu legen versuche, wird uns gesprochen: Bei dem Bewußtseinszustande, in den die Gefechte ihre aktiven Teilnehmer in der Regel versetzten, seien nur mehr ein automatischer Gehorsam und stets gleichförmiges körperliches und geistiges Handeln möglich. Der Mann müsse darum gleichsam zu einer Maschine werden, die Vorstellung eines überlegenen Willens und einer ungewöhnlichen Macht des Vorgesetzten müsse sich ihm aufdrängen, müsse so von seiner Seele Besitz ergreifen, daß er trotz des Gefühls seiner Todesangst die ihm aufgetragenen Befehle ausführen könne. Die Gegenvorstellungen, die eine höchste Gefahr hervorriefe, würden dann eben vor dem unbedingten Glauben an ein Gehorchenmüssen – den der Drill eingeimpft hätte –, zurücktreten." (Reißner Frhr. von Lichtenstern, zitiert nach Militärgeschichtliches Forschungsamt o. J. [ca. 1968]: 19f.)

Dieses Zitat findet sich in einem vom Militärgeschichtlichen Forschungsamt angefertigten Gutachten, das Entscheidungshilfen für die Frage bieten sollte, ob die Formalausbildung in der Gegenwart, also in den 1960er Jahren, auch zukünftig im bekannten Umfang beibehalten oder stark eingeschränkt werden sollte. Der Verfasser des Gutachtens will eine Antwort zugunsten der Beibehaltung von Drill geben. Deshalb führt er anhand zahlreicher Beispiele aus der Diskussion um „das rechte Verhältnis von Formal- und Gefechtsausbildung in der Zeit von 1889 bis 1914/15" aus, dass die damaligen Soldaten ebenso wie die damaligen Kriegspsychologen den Drill hoch geschätzt hätten. Selbst nach den verlorenen Schlachten des Ersten Weltkrieges sei der Drill nicht in Frage gestellt worden. Aus dem ausführlich zitierten Quellenmaterial soll vom Leser die Lehre gezogen werden, dass Formaldienst als Drill auch in der Gegenwart einen wichtigen Platz in der Ausbildung und einen breiten Zeitansatz erhalten müsse. Die Diskussion über den Sinn und Unsinn der Formalausbildung war in Folge der 1968er Bewegung in Gang gekommen. Sie spiegelt sich auch im Zeitmagazin vom Juli 1971, dessen Titelstory überschrieben war: „So drillen Amerika und Russland ihre künftigen Generale. Die Kadetten der Supermächte." Im Begleitwort zu diesem Artikel führte Brigadegeneral Carl-Gero von Ilsemann, damals Chef des Informations- und Pressestabes im Bundesverteidigungsministerium aus, dass eine „junge" Streitkraft wie die Bundeswehr „unbelastet[er] von der Vergangenheit" als die Armeen der Siegermächte sich „den gegenwärtigen Zwecken anpassen" könne. (Ilsemann 1971: 2) Vorbereitet und begleitet wurde sowohl mit dem Gutachten als auch mit dem Zeitartikel die Modernisierung der Bundeswehr, die der damalige Verteidigungsminister Helmut Schmidt in Gang brachte.

> **Formalausbildung sollte heutzutage keine Bedeutung mehr haben. Drill ist nicht als Unterwerfung erzwingendes Ritual einzusetzen.**

Gehorsam und Drill sind zu unterscheiden: Gehorsam fordert die Auseinandersetzung mit dem Vorgegebenen und die innere Aneignung, Drill funktioniert gewissermaßen mechanisch. Auch gegenwärtig gibt es beides in der Bundeswehr. Mir wurde von jungen Vorgesetzten versichert, dass sie in der Grundausbildung ihre Rekruten immer noch mit Gebrüll wecken, „damit die jungen Leute vom ersten Augenaufschlag an wissen, wer hier das Sagen hat." (Eintritt Bundeswehr 1994) Solche und ähnliche Äußerungen können keineswegs als adäquate Umsetzung des nach Ausweis der ZDv 10/1 Innere Führung (2008) angemessenen Führungsverhaltens beurteilt werden. Wenn es darum gehen soll, dass verantwortliche Selbständigkeit bei der Erfüllung von Aufträgen eingeübt werden soll, wenn Handlungsspielräume, Mitverantwortung und Mitwirkung gefördert werden sollen, dann müsste erwachsenen jungen Menschen, die vom Gesetz für mündige Bürger erachtet werden, nicht vom Aufgehen der Morgensonne an signalisiert werden, dass sie auf Kommando zu reagieren haben. Soldatinnen und Soldaten können bekanntlich Anordnungen und Aufgaben leichter ertragen, wenn sie deren Notwendigkeit verstehen. (ZDv 10/1 2008: 614.) Und völlig zu Recht wird in der Dienstvorschrift festgestellt: „Menschenführung richtet sich gleichermaßen an Herz und Verstand." (Ebd.: 615., vgl. oben zum ‚ganzen Menschen') Dass „Herz und Verstand" von Rekruten, seien sie weiblichen oder männlichen Geschlechts, mit Geschrei zu gewinnen sind, ist unwahrscheinlich. Interessant wird sein, die Entwicklung zu beobachten, die sich nach Aussetzung der Wehrpflicht in den Grundausbildungskompanien zeigt: Was hat sich geändert? Erwarten diejenigen, die sich freiwillig bei der Bundeswehr einfinden, möglicherweise Gebrüll? Oder verlassen viele gerade wegen der Erfahrung, dass die Grundausbildung sie entmündigt, die Bundeswehr? Allerdings ist auch zu beobachten, dass junge Menschen sich nicht nur danach sehnen, an ihre persönlichen Grenzen geführt zu werden, sondern regelrecht Verlangen nach fordernder Ausbildung mit solchen Anteilen tragen, die zur Härte auffordern bzw. anleiten. Das macht die Gestaltung der Ausbildung für verantwortliche Vorgesetzte durchaus schwierig, weil sie abwägen müssen zwischen sachlichen Notwendigkeiten, Erwartungen ihrer Untergebenen und individuell fördernden Forderungen.

Jetzt kann man natürlich einwenden, dass 'Gebrüll' als eine pragmatische Lösung für das Wecken einer großen Schar von jungen Menschen – die bekanntlich lieber länger schlafen als bei der Bundeswehr üblich – gefunden wurde, dass ein solches Verhalten von Vorgesetzten höchst effektiv und überdies nur während der Grundausbildung üblich sei. Das sind aber keine wirklichen Einwände, sondern Rechtfertigungen einer verbreiteten Praxis, die dem Weckenden das Gefühl von Macht, dem Geweckten dagegen das Gefühl von Ohnmacht suggerieren. Und auch solche Sprüche wie: „Wir sind doch kein Mädchenpensionat!" oder „Wir sind hier doch nicht daheim bei Mama!" bekommt zu hören, wer so marginale Punkte wie das Wecken als Interaktion zwischen Vorgesetzten und Untergebenen thematisiert. Hinter den Rechtfertigungen kann sich ein falsches Verständnis von militärischer Härte verbergen, die um ihrer selbst willen oder deshalb, weil es beim Militär schon immer so war, eingeübt wird. Mancher junge Mann, der eigentlich Wehrdienst leisten wollen würde, könnte durch solche und ähnliche Verhaltensweisen von Vorgesetzten dazu getrieben werden, die Grundausbildung abzubrechen. (Vgl. die öffentliche Diskussion um die Zahlen der Abbrecher unter den Freiwillig Wehrdienstleistenden; das ZMSBw wird demnächst eine Studie dazu vorlegen) Schließlich will er sich nicht wie der preußische Bauernlümmel behandelt wissen, dem vom Vorgesetzten der Nutzen eines von der Uhr geregelten Tagesablaufs beigebracht werden musste.

> **Zwar prägen alle Arbeitgeber ihre Mitarbeiter – aber die Angehörigen der Bundeswehr sollten sich nicht vom Bruch mit der Zivilgesellschaft her definieren müssen.**

3.5 Gewissen und Führung

Die Rechtsstellung von Soldaten muss deren fundamentale Grundrechte schützen. Im Dezember 1994 hat die Organisation für Sicherheit und Zusammenarbeit in Europa (OSZE) einen Verhaltenskodex zu politisch-militärischen Minimalstandards für die Teilnehmerstaaten formuliert. Darunter finden sich zwei Artikel, die die persönliche Verantwortung von Angehörigen der Streitkräfte für ihre Handlungen sicherstellen sollen. (Vgl. oben Kapitel 1.4, dort Zitation OSZE 1995, VII, Nr. 30f.; vgl. dazu Bendel 2003) Der geforderten persönlichen Verantwortung entspricht im Rahmen der Konzeption Innere Führung der gewissensgeleitete Mensch, der als Soldat Dienst tut. Art. 4 Abs. 1 GG bewahrt den Bundesbürger, auch den Soldaten wie die Soldatin, davor, wider das eigene Gewissen handeln bzw. einen Befehl ausführen zu müssen. Unbestreitbar ist dieser Artikel von allergrößter Bedeutung für das Verständnis einer Demokratie sowie charakteristisch für die abendländische Tradition.

„Obwohl die Auslotung eines gesellschaftlichen Grundkonsenses sicher eine gewichtige Rolle spielt, ist doch immer auch mit der Möglichkeit zu rechnen, dass die Gewissensüberzeugung Einzelner gegebenenfalls einen dem objektiven Sein der Wirklichkeit adäquateren Standpunkt geltend machen könnte. Dieser Möglichkeit gilt es Rechnung zu tragen, sowohl im Blick auf die Auslegungspraxis des Grundrechts als auch im Blick auf dessen Konkretisierung im Rahmen gesetzlicher Einzelbestimmungen." (Huxel 2006: 664)

In einem Merkblatt für Vorgesetzte von der Abteilung Recht im Bundesministerium der Verteidigung wird zum Thema Gewissen klargestellt und den Vorgesetzten eingeschärft, „dass der Staat grundsätzlich niemanden zu Handlungen zwingen darf, die gegen die persönlichen ethischen Maßstäbe von gut und böse verstoßen." (R II 2 Az 39-05-05/04-02 vom 18. Mai 2006) Das gilt, so wird explizit festgestellt, auch „während des Dienstes" und zwar für alle Soldatinnen und Soldaten, für Freiwillig Wehrdienst Leistende, Zeitsoldaten und Berufssoldaten. Allerdings ist ein Befehl nur „unter bestimmten Voraussetzungen nicht verbindlich", nämlich dann, wenn „[d]ie Ausführung des Befehls (…) bei objektiver Betrachtung konkret geeignet [ist, ADD], die persönlichen ethischen Maßstäbe des Soldaten zu

verletzen." (Ebd.: 1f.) Der Befehlsempfänger muss die Gründe für seine Gehorsamsverweigerung aus Gewissensgründen darlegen, und diese sollen nur aus den unmittelbaren Folgen des Befehls gewonnen werden können. Darüber wird man sicher im Einzelfall streiten müssen. So formuliert das Ministerium einschränkend, dass die Folgen eines Befehls konkret sein müssen und nicht nur „befürchtet" werden dürfen: „Ausschlaggebend kann immer nur sein, welche Folgen nach derzeitigem Wissens- und Erkenntnisstand hier und jetzt zu erwarten sind. Wenn nach dem aktuellen Wissens- und Erkenntnisstand für den Eintritt der befürchteten Folgen aktuell keine Anhaltspunkte gegeben sind, ist ein Befehl von vornherein nicht geeignet, die ethischen Maßstäbe des Soldaten zu verletzen. Ein solcher Befehl bleibt verbindlich." (Ebd.: 2, Hervorhebungen weggelassen)
Die Ablehnung der mit einem Befehl bezweckten politischen Ziele rechtfertigt nach diesem Papier keine Gehorsamsverweigerung. Würde durch eine Gehorsamsverweigerung das Leben von Kameradinnen und Kameraden gefährdet, dann bliebe der Befehl ebenfalls verbindlich. (Ebd.: 3) Wenn ein Soldat oder eine Soldatin sich subjektiv entscheidet, sich auf Art. 4 Abs. 1 GG für eine Gehorsamsverweigerung zu berufen, ist also nicht jeglicher Befehl unverbindlich. Damit ist das Soldatengesetz, das vorschreibt, dem Soldaten ist eine „gewissensschonende Handlungsalternative" (SG § 11, S. 179) bereit zu stellen, im Einzelfall im Einsatz nur eingeschränkt umgesetzt.

> **Jeder Soldat und jede Soldatin können ihr Recht auf die Verweigerung eines Befehls aus Gewissensgründen in Anspruch nehmen, sollten ihre Entscheidung allerdings nachvollziehbar begründen.**

Gewissensschutz gilt zwar auch für Soldaten auf Zeit, die während ihrer Dienstzeit um Anerkennung als Kriegsdienstverweigerer nachsuchen, tatsächlich aber ist es für Soldatinnen und Soldaten durchaus schwierig, sich als Kriegsdienstverweigerer zu sehen, da man ja jahrelang den Einsatz von Waffen für normal hielt und keine Probleme damit hatte. Alle Gewissensprobleme von Soldatinnen und Soldaten verdichten sich im Waffengebrauch. Für die Zukunft sind weitere

Diskussionen hinsichtlich des Themas Gewissen zu erwarten: Ist derjenige, der etwa von Hintertupfing aus eine bewaffnete Drohne in eine tausende Kilometer entfernte Region steuert wie einer anzusehen, der eine Waffe in der Hand hält?

Das Hinweisblatt des Verteidigungsministeriums zum Thema gewissensgeleitete Befehlsverweigerung ist entstanden, nachdem ein Bundeswehroffizier den Befehl verweigert hatte, eine bestimmte Aufgabe am Computer zu erfüllen, weil seine Vorgesetzten ihm nicht garantieren konnten, dass er damit keinen Beitrag zu dem – von ihm für einen Angriffskrieg gehaltenen – Einsatz der Amerikaner im Irak leisten würde. Offenbar rechnete das Verteidigungsministerium nach diesem Fall des Major Pfaff mit einer größeren Zahl von Konfliktfällen – nur das macht die Anfertigung der zitierten Handreichung verständlich. Ob die in dem Papier des Verteidigungsministeriums vorgesehenen Einschränkungen der Gewissensfreiheit vor einem deutschen Gericht Bestand hätten, ist gegenwärtig und an dieser Stelle nicht zu entscheiden. Sicher ist aber, dass Soldatinnen und Soldaten jetzt größere argumentative Mühe aufwenden müssen, um Vorgesetzte von der Rechtmäßigkeit ihrer Befehlsverweigerung zu überzeugen und möglicherweise schneller mit Sanktionen zu rechnen haben.

Der frühere Jurist am Zentrum Innere Führung in Koblenz Oskar Matthias von Lepel versuchte in einer Publikation der Evangelischen Militärseelsorge „deutlich zu machen, dass es mit dem Selbstverständnis des demokratischen Rechtsstaates unvereinbar ist, der normativen Reichweite der Gewissensfreiheit keine Grenzen zu setzen. Dies ergibt sich aus dem Gebot der Sicherung seines eigenen Erhalts und der Handlungsfähigkeit nach außen im Rahmen der auf der VN-Charta basierenden Völkerrechtsordnung." (von Lepel 2006: 25)

> **Militärischer Logik entspricht es, die mögliche Gewissensentscheidung eines Soldaten bzw. einer Soldatin einzuhegen.**

Diese Verschiebungen in der Auslegung des Art. 4 GG anlässlich des Falles Pfaff werden in der Öffentlichkeit gegenwärtig kaum, in der Bundeswehr nur hinter vorgehaltener Hand diskutiert. Faktisch versuchen die Juristen der Bundeswehr, wie etwa der zitierte von Lepel, Situationen zu bestimmen, in denen das Gewissen eines Soldaten oder einer Soldatin sich rühren bzw. nicht rühren darf. Dem individuellen Gewissen, dessen Freiheit grundgesetzlich geschützt ist, werden in zahlreichen konkreten Situationen militärische Erfordernisse vorgeordnet. Eine erhellende Studie zum Problemkreis liegt aus der Feder des katholischen Theologen Thomas Hoppe von der Helmut-Schmidt-Universität, Universität der Bundeswehr, vor. Er fasst die Überzeugungen katholischer Morallehre zusammen: „Niemandem ist es gestattet, einen anderen zum Handeln gegen sein verpflichtendes Gewissensurteil zu verleiten oder gar zu zwingen. Lediglich in den Bereich der äußeren Handlungsfreiheit einzugreifen kann unter außergewöhnlichen, genau zu bestimmenden Umständen erlaubt sein, beispielsweise um eine Person, die ansonsten einen hochansteckenden Virus verbreiten würde, für einige Zeit in Quarantäne zu nehmen. Niemand ist zudem dazu berechtigt, den inhaltlichen Umfang möglicher Gewissensurteile, die Anspruch auf Respekt erheben, im Vorhinein festzulegen und dadurch zugleich zu beschränken, so dass Fälle, die mittels einer solchen Festlegung nicht erfasst wären, aus dem Schutzbereich des moralischen Rechtes auf Gewissensfreiheit hinausdefiniert würden. Von Bedeutung sein kann allenfalls die Frage, ob sich an der Art und Weise, in der jemand sich auf sein Gewissensurteil beruft, ablesen lässt, dass es sich tatsächlich um eine schutzwürdige Gewissensentscheidung handelt oder aber möglicherweise um die Verwechslung eines Tatsachenirrtums mit einer Gewissensproblematik, über die die betreffende Person aufgeklärt werden könnte und sollte. Selbst für diesen Fall ist aber daran festzuhalten, dass auch eine Gewissensentscheidung, die auf einem von der urteilenden Person nicht erkannten Irrtum beruht, nichtsdestoweniger für diese verbindlich und daher in den Schutzbereich der Gewissensfreiheit einbezogen bleibt. Dem entspricht das Bundesverfassungsgericht – und seither die ständige Rechtsprechung – durch die folgende Definition: Gewissensentscheidung sei „jede ernste sittliche, d. h. an den Kategorien von Gut und Böse orientierte Entscheidung, die der Einzelne in einer bestimmten Lage als für sich bindend und innerlich unbedingt verpflichtend erfährt, so dass er gegen sie nicht ohne ernste Gewissensnot handeln könnte"

(BVerfG 12, S. 45 [55]). Auf die inhaltliche ‚Richtigkeit' oder ‚Falschheit' der Entscheidung kann es daher nicht ankommen." (Hoppe 2006: 48)

> Nach dem Grundgesetz ist ein jeder Mensch durch sein unveräußerliches Gewissen ausgezeichnet und darf nie gezwungen werden, gegen sein Gewissen zu handeln.

Am Zentrum Innere Führung in Koblenz wurden entsprechende Problemfälle der Gewissensfreiheit diskutiert: Als diskussionsbedürftig gilt insbesondere der sogenannte „Stillhaltebefehl", der regelt, dass im Auslandseinsatz im Fall akuter physischer Gefährdung von Menschen sogar ein solcher Befehl als verbindlich betrachtet wird, der Nothilfe verbietet. (von Lepel 1997) Dass ein solcher Stillhaltebefehl politische Folgen haben kann, wenn in der Öffentlichkeit ein Bericht lanciert wird: Bundeswehr lässt Einheimische verhungern, ist unmittelbar evident. Ein solcher Bericht hätte aber auch Folgen für die Selbstwahrnehmung der Soldatinnen und Soldaten. Sie sollen – das steht in allen grundlegenden Schriften der Bundeswehr zur Inneren Führung – Menschen sein und bleiben dürfen. Sie müssen sich als Mitmenschen verhalten können. (Dörfler-Dierken 2006a)

Der ehedem auch am Zentrum Innere Führung tätige, inzwischen zum theologischen Referenten des Katholischen Militärbischofs beförderte Theologe Lothar Bendel setzt andere Akzente: „Der begründete Zweifel an der Legitimität eines Befehls suspendiert die Gehorsamspflicht ebenso wie der Art 4 GG, der das Recht des Einzelnen, nach seinem Gewissen zu handeln, schützt, uneingeschränkt gilt: Gehorsamsverweigerung aus Gewissensgründen kann nicht wegen Ungehorsams sanktioniert werden. Schutz der Gewissensentscheidung entbindet den Soldaten, der im Konflikt mit einem rechtlich legitimen Befehl seinem Gewissen folgt, allerdings nicht von der Verantwortung für sein Handeln und schließt nach individueller Schuldprüfung eine strafrechtliche Sanktionierung dann nicht aus, wenn Rechte anderer und wesentliche Interessen des legitimen militärischen Auftrags verletzt werden. Die ‚kennzeichnende Eigenart des Militärischen' (Nell-Breuning), die Geltung des hierarchischen

Prinzips von Befehl und Gehorsam ist hier in einem zentralen Punkt außer Kraft gesetzt." (Bendel 1998: 77)

> Gewissensnot setzt Gehorsam außer Kraft.

Den Gehorsam verweigernde Piloten – gut ein Dutzend an der Zahl –, die keine Angriffe bei Einsätzen im Kosovo im März 1999 fliegen wollten, sind andernorts gewissensschonend eingesetzt worden. (Rose 2008: 8) Das Urteil des Bundesverwaltungsgerichts vom 21. Juni 2005 (2 WD 12-04) anerkannte den Vorrang der Gewissensgeleitetheit der soldatischen Entscheidung vor dem gebotenen Gehorsam. Wenn Zeitsoldaten aus der Bundeswehr ausscheiden wollen, dann müssen sie – so bestimmte es das Gericht – an die Bundeswehr einen Teil der Kosten erstatten, die ihre Ausbildung zum Piloten die Bundeswehr gekostet hat. Die Summe darf vom Verteidigungsministerium allerdings nicht so hoch angesetzt werden, dass Soldaten dadurch davon abgeschreckt werden, einen Antrag auf Anerkennung als Kriegsdienstverweigerer zu stellen (BVerwG 2 C 18.05 und 2 C 19.05 – Urteile vom 30. März 2006)

> Die Gewissensfreiheit der Soldatinnen und Soldaten wird in der Bundeswehr gestärkt. Nur gewissensgeleitete Soldatinnen und Soldaten können individuell Verantwortung für ihr Handeln übernehmen.

Ein besonderes Problem besteht dann, wenn Menschen, die sich zu humanitär begründeten Diensten an Soldaten verpflichtet haben – Militärärztinnen und Militärärzte, die eine Waffe nur tragen, um im Notfall ihre Patienten verteidigen zu können – in konkreten Einsatzszenarien wie in Afghanistan oder beim Boarding von Piratenschiffen sich am gezielten Bekämpfen von Aufständischen beteiligen müssen. Einzelne Mediziner haben wegen ihrer Skrupel um Entlassung aus der Bundeswehr aus Gewissensgründen gebeten. „Man ist doch nicht Arzt geworden, damit man sich seine Patienten selber schießt." (Darnstädt 2012: 31) Dagegen stellten sich die Bundeswehrjuristen auf den Standpunkt, dass wer waffenlosen Dienst in der Bundeswehr leistet, den Dienst an der Waffe nicht verweigern kann

– und Mediziner leisten *per definitionem* waffenlosen Dienst. Deshalb wurden Anträge auf Kriegsdienstverweigerung durch Bundeswehrmediziner bisher immer abgelehnt. Seit Februar 2012 ist es nun möglich, dass Angehörige des Sanitätsdienstes der Bundeswehr den Wehrdienst verweigern können. Erstmals hat das Bundesverwaltungsgericht in Leipzig der Klage zweier Bundeswehrärzte stattgegeben und ihnen das Ausscheiden aus der Bundeswehr aus Gewissensgründen ermöglicht. Zuvor waren die Ärzte zur Ausbildung mit der Panzerfaust und am Sturmgewehr befohlen worden. Hintergrund waren Eskalationen in Afghanistan: Die Ärzte müssen Soldaten auf Patrouillen begleiten, auch und gerade dann, wenn die in Gefechte verwickelt werden können. Darauf sollten die Ärzte vorbereitet werden. (Ebd.)

> **Wer sich zum Dienst in der Bundeswehr verpflichtet hat, darf nicht zum Dienst an der Waffe gezwungen werden.**

Zum Schutz der Menschenrechte werden zivile Einmischung und letztlich auch militärische Intervention gegenwärtig sowohl von römisch-katholischen wie von evangelischen Sozialethikern – freilich in engen Grenzen – für gerechtfertigt erklärt. (Beispielsweise Hoppe 2004) Daran, dass damit nicht die gewaltlose, friedliche Beilegung von Konflikten als Ziel christlichen Handelns aus dem Blick verloren wird, erinnern das Wort der katholischen Bischöfe (Die deutschen Bischöfe 2000) und die Denkschrift der EKD (2008). Deutlich vor Augen steht allen Beteiligten an diesem Prozess des Umdenkens hinsichtlich der Haltung der beiden großen christlichen Kirchen zum Waffeneinsatz, dass die Eskalationen von Gewalt Eigendynamiken in Kraft setzen, die nicht kriegsbegrenzend, sondern -entgrenzend wirken, sei es durch menschliche Hassanfälligkeit und Kontrollverlust – was auch bei ethisch gut gebildeten Kräften mit humanitärer Mission vorkommen kann – oder wegen objektiver Probleme bei mit robustem Mandat ausgestatteten Peacekeeping-Einsätzen. (Anschauliche Schilderungen der Probleme in den Szenarien der vergangenen Jahre bei Hoppe 2004)

Diese Probleme für Soldatinnen und Soldaten können weiten Teilen der deutschen Bevölkerung kaum vermittelt werden, denn die interessieren sich gar nicht für die Beschwernisse und Dilemmata derjenigen, die in der Bundeswehr Dienst tun. Sicher ist nach den Erhebungen des SOWI, dass „die Mehrheit der Bundesbürger pazifistisch eingestellt [ist, ADD]. Militärische Macht und Gewalt werden, selbst wenn es um die Sicherung des Friedens oder um Konfliktbewältigung geht, weitgehend abgelehnt. Die Aussage, dass militärische Stärke der beste Weg sei, um Gerechtigkeit zu erlangen, wird von fast zwei Dritteln der Bevölkerung zurückgewiesen (61 bzw. 62 Prozent)." (Bulmahn 2005: 18; Busse 2006) Selbst der Äußerung „[u]nter bestimmten Umständen ist Krieg notwendig, um Gerechtigkeit zu erlangen" kann nur etwa ein Drittel der Bevölkerung zustimmen. (Bulmahn 2005: 18f.; vgl. a. Jacobs: 2010 zu sicherheitspolitischen Kulturen in verschiedenen europäischen Ländern; demnächst Biehl/Giegerich/Jonas 2013)

Wenn große Teile der Gesellschaft bewaffnetem Dienst für den Frieden kritisch gegenüberstehen, geraten Soldatinnen und Soldaten unter besonderen Legitimationsdruck.

4 Führungswirklichkeit in der Bundeswehr

Unter drei Gesichtspunkten soll im Folgenden die im Bundeswehralltag erfahrene Wirklichkeit des Führens diskutiert werden:
- zum einen unter dem Gesichtspunkt, wie Soldaten aller Dienstgradgruppen in ihrem jeweiligen Bereich und Alltag das Vorgesetztenführungsverhalten sich selbst gegenüber erfahren,
- zum anderen unter dem Gesichtspunkt, wie militärische Führer mit Personalverantwortung ihren Führungsstil darstellen und reflektieren,
- zudem unter dem Gesichtspunkt, was sozialwissenschaftlich-empirische Untersuchungen über die Führungswirklichkeit in der Bundeswehr erkennen lassen.

4.1 Führungserfahrungen – aus der Perspektive von Geführten (Teilnehmende Beobachtung)

Zur Einführung seien drei Situationen geschildert, die Diskussionen über Alltagskommunikation in der Bundeswehr anzuregen geeignet sind. Sie gehen zurück auf Beobachtungen der Autorin.

Fall 1: Vorrang der Organisation vor dem Individuum

Ein angehender Offizier kommt zu seinem Disziplinarvorgesetzten und bittet um Urlaub. Er tut dies in sehr untertäniger Weise, mit einem schon übertrieben wirkenden demütigen Ton in der Stimme, weil er weiß, dass während des von ihm als Urlaub anvisierten Zeitraums ein Appell mit anschließendem Fest stattfinden soll. Weil er aus dienstlichen Gründen während des Sommers keinen Urlaub habe nehmen können, hoffe er, jetzt im Frühherbst zwei Wochen genehmigt zu bekommen – so argumentiert er dem jungen Vorgesetzten gegenüber. Der Vorgesetzte reagiert auf die Darlegungen des Untergebenen höchst ernst und umständlich. Er wolle das Ansinnen erwägen und sich mit höheren Vorgesetzten absprechen und würde dann den Untergebenen informieren.

Auf Nachfrage erklärte mir der junge Vorgesetzte sein Verhalten: Zwar hätte er die Freiheit, eigenständig dem Untergebenen Urlaub zu gewähren und dies auch seinem Vorgesetzten gegenüber zu rechtfertigen, und er sehe auch, dass es eigentlich seine Fürsorgepflicht gebiete, dem Wunsch nachzugeben. Trotzdem werde er in diesem Fall den Vorgesetzten einschalten, weil er dann den Anfragen von ‚Nachahmungstätern' leichter Paroli bieten könne.

Diese Szene ereignete sich, als ich gerade zufällig im Dienstzimmer des jungen Vorgesetzten war. Ich hatte den Eindruck, dass die Untertänigkeit des Einen und das bürokratische Absicherungsverhalten des Anderen sich wunderbar ergänzten. Auf meine Frage hin, warum dem Untergebenen der Urlaub möglicherweise nicht bewilligt werden sollte – ein Soldat weniger, das falle bei einem großen Appell doch gar nicht auf –, erklärte mir der Vorgesetzte, dass er dann Gefahr liefe, am nächsten Tag Urlaubsanträge von etwa einem Drittel seiner Untergebenen vorgelegt zu bekommen. Unsicherheit hat also die Situation dominiert. Beide Soldaten waren nicht frei in ihrem Umgang miteinander. Wenn es tatsächlich so wäre, dass ein Drittel der Untergebenen dieses Vorgesetzten keinen Sommerurlaub hätte nehmen und also mit einiger Berechtigung ihre Urlaubswünsche erst für den Herbst anmelden konnten, dann wäre das ein Problem mangelnder Fürsorge durch die Vorgesetzten. Wenn es allerdings so wäre, dass ein Drittel der studierenden Soldatinnen und Soldaten lieber Urlaub einreichen als zu einem Appell zu erscheinen, dann wäre zu fragen, ob es sich hier um ein grundlegenderes Beziehungsproblem zwischen Vorgesetzten und Untergebenen handelt. Möglich wäre auch, dass der Termin für den Appell schlecht gewählt ist, denn bei einem Soldaten kann eigentlich grundsätzlich davon ausgegangen werden, dass er nicht überhaupt gegen militärisches Brauchtum wie einen Appell eingestellt ist.

> Nur offene Kommunikation über die je unterschiedlichen Interessenlagen und Anforderungen zwischen Vorgesetzten und Untergebenen kann in verfahrenen Situationen helfen.

Fall 2: Forderungen statt Rücksicht und Respekt

Von einem Disziplinarvorgesetzten hörte ich folgenden Fall: In einer truppendienstlichen Unterkunft lebt ein knappes Dutzend junger Soldaten auf Einzelstuben an einem gemeinsamen Flur. Die Freundin eines dieser Soldaten kommt zu Besuch. Sie ist ebenfalls Soldatin. Von den Kameraden, die auf demselben Flur wohnen, wird sie nur als „es" bezeichnet. „Da kommt es ja schon wieder!" – sagen sie mit abfälligem Unterton. Die Soldatin beschwert sich bei ihrem Vorgesetzten. Schließlich sind Besuche in den Unterkünften der männlichen Soldaten, selbst über Nacht, nicht mehr verboten. Pragmatische Lösungsvorschläge des Vorgesetzten, sich doch für eine gewisse Zeit in der Unterkunft der Soldatin zu treffen, lehnt das junge Paar ab. Schließlich habe es ein Recht, wenn es denn will, auf der Stube am männlich dominierten Flur zusammen zu sein. Dass die beiden Verliebten sich dann auch dauernd aufregen müssen über die Diskriminierung durch die Kameraden, nehmen sie in Kauf. Notfalls könne man den Streit um die Missachtung bis zum Wehrbeauftragten des Deutschen Bundestages weitertreiben.

Verhärtung gegen die Mitbewohner, Beharren auf vermeintlich rechtlich feststehenden Ansprüchen herrscht über das Bemühen reibungslosen Zusammen- oder zumindest Nebeneinanderwohnens. Das Gespräch zwischen den jungen Männern und dem Paar auf der Flurebene, möglicherweise unter Hinzuziehung eines Psychologen oder eines Vorgesetzten als Moderator, wird nicht gesucht. Verhärtung ist auch den Kameraden auf dem Flur vorzuwerfen. Ihr Verhalten ist nicht anständig, es trägt machohafte Züge. Sie bestätigen sich gegenseitig als Männer und bauen gerade durch die Ausgrenzung einer Kameradin ihre Gruppe auf. Möglicherweise beherrschen sie Gefühle der Eifersucht und des Neides gegenüber dem Glück des Kameraden.

Überall da, wo Menschen eng zusammen leben, kommt es zu Streitigkeiten, wenn neue Personen, seien es Männer oder Frauen, in eine Gruppe hinein kommen. Menschlicher Anstand gebietet es, dem Besuch des Nachbarn Respekt zu zollen. Des Taktgefühls bedarf es aber auch auf Seiten des Besuchs.

> Das Pochen auf Vorschriften hilft nur wenig, wenn der zwischenmenschliche Umgang vergiftet ist.

Fall 3: Grenzen des Systems austesten

Eine Gefreite mit Abitur, die sich für vier Jahre verpflichtet hat, erzählte mir von ihren ersten Erfahrungen bei der Bundeswehr: Sie wird in den ersten Wochen ihrer Grundausbildung von zwei Fähnrichen mit Befehlen bombardiert. Sie soll unter anderem den Urinstein im Pissoir in der Herrentoilette mit dem Messer ihres Feldbestecks abkratzen. Sie weigert sich und beginnt, sich argumentativ mit den beiden jungen Vorgesetztn auseinander zu setzen, lernt einschlägige Regelungen des Soldatengesetzes auswendig und versucht, den Spagat zwischen dem Gehorsam, zu dem sie sich den Fähnrichen gegenüber verpflichtet fühlt (Wieso hat sie eigentlich nach so kurzer Dienstzeit schon so viel Gehorsamsbereitschaft internalisiert? Oder hat sie solche Gehorsamsbereitschaft aus ihrer zivilen Welt mitgebracht in die Bundeswehr?), und dem, was zumutbar und unzumutbar ist, konstruktiv zu gestalten. Der Disziplinarvorgesetzte findet es gut, dass sie sich argumentativ wehrt und unterstützt sie durch Literaturhinweise. Er greift nicht ein. Der Rechtslage nach hätte er eingreifen müssen. Er hätte disziplinar ermitteln müssen, auch wenn er den Eindruck gehabt hatte, dass es sich bei dem Umgang der beiden Fähnriche mit der Gefreiten um eine spätpubertäre Frozzelei handele, welche die junge Soldatin ‚in den falschen Hals' bekommen hätte, auch wenn er zu seiner Rechtfertigung anführen könnte, dass es keine Zeugen gab, und dass er möglicherweise die Gefreite schädigen würde, wenn sein Eingreifen als Vorgesetzter sie als ‚Kameradenpetze' erscheinen lasse. Die junge Frau ist heilfroh, als die beiden Fähnriche abkommandiert werden. Die ‚Ermittlung' des Vorgesetzten hätte in jedem Fall in einer ‚Belehrung' der Kompanie gipfeln müssen, auch wenn der Vorgesetzte aufgrund seiner Ermittlungen zu dem Ergebnis gekommen wäre, dass kein disziplinar zu ahnendes Vergehen stattfand.

> **Besondere Sensibilität ist in der Männerdomäne Militär hinsichtlich des Umgangs mit Frauen geboten. Vorgesetzte müssen nicht nur Übergriffe, sondern auch falsche Töne und Signale ahnden.**

Zusammenfassende Beurteilung der Fälle

Disziplinare Ermittlungen hätten in jedem der hier kurz geschilderten Fälle aufgenommen werden können, ja müssen. Sie zeigen, wie viel ‚falscher Geist' das kooperative und partizipative Handeln von Staatsbürgerinnen und Staatsbürgern in Uniform erschwert. Es waren in den geschilderten Fällen jeweils sehr junge Menschen, die zwischen der Einordnung in das System Bundeswehr und der Ausnutzung des Systems Bundeswehr zum persönlichen Vorteil zu wählen bzw. zu entscheiden hatten. Keiner hat den Weg gewählt, den menschlicher Anstand und Taktgefühl gebieten würde. Keiner ist Vorgesetzten und Kameraden als ein Konsens suchender freundlicher Mitmensch begegnet. Es handelte sich in allen drei Fällen um Probleme, die auch durch entschiedenes Führungshandeln hätten gelöst werden können – gerade wegen der eindeutigen Vorschriftenlage und der Anpassungsbereitschaft der Untergebenen an ihre Vorgesetzten. Wenn Vorgesetzte in solchen und ähnlichen Fällen nicht klar aufzeigen, wie sie sich die Kommunikation mit den Untergebenen wünschen – was sie fordern, was sie tolerieren, was sie ahnden –, dann entsteht bei den Untergebenen der Eindruck einer untergründigen geheimen Kooperation mit dem Vorgesetzten. Soldaten können dann meinen, sie exekutierten mit ihrem eigentlich intolerablen Verhalten den Vorgesetztenwillen. Deshalb müssen gerade Vorgesetzte klar kommunizieren, was erlaubt und was nicht erlaubt ist, und Wege finden, auch schlechtes Benehmen oder unerfreulichen Stil zu brandmarken. Dafür müssten sie selbst eine Persönlichkeit entwickelt haben, die einerseits liebevoll zugewandt und andererseits entschieden ist.

4.2 Führungserfahrungen – aus der Perspektive von Führern (Interviews)

Aus der Perspektive von Vorgesetzten mit Verantwortung für Menschenführung stellt sich das Problem von Führung anders dar als aus der Untergebenenperspektive. Während bisher beispielhaft dargestellt wurde, wie Untergebene sich gegen die Zumutungen ihrer Kameraden und Vorgesetzten zu verwahren suchen, ist jetzt zu fragen, wie die Vorgesetzten ihrerseits sich optimale Führung vorstellen, welcher Typus von militärischem Führer sie sein wollen und wie sie ihr Führungsverhalten reflektieren. Die Darstellung fußt auf 13 Leitfaden gestützten Interviews von Soldaten in Vorgesetztenverantwortung, die im Spätsommer und Herbst 2006 durchgeführt wurden. Alle Befragten waren männlichen Geschlechts, keiner kam aus dem Sanitätsdienst. Die Darstellung beansprucht keine Repräsentativität. Wenn die Ergebnisse dieser Experteninterviews hier trotzdem aufgenommen werden, dann deshalb, um dazu anzuregen, über das eigene Führungsverständnis nachzudenken und deutlich zu machen, dass Interviews von Vorgesetzten und Untergebenen zu Führungserfahrungen ein methodisch gangbarer Weg für weitere Untersuchungen in Zukunft sind. Entsprechend dem oben (Kapitel 2) explizierten Verständnis der Zielsetzung der Inneren Führung wurden die Themen für die Gespräche ausgewählt und vor diesem Hintergrund werden sie im Folgenden wiedergegeben und kommentiert. Auffällig war, wie gerne die Interviewten sich in ein Gespräch über ihre Erfahrungen als militärische Führer verwickeln ließen.

Es konnte angesichts der geringen Zahl der Befragten nicht darum gehen, die Führungsstile der unterschiedlichen Teilstreitkräfte bzw. Organisationsbereiche herauszuarbeiten und gegeneinander zu wägen. Es ist bekannt, dass das Selbstbewusstsein der Soldaten sich jeweils nach Teilstreitkraft- bzw. Organisationsbereichszugehörigkeit unterscheidet und dass die Angehörigen einer Teilstreitkraft scharfe Urteile über die Angehörigen einer anderen Teilstreitkraft fällen, deren Inhalt nicht immer der Wirklichkeit entsprechen muss. Ein schönes Beispiel für die gefühlten Unterschiede bietet Nina Leonhard. Sie gibt die Äußerung eines Marinesoldaten, Anwärter OffzMilFD, 30 Jahre alt, wieder: „(…) Ich hatte mal das Glück, in Bayern eine amerikanische Liegenschaft bewachen zu dürfen. Und das war unter der Leitung von Heeressoldaten. Und ganz ehrlich: Die leben auf einem anderen Planeten. (…) Also das ist ein ganz anderer Umgang miteinander. Wenn man das so kennt, der Bordbetrieb, das ist eine Teamarbeit, kollegial. Die Heeresleute wollen auch eine Teamarbeit haben. Aber die haben die befohlen. Bei der Marine hätte ich vielleicht gesagt: Wir brauchen eine Stellung. Die muss so und so hoch sein. Baut Sandsäcke auf. Beim Heer kommt dazu ein zweiseitiger Befehl. Da steht drin: Wir haben 2.400 Sandsäcke. Die werden von bis nach da und da [gestapelt]. Da wird eine Zeichnung gemacht und genau nach Vorschrift [dargelegt] (…) wie man die aufeinander zu stapeln hat. Das wird alles sehr genau gemacht. Auch überhaupt, wie man da so stur an Vorschriften festhält, ohne mal was auslegen zu können." (Leonhard 2007: 63)

Die im Folgenden analysierten Interviews legen den Eindruck nahe, dass die Äußerungen der Soldaten generationentypische Züge aufwiesen. Jeweils zeigten sich Antwortstereotypen, die mit dem Alter und der Zugehörigkeit der Probanden zur Bundeswehr korrelierten. Auch diesen Eindruck könnte eine tiefergehende Untersuchung erhärten oder differenzieren.

Thema 1: Zum Sinn der Inneren Führung

„Eigentlich braucht man keine Vorschrift, um vernünftig miteinander umzugehen" (Eintritt in die Bundeswehr 1983) – so lautete der bemerkenswerteste Satz, den ich gehört habe, der wohl weniger eine Geringschätzung der Inneren Führung zum Ausdruck bringen als vielmehr der Tatsache Rechnung tragen wollte, dass Innere Führung keine apokryphe Wissenschaft ist. Es geht in der Tat darum, dass in einer Militärorganisation die Soldaten „vernünftig" miteinander umgehen. Was hier umgangssprachlich als „vernünftig" bezeichnet wurde, birgt allerdings ein Problem. Viele Soldaten und Zivilisten – und auch Militärsoziologen – meinen nämlich, dass die Vernunft, die bei militärischen Führungsvorgängen waltet, wegen der Besonderheiten des Militärischen (z. B.: ‚Handeln in die Gefahr hinein') eine andere sein muss als die im zivilen Lebenszusammenhang übliche. In diesen gedanklichen Zusammenhang gehört auch das Votum: „Es kommt darauf an, wer führt, nicht aufs Konzept. Wer sagt: So wird's gemacht, hat die Lacher auf seiner Seite. Anzugsordnung, Dienstzeit – so etwas kann tatsächlich befohlen werden – im Fachlichen lasse ich mir aber nichts sagen." (Eintritt in die Bundeswehr 1980) Hier wird fachlich begründete Autorität gegen personale Autorität in Stellung gebracht, Konflikte sind vorprogrammiert.

Manche Vorgesetzte beschreiben die Grundidee der Inneren Führung in Anlehnung an den Kategorischen Imperativ Kants, der seinerseits die Goldene Regel (Schrey 1984) beerbt: „Man versucht, die

Leute so zu behandeln, wie man selbst behandelt werden möchte". (Eintritt in die Bundeswehr 1974) „Das Motto von Innerer Führung könnte lauten: ‚richtig handeln, auch wenn keiner guckt' – anders gesagt: Kants kategorischer Imperativ – oder: Man muss sich jeden Morgen gut im Spiegel angucken können." (Eintritt in die Bundeswehr 1976)

Entscheidend dafür, ein guter Führer zu sein, ist, dass man „mit sich selbst im Reinen ist", dass man „verankert und verwurzelt ist in seiner Lebenswelt, dass man seine Werte und Maßstäbe auf die Kinder anwendet. Im Allgemeinen haben nicht die Kinder die Probleme, sondern die Eltern." (Eintritt in die Bundeswehr 1976) Die Übertragung von Erfahrungen aus dem eigenen Haus (*oikos*) auf den dienstlichen Zusammenhang ist zweischneidig, denn die Untergebenen dieses Vorgesetzten mögen zwar seine Wärme und Liebe spüren, dürften sich zugleich aber wie pubertierende Kinder in Autoritätskonflikte verwickeln, zumal sie ja nicht die unmündigen Kinder dieses Vorgesetzten sind.

Mancher zweifelt daran, dass man die Innere Führung in eine Vorschrift gießen und so für den Dienstbetrieb verbindlich machen kann: „Innere Führung muss gelebt und erlebt werden, das Thema gehört nicht in eine Vorschrift. Es geht schließlich auch nicht, eine Zentrale Dienstvorschrift über Liebe und Vertrauen abzufassen. Innere Führung ist nicht real greifbar, sondern eine Einstellung." (Eintritt in die Bundeswehr 1993)

Nach Meinung eines anderen Vorgesetzten laute das geheime Thema der Inneren Führung „Ehrlichkeit": Die Konzeption Innere Führung formuliere „hehre Ansprüche", sie fordere „Offenheit und Ehrlichkeit". Das einzulösen sei aber gar nicht so einfach: „Wer ehrlich sein soll, mit dem muss ehrlich umgegangen werden. Nur mit Vertrauen und Ehrlichkeit ist die Truppe zu führen. Tatsächlich aber gibt es die Unterscheidung zwischen einer offiziellen und einer inoffiziellen Kommunikation. Die wahren Gründe für viele Maßnahmen werden nicht besprochen. Die Soldaten erleben die Kürzung von Versorgungselementen (z. B. Erhöhung des Eigenanteils bei der Truppenverpflegung) und sie erleben, dass die Vorgesetzten ihnen häufig die zweit- oder drittbesten Lösungen verkaufen müssen." (Eintritt in die Bundeswehr 1993) Hier wird die Ehrlichkeit in der

Kommunikation zwischen Vorgesetzten und Untergebenen konfrontiert mit der Unehrlichkeit, welche die politische Leitung gegenüber der Bundeswehr zeige.

Interessant ist zudem die Einführung einer Unterscheidung zwischen offizieller und inoffizieller Kommunikation, die auch in anderen Zusammenhängen gemacht wurde: Ein jüngerer Vorgesetzter bezeichnete die „offizielle Kommunikation" als „Hurra-Kommunikation" und erklärte, man glaube „denen" kein Wort. „Alles, was in den Hochglanzbroschüren steht ist Quatsch." (Eintritt in die Bundeswehr 1996) Als größtes Problem im Hinblick auf die für die Truppenführung geforderte Ehrlichkeit gelten freilich nicht politische und ökonomische Maßnahmen, sondern die Personalführung. „Insbesondere die Personalführung ist ein großes Problem, weil hier Transparenz, Offenheit und Ehrlichkeit in besonderem Maße fehlen." (Eintritt in die Bundeswehr 1993)

> **Die Zustimmung zur Inneren Führung ist groß. Einzelne Erfahrungen haben jedoch manchen Vorgesetzten enttäuscht.**

Keine Skepsis gegenüber der Konzeption, aber gegenüber ihrem Namen wird deutlich in folgendem Votum: „Innere Führung ist als Schlagwort nicht sexy – deshalb ist sie als Unternehmensphilosophie nicht vermittelbar, der Begriff zieht die Leute nicht an." (Eintritt in die Bundeswehr 1993)

In der Intensivierung der Kommunikation der Ziele der Inneren Führung sollten politische Leitung und militärische Führung eine wichtige Aufgabe erblicken. Die Leitgedanken und Ziele der Inneren Führung sollten nicht mit einem neuen Begriff belegt werden. Es sollte vielmehr als Aufgabe begriffen werden, den abständig scheinenden Begriff ‚Innere Führung' mit Leben zu erfüllen und seinen Sinn zu vermitteln. Schillers Schauspiel „Die Räuber" ist auch nicht unbedingt „sexy" und bringt trotzdem die Dramatik von Freiheit und Herrschaft in einer Weise auf den Punkt, dass die Beschäftigung damit zur Selbstdeutung beiträgt.

Thema 2: Ausbildung in Innerer Führung
„Während der Grundausbildung wurde ich menschenwürdig behandelt, so wie es sich gehört" (Eintritt in die Bundeswehr 1976) Allerdings hieß es weiter, dass Innere Führung bei den verschiedenen Lehrgängen an der Offizierschule nicht besonders thematisiert wurde. „Es gab beim Offizieranwärterlehrgang nur Unterricht zum Thema ‚Innere Führung und Recht', und abgehandelt wurden da nicht Fragen der Menschenführung, sondern Vorgesetztenverordnung, Wehrrecht, Erlass erzieherische Maßnahmen, Beschwerdeordnung." (Eintritt in die Bundeswehr 1974) „Auch ich habe die Innere Führung als junger Soldat nicht verstanden; Innere Führung wird durch die Chefs häufig schlecht unterrichtet." (Eintritt in die Bundeswehr 1993) „Bei mir in der Offizierschule wurde die ZDv 10/1 nicht gelesen, aber wir haben gelernt, dass Staatsbürger in Uniform und Auftragstaktik zusammengenommen Mitdenken bedeuten." (Eintritt in die Bundeswehr 1996) Ähnlich erinnerte sich auch ein anderer Soldat, der hinzufügte, dass eine systematischere Auseinandersetzung mit der Konzeption Innere Führung erst an der Führungsakademie der Bundeswehr erfolgte. Vorher sei Innere Führung „vom Chef häufig schlecht geredet worden" (Eintritt in die Bundeswehr 1984). An der Führungsakademie der Bundeswehr sollte man dann lernen, dass der kooperative Führungsstil der beste ist. Faktisch sind die Offiziere aber, wenn sie an die Führungsakademie der Bundeswehr kommen, schon jahrelang als militärische Führer tätig gewesen. Sie haben ihre ersten Führungserfahrungen gemacht und werden es häufig nur noch mit im militärischen Rang schon höher stehenden Untergebenen zu tun haben. Das spricht dafür, die Unterrichte zum Themenfeld Innere Führung an den Offiziers- und Unteroffiziersschulen zu intensivieren.

Wer wollte, konnte allerdings auch schon vor dem Ausbildungsabschnitt an der Führungsakademie der Bundeswehr in Hamburg Wichtiges und sein persönliches Führungsverhalten Prägendes beim Studium an einer Bundeswehruniversität lernen: „Aus heutiger Perspektive würde ich sagen: ‚Ich als Bürger (und nicht mehr Untertan)' – das ist mir erst im Studium deutlich geworden in der Lektüre von Texten von Kant." (Eintritt in die Bundeswehr 1976) Von anderen wird betont, dass der wichtigste Bildungsinput zum Verständnis des

Staatsbürgers in Uniform vom Unterricht in Politischer Bildung ausgegangen sei. „Da wird dem Soldaten klargemacht, dass die Bundeswehr sich grundsätzlich von der Wehrmacht unterscheidet." (Eintritt in die Bundeswehr 1983) Innere Führung, das haben mehrere der Befragten betont, kann nicht wie Vokabeln gelehrt und gelernt werden. Innere Führung ist ein bestimmter Geist, der das Handeln durchzieht.

In einem gewissen Gegensatz dazu steht die Erfahrung, dass Menschenführung im Rahmen der Offizierausbildung bewertet wird. Faktisch sei diese Bewertung Augenwischerei, denn in der Praxis gelte gegenwärtig „bei Beurteilungen die Regel, dass einer immer auch als gut in Menschenführung gilt und eine entsprechend gute Note erhält, wenn er in den anderen Prüfungsfächern ordentliche Noten erhält." (Eintritt in die Bundeswehr 1974)

> **Innere Führung wird auf vielfältige Weise und in unterschiedlichen Zusammenhängen in der Bundeswehr vermittelt und gelernt – auch ungeplant und unabsichtlich.**

Das Verständnis der Konzeption Innere Führung und das der Inneren Führung entsprechende Verhalten wird von allen Befragten als Ergebnis von militärischer Sozialisation und Erziehung angesehen. Schließlich könne man auch die „Kindererziehung nicht lernen oder lehren". (Eintritt in die Bundeswehr 1976) Nötig sei viel mehr die Erfahrung, die man durch Abgucken bei älteren und erfahreneren Vorgesetzten erwirbt. „Entscheidend waren für meine Einsichten menschliche Vorbilder im Militär und die geistige Kommunikation mit den Vätern der abendländischen Tradition, wie sie im Studium geleistet wurde." (Eintritt in die Bundeswehr 1976) Mancher jüngere Vorgesetzte gibt an, seine Ausbildung in Innerer Führung weniger intellektuell als vor allem informell erfahren zu haben. Er habe sich von den Portepee-Unteroffizieren Rat geholt und von ihnen in der engen Bordgemeinschaft „abgeschaut, was wie laufen müsse". Wenn man frisch gebackener Offizier und „Entscheider" sei, dann brauche man Beratung durch die „Meister". (Eintritt in die Bundeswehr 1996) Seine Erfahrungen bei der Marine beschreibt ein jüngerer

Vorgesetzter mit folgenden Worten: „Die Maschinerie eines Bootes kann nur funktionieren, wenn jeder einzelne in seinem Bereich funktionieren. Jeder ist in seinem Bereich für das Funktionieren notwendig. Das Fehlen auch jeden einzelnen Mannschaftsdienstgrades fällt auf. So weckt man intrinsische Motivation: die Soldaten sollen und müssen wissen, was sie tun." (Eintritt in die Bundeswehr 1993)

Ein älterer Vorgesetzter erinnert sich mit Freude an die Erfahrung des soldatischen Miteinanders in der „kleinen Kampfgemeinschaft", die für den Einsatz von Raketen zuständig war. Hier wurde er militärisch sozialisiert. Entscheidend war das Team. Den Teamgeist illustriert er mit den Worten: „Der Oberleutnant hat für den Gefreiten den Kaffee gekocht", wenn sich das aus der konkreten Arbeitssituation entsprechend ergeben hat. (Eintritt in die Bundeswehr 1974) Die gesellschaftliche Stimmung in der Mitte der 1970er Jahre und der Druck von den Grundwehrdienstleistenden hätten dazu geführt, dass die Stimmung in der Bundeswehr „insgesamt offener" war als sie es heute ist. (Eintritt in die Bundeswehr 1974)

Viele Arbeitsbereiche waren in den 1970er und achtziger Jahren noch weitgehend ungeregelt, in zahlreichen Lagen waren spontane „Ansagen" des Kompaniechefs möglich und üblich. Zum Beispiel hätte man als Vorgesetzter für überdurchschnittliche Leistung und Anstrengung einem Untergebenen oder auch einer Gruppe von Untergebenen Freizeit gewähren können. Auch habe man als Chef das Dienstzeitende spontan auf drei Stunden später als im Dienstplan ursprünglich angegeben ansetzen können. Jetzt sei durch Dienstzeiterlasse, die Notwendigkeit der Beteiligung der Personalvertretung am Dienstplan und ähnliche Vorschriften der Handlungsspielraum und die Flexibilität des Vorgesetzten stark eingeschränkt. Spontane Änderungen der festgelegten Abläufe seien nicht möglich. Im Zweifelsfall werde hier ein Dienstvergehen des Vorgesetzten gesehen. Man dürfe auch niemandem befehlen nachzuarbeiten, weil kein Soldat über zehn Stunden arbeiten dürfe. Und man dürfe niemandem erlauben, zum Ausgleich dafür am nächsten Tag später zum Dienst zu erscheinen. Das Recht, greifbar als Personalvertretungsgesetz, als

Vertrauensleutegesetz und als Dienstzeiterlass, sperre die Vorgesetzten allzu stark in ein starres Korsett.[12]

Zugleich sagen manche Vorgesetzte jedoch, dass man sich um die rechtlichen Regelungen kaum kümmere: „Über 99 Prozent des Dienstes laufen ab ohne Bezug auf die Vorschriften. Ich möchte nicht wissen, wie viele Dienstvergehen ich täglich begehe. Zwingend nach Vorschrift muss man nur bei der Sicherheit arbeiten." (Eintritt in die Bundeswehr 1993) Diese Haltung den Dienstvorschriften gegenüber ist aus Sicht des Dienstherrn gewiss unbefriedigend. Sie kann verstanden werden als Ausdruck der Überforderung, die durch die Empfindung eines ständigen Bombardements mit Anweisungen und Abfragen herbeigeführt wird. Sie kann aber auch aus eitler Überheblichkeit ‚inszeniert' werden. Weil Soldatinnen und Soldaten die geläufige narrative Konstruktion „Überregulierung" miteinander teilen können, halten sie sich lieber an das Bewährte: „Man wird angelernt als Vorgesetzter und dann macht man es so, wie man es bei seinen eigenen Vorgesetzten gelernt hat." (Eintritt in die Bundeswehr 1993) Dagegen steht die Klage, dass die Vorgesetzten nicht mehr wie früher als „Vorbild" wirken können. Im Unterschied zu heute hätten die Vorgesetzten früher „die Dinge nicht so tierisch ernst genommen". (Eintritt in die Bundeswehr 1974) Notwendig seien „Freiräume für Führungspersönlichkeiten", so dass diese die Dienstaufsicht vor Ort tatsächlich wahrnehmen können und nicht hinter Bergen von Akten verschwinden. Heutzutage müssen Vorgesetzte immer in Sorge sein, einem Soldaten Ansprüche zu verwehren, die er hat, weil bei der „typisch deutschen Sozialgerichtsmentalität" die Entscheidung immer zugunsten des Untergebenen falle. „Schrecklich, was da noch zu erwarten ist mit Gleichstellungsgesetz, Gleichstellungsdurchsetzungsbeauftragten, Antidiskriminierungsgesetz und Informationssicherungsgesetz." (Eintritt in die Bundeswehr 1974) Ein anderer Vorgesetzter erzählt, dass die Einschränkung seiner Möglichkeiten als Vorgesetzter durch die Unzahl von Vorschrif-

---

12 Die hier referierten Einwände gegen die geltenden rechtlichen Regelungen beruhen auf einer einseitigen oder sogar falschen Auslegung des Rechts, das Vorgesetztenmacht einschränke. Sie sind als Symptome für Unbehagen an der Verrechtlichung des Dienstes zu verstehen, offenbaren aber auch ein falsches Selbstbild.

ten zu unsinnigen Verhaltensweisen führe. Beispielsweise könne er einen Soldaten, wenn ein Amtsgang zu einer Behörde notwendig ist, nur für genau eine Stunde vom Dienst freistellen. Wenn man aber zum Amt erst einmal weiter anfahren muss, dann bringe die Regelung keine Entlastung für den Soldaten. (Eintritt in die Bundeswehr 1983)

Merkwürdig ist an allen diesen Äußerungen die Hochschätzung des personalen Faktors und die Abwertung des rechtlich Geregelten. Dahinter kann sich die Vorstellung verbergen, dass militärische Vorgesetzte ‚mächtig' im Verhältnis zu ihren Untergebenen sein sollten, dass aber die aus der zivilen Welt implementierten Gesetze und Regelungen die ‚Macht' des Vorgesetzten einschränken. Macht- und Kontrollverlust dürften insbesondere diejenigen Vorgesetzten ängstigen, die einem vordemokratischen Ideal militärischen Lebens anhängen.

Erfahrene, ältere Vorgesetzte regen sich über nichts mehr auf. „Dienstvorschriften? Ich akzeptiere es, wie es ist." (Eintritt in die Bundeswehr 1976) Nötig sei es gerade in der Gegenwart, „die Freiräume [zu] suchen und nutzen [zu] lernen." Merkspruch sollte sein: „Sagen Sie mir nicht, wie es nicht geht; sagen Sie mir, wie es geht." (Eintritt in die Bundeswehr 1974)

> **Innere Führung und Regelungsdichte des militärischen Alltags werden häufig als Gegensätze erlebt.**

Ein älterer Vorgesetzter urteilt über seine jüngeren Kameraden: „Meine Erfahrung ist, dass das Problem nicht darin liegt, dass Leute sich falsch entscheiden, sondern darin, dass sie keine Entscheidungskompetenz haben." (Eintritt in die Bundeswehr 1974) Die Chefs seien gegenwärtig meist „Abarbeiter". Die Vorgesetzten kommen nicht mehr dazu, mit ihren Untergebenen „einfach nur zu reden". (Eintritt in die Bundeswehr 1974) Statt dass Innere Führung im Team und durch das Beispiel der Vorgesetzten erlebt werde, würden heute Lehrgänge gemacht zu Themen wie „Life-Work Balance" oder „Innere Führung im Team erleben". Der despektierliche Unterton dieser und ähnlicher Bemerkungen ist kaum zu überhören.

> Die Ausbildung in Innerer Führung scheint zu verschiedenen Zeiten unterschiedlich intensiv durchgeführt worden zu sein. Intensivere Kommunikation über die Intentionen der Inneren Führung sowie zwischen jüngeren und älteren Vorgesetzten könnte zur Selbstreflexion auf das eigene Führungsverständnis und zur Selbsterfahrung beitragen.

Thema 3: Selbstbild der Vorgesetzten

Man kann unterscheiden zwischen „Amtsautorität, persönlicher Autorität, Fachautorität" (Eintritt in die Bundeswehr 1993) und dann feststellen, nach welcher Autorität der Vorgesetzte strebt. Eindrückliche Vorgesetzte seien immer die, die nach persönlicher Autorität streben. Die Basis von Autorität des Vorgesetzten ist „Ansehensmacht, die durch formale Maßnahmen unterstützt wird. Viel wirksamer als Disziplinarmaßnahmen ist die persönliche Autorität, wenn den Leuten das nahe geht, was der Chef sagt. Ich erkaufe mir die Leistung meiner Untergebenen nicht durch Sanktionen. Der Wunsch des Vorgesetzten ist ein Befehl." (Eintritt in die Bundeswehr 1976) Bezeichnenderweise wird hier der Begriff ‚Befehl' nicht im Sinne des Soldatengesetzes gebraucht, sondern in einem unspezifischen Sinne; unbedingte Gefolgschaftstreue ist impliziert.

Basis der Führung sollen dieser Aussage nach Liebe, Wertschätzung, Vertrauen des Untergebenen zum Vorgesetzten sein. Die Bedeutung von Vertrauen für militärische Führung – und vielleicht für jede Führungstätigkeit, sei es elterliche oder betriebliche – kann kaum hoch genug geschätzt werden. Über das Thema äußerten sich verschiedene Befragte: „Das Vertrauen auf Kompanieebene ist gut. Vertrauen kann man nur zu Menschen haben, denen man direkt in die Augen sehen kann." (Eintritt in die Bundeswehr 1993) Wenn Untergebene kein Vertrauen zu ihren Vorgesetzten haben, dann wird die Zusammenarbeit schwierig.

> Vorgesetzte wollen sich so verhalten, dass Untergebene Vertrauen zu ihnen aufbauen und bewahren können.

Interessanterweise wird Vertrauen weniger als individuell menschliche Haltung einem bestimmten Vorgesetzten gegenüber, der sich dieses Vertrauen verdient hat, entgegengebracht, sondern einem jeden Vorgesetzten in demselben militärischen System, solange der dieses institutionell garantierte Vertrauen nicht verspielt hat. Deshalb hat es Schwierigkeiten gegeben mit einem Vertrauensvorschuss gegenüber Vorgesetzten aus der Nationalen Volksarmee, auch wenn die in die Bundeswehr übernommen worden waren: „Zum Beispiel war es nach 1989 ein Problem, wenn ein Ost-Kompaniechef eine West-Kompanie führen sollte, weil das Gespinst von Beziehungen zwischen den Dienstgradgruppen" nicht funktionieren konnte. Die ständigen Versetzungen bei der Bundeswehr sind nur möglich, weil aufgrund ihrer militärischen Ausbildung alle Dienstgrade wissen, was von ihnen erwartet wird im System. „Der Gedanke: das sind doch alles Soldaten! trug bei der Eingliederung der Nationalen Volksarmee nicht, weil die gemeinsame Sozialisation fehlte. Ein neuer Vorgesetzter wird eingefügt in einen lebendigen Organismus", das ist „wie das Andocken einer Kapsel an eine Raumstation, die das ganze System lebensfähig macht". (Eintritt in die Bundeswehr 1976) Es besteht die Erwartung an den Kompaniechef, sich in einer bestimmten Weise zu geben, und an die Untergebenen, ihm vertrauensvoll zu gehorchen. Erreicht wird das durch dasselbe Ausbildungssystem.

Der Vorgesetzte ist aber nach seinem Selbstverständnis niemand, der die ‚zutrauliche' Haltung seiner Untergebenen ausnutzt. Im Gegenteil: Er ist ihr ‚erster Diener'. Auf die Formel „Führen ist Dienen" (Eintritt in die Bundeswehr 1976) brachte einer der Vorgesetzten sein Selbstverständnis und er erläuterte das dahingehend: „Die entscheidende Aufgabe des Vorgesetzten besteht darin, Belastungen von oben abzuschwächen und vieles selber zu machen." (Eintritt in die Bundeswehr 1976) Dem unteren Drittel der Soldaten gegenüber hat der Vorgesetzte eine Fürsorgepflicht: Er muss gerade sie fördern und gegebenenfalls fordern.

„Positiv führen" (Eintritt in die Bundeswehr 1983) lautet ein wichtiger Leitspruch. Das heißt: Den Untergebenen „gute Infos über Termine und zu Beachtendes, Unterstützung bei Anträgen und Schriftverkehr, Motivation bei Problemen" zu geben. (Eintritt in die Bundeswehr 1983) Kriterium für einen guten Vorgesetzten ist, dass die Leute gerne zu ihm kommen, weil sie Hilfe von ihm bekommen.

„Der Spruch: Druck, Diszi, Dosenbrot" soll nicht auf den Vorgesetzten zutreffen. (Eintritt in die Bundeswehr 1983)

Ein typisches Beispiel für recht angewandte Innere Führung sei, dass man Ablehnungen persönlich dem Bewerber erklärt und erläutert, dass man es ebenso mit dem Betroffenen persönlich bespricht, wenn man als Vorgesetzter Beurteilungen herabsetzt. „In Normalsituationen heißt das, der Vorgesetzte muss immer erläutern, warum er etwas tut. Ehrlichkeit, Verlässlichkeit und Gradlinigkeit sind Bedingungen für gute Innere Führung." (Eintritt in die Bundeswehr 1976) Auf die Bedeutung von Ehrlichkeit wurde in anderem Zusammenhang schon hingewiesen.

Gerade Vorgesetzte, die Ehrlichkeit für eine wichtige Tugend halten, stellen sich die Frage nach der ethischen Berechtigung der Auslandseinsätze mit Kampfkomponenten für die Bundeswehr. Sie sind fest davon überzeugt, dass deutsche Piloten Bomben nur und ausschließlich auf feindliche Radarstellungen fallen ließen, niemals auf Zivileinrichtungen – so die Einschätzung im Blick auf die jugoslawischen Sezessionskriege. „Die Kollateralschäden, die angeblich deutsche Piloten verursacht haben, gehen auf Serben zurück, um die deutschen Truppen zu denunzieren. Das haben die Serben selbst zugegeben." (Eintritt in die Bundeswehr 1983) Die Überzeugung, dass deutsche Soldaten keine Kollateralschäden verursachen, ist tief in den Köpfen verankert, gehört zum Kernbestand des soldatischen Selbstbildes. Auch für die Zukunft erwarten sie von den Bundeswehrangehörigen ein ethisch eindeutiges Verhalten. Das kann sogar so weit gehen, dass Tendenzen einer selektiven Wahrnehmung erkennbar werden: Die verstärkte öffentliche Diskussion von sogenannten robusten Einsätzen oder Kampfeinsätzen wird von manchen Soldaten als ministerielle Rhetorik, als „mediale Semantik", charakterisiert. (Eintritt in die Bundeswehr 1993) Man mag nicht glauben, dass es tatsächlich so weit kommen könnte und erinnert sich daran, im Jahr 1991 Piloten mit Tränen in den Augen vor der Kamera gesehen zu haben. Die Kameraden haben „nie daran gedacht, dass sie einmal Bomben abwerfen müssen". (Eintritt in die Bundeswehr 1974) Man könnte das jetzt so interpretieren, dass die älteren Vorgesetzten noch nicht in der Gegenwart angekommen sind. Aber auch jüngere Vorgesetzte wollen sich geistig und seelisch nicht auf Kampfeinsätze einstellen. Sie alle halten fest am Grundgesetz und der darin formulierten Aufgabe Deutschlands, sich ausschließlich für das friedliche Zusammenleben der Völker einzusetzen. Dass dessentwillen gewaltsame Durchsetzung im Kampf nötig sein sollte, leuchtete keinem der befragten Vorgesetzten unmittelbar ein.

> **Die politische Sensibilität und Kompetenz der Vorgesetzten ist ein Pfund, mit dem die politische Leitung der Bundeswehr wuchern kann.**

Mit dem Konzept Ehrlichkeit arbeitet ein Teil der Vorgesetzten, ein anderer Teil arbeitet mit dem Konzept Team. Diese Vorgesetzten sehen sich nicht als Vaterfigur gegenüber ihren Untergebenen, sie behandeln sie nicht potentiell wie Kinder, die auch gegen Zumutungen und vor sich selbst geschützt werden müssen, sondern als sich selbst organisierende Gruppe: „Entscheidend ist, dass der Auftrag klappt. Man wird als Vorgesetzter nie von allen geliebt, deshalb kann man nicht auf alle Leute Rücksicht nehmen. Unangenehm ist vor allem, wenn über einen schlecht geredet wird, weil man sich dagegen nicht wehren kann. Deshalb ist es besser, mit klaren Sanktionen zu arbeiten (wie in der Bundeswehr) als mit inoffizieller Bestrafung (wie in der Wirtschaft: Ausschluss von der nächsten Gehaltsrunde). A und O der Arbeit ist ein gutes Verhältnis im Team, das zu messbar guten Ergebnissen führt. Menschlich führen heißt, die Leute so behandeln, dass sie aus Eigeninteresse bei der Arbeit mitmachen, dass sie mit den anderen zusammen gute Ergebnisse bringen wollen. Wer in diesem Sinne menschlich führt, also Erfolg mit seinem Führungsstil hat, wer Leute so motivieren kann, dass sie ein gutes Team werden, der ist ein guter Vorgesetzter im Sinne der Inneren Führung. Wenn die Prüfungsergebnisse stimmen, dann ist die Menschenführung intakt. Und die Prüfungsergebnisse stimmen dann, wenn jeder von sich aus versucht, sein Bestes zu geben. Dass die Leute funktioniert haben, ist die eigene innere Motivation der Einzelnen. Der Vorgesetzte muss an den Menschen bzw. am Menschen in seinen Untergebenen Interesse haben. Der Vorgesetzte ist von den Untergebenen im Team abhängig." (Eintritt in die Bundeswehr 1974) Hier wird von der Gemeinsamkeit her gedacht, die um der Auftragserfüllung willen zwischen Vorgesetzten und Untergebenen vorhanden sein muss. Trotzdem ist das Führungsverhalten dieses Vorgesetzten nicht partnerschaftlich. Er will, dass seine Leute gute Ergebnisse bringen, weil er an den Ergebnissen ablesen kann, dass seine Führung gut ist. Deshalb erklärt er, seine Leute müssten zum Team werden – er schließt sich selbst aus dem Team aus, weil er dieses als Ergebnis seines Führungshandelns betrachtet. „Vom Ziel her muss man arbeiten. Vertrauen und Kontrolle müssen zusammen gehen: Man darf als Vorgesetzter nichts sagen, was man nicht auch tut und nichts tun, was man vorher nicht angesagt hat. Man muss berechenbar sein. Und man muss den Leuten einen Vertrauensvorschuss geben, dass sie selbst ihre Aufträge erfüllen und das Ding fertig machen." (Eintritt in die Bundeswehr 1993)

In dieser Sichtweise ist der Aspekt der Kontrolle der Untergebenen stark präsent bis hin zu der folgenden Selbstbeschreibung: Wichtig sei es, ständig „das Ohr an der Truppe" zu haben, sich „regelmäßig sehen [zu] lassen." (Eintritt in die Bundeswehr 1996) Das menschliche Interesse an den Untergebenen wird hier funktionalisiert für die Auftragserfüllung. Entscheidend dabei ist, dass der Vorgesetzte selbst tadellos vor seinen eigenen Vorgesetzten dasteht. Vorgesetzte dieses Typs beschreiben sich als solche, die eher Amts- als Fachautorität besitzen wollen. Ihr Interesse am Menschen in den Untergebenen ist also funktional begründet, es dient der eigenen Karriere. So wird dann auch der aggressiv-kontrollierende Unterton in Wendungen wie „ständig das Ohr an der Truppe" haben deutlich. Innere Führung wird zwar in dieser Sichtweise verstanden „als Ermunterung dazu, Herz zu zeigen." (Eintritt in die Bundeswehr 1974) Ob die Untergebenen aber ebenfalls Herz zeigen können, ist nicht ausgemacht. Wenn ein Vorgesetzter sein besonderes Engagement für seine Untergebenen herausstellen will, macht er sich zum Rundum-Ansprechpartner für sie: „Meine Leute können mich auch um 3 Uhr nachts aus dem Bett holen." (Eintritt in die Bundeswehr 1993)

Im Selbstbild vieler Vorgesetzten stehen eigene Kontrollbedürfnisse dem Leitbild Team entgegen.

Der Vorgesetzte solle „Vorbild als Mensch" sein, nicht Vorbild im Sinne von „Korrektheit". (Eintritt in die Bundeswehr 1974) „Korrekt" gerät bei dieser Sichtweise in einen gewissen Gegensatz zu Vorbild. „Führen gelingt nur durch Vorbild und durch persönlichen Einsatz. Man kann sich nicht selbst in die warme Messe setzen, wenn die Leute draußen im Schietwetter 'was tun müssen." (Eintritt in die Bundeswehr 1993)

Bedenklich stimmt, wenn viele Vorgesetzte übereinstimmend davon sprechen, dass sie sich als „Vorbild" ansehen lassen wollen. Nicht, dass es schlecht wäre, wenn man sich bemüht, Vorbild zu sein; schlecht aber, wenn man übersieht, dass der Begriff eigentlich nicht für Vorgesetzte verwendet werden sollte, weil er seinen guten Sinn in der Hagiographie hat. Vorgesetzte können ‚ein Beispiel geben'. Untergebene können dann sagen: Ich empfinde sein Beispiel als Ansporn für mich, ich sehe in ihm ein Vorbild. Wenn Vorgesetzte sich selbst *qua* dienstlicher Stellung gewissermaßen ‚heilig' sprechen, Vorbild sein wollen, dann kommen kritische Absetzbewegungen bei den Untergebenen in Gang, die dysfunktional wirken können. Heilige sind Vorbilder für Gläubige und sie werden entsprechend idealisiert. Zur Idealisierung gehört aber immer auch ihre Kehrseite: die Abwertung. Außerdem betont die Hagiographie, dass Vorbilder nur durch göttliche Stärkung ihre heroische Tugend realisieren können. Auch der vorbildlichste Vorgesetzte wird nämlich gelegentlich Fehler eingestehen müssen, und wenn er sie nicht selbstkritisch eingesteht, dann werden sie regelrecht ‚gesucht' von den Untergebenen. Vorgesetzte könnten sich also selbst entlasten vom Druck, Vorbild sein zu müssen, wenn sie sich darauf beschränken würden, beispielhaft zu handeln.

Vorbildhaftigkeit ist keine Eigenschaft, die Vorgesetzte anstreben sollten. Ein gutes Beispiel zu geben, würde genügen.

Thema 4: Bild der Vorgesetzten von den Untergebenen

„Man kann Menschen als Individuen, als Problembereiter oder als Nummern ansehen. Man kann ihre Fälle bzw. Probleme bearbeiten, abarbeiten oder das Miteinander suchen." (Eintritt in die Bundeswehr 1993) Derjenige Soldat, der das gesagt hat, will Menschen als Individuen sehen – und realistisch stellt er fest: „Die Herausforderung besteht darin, mit denen umzugehen, die anders gepolt sind als man selbst." (Eintritt in die Bundeswehr 1993) Das ist in der Tat eine große Herausforderung, die sich insbesondere mit disziplinar zu ahndenden Vorkommnissen verbindet. Ein Vorgesetzter beschreibt seine Untergebenen als große Zahl von Individualisten: „Ich habe 500 Individualisten. Die zu hüten ist wie einen Sack Flöhe hüten." (Eintritt in die Bundeswehr 1981) Der „Sack Flöhe" bringt anschaulich zum Ausdruck, dass es unmöglich ist, die Vielzahl von persönlichen Interessen und Bedürfnissen der Untergebenen in *einen* Sack zu bekommen. Es ist im Sinne einer Zivilisierung des Militärs durchaus erfreulich zu nennen, wenn Vorgesetzte diese Vielfalt von Ausprägungen des Menschlichen bei ihren Untergebenen bemerken; weniger erfreulich ist freilich, wenn sie diese nicht uneingeschränkt positiv, sondern – wie das verwendete Bild nahe legt – als problematisch ansehen.

Jüngere Vorgesetzte haben es da oft einfacher mit ihren Botschaften und Merksätzen, die sie wohl vor gar nicht langer Zeit erst gelernt haben: „Menschen zu fördern, heißt, ihnen zu vermitteln: Traut euch 'was zu und traut anderen 'was zu." (Eintritt in die Bundeswehr 1993) Das ist ein recht einfaches Rezept, das dem oben zitierten Leitspruch „Positiv führen" entspricht. Aus der Führerausbildung dürfte auch folgender Ausspruch zu erklären sein: „Der Vorgesetzte ist im Verhältnis zum Untergebenen Motivator, Koordinator und Administrator. Er muss eng mit den Vertrauensleuten zusammenarbeiten." (Eintritt in die Bundeswehr 1983) Zu fragen ist freilich, ob nicht die Selbständigkeit der Untergebenen und ihre Selbsttätigkeit einen großen Teil dieser Tätigkeit überflüssig machen. Wer motiviert werden muss, der muss zuvor demotiviert sein; wer koordiniert werden muss, der muss vorher Eigenkoordination vermissen lassen; wer administriert werden muss, der wird zur Nummer, zum Vorgang degradiert.

Probleme zwischen Vorgesetzten und Untergebenen gehören zum Alltag. Mancher Vorgesetzte hat gelernt, Kritik durch Untergebene nicht persönlich zu nehmen. Darin steckt natürlich auch ein gewisses Maß an Relativierung und Rationalisierung: „Bei Kritik durch Untergebene muss man immer fragen: Ist es der Sache oder der Person dienlich." (Eintritt in die Bundeswehr 1993) Aber es gibt natürlich auch Vorfälle, die disziplinarisch bearbeitet werden müssen. „Von meinen Leuten sind vielleicht 3 Prozent neben der Spur." (Eintritt in die Bundeswehr 1993) „Denen ist es egal, ob sie ein Diszi[plinarverfahren] bekommen." (Eintritt in die Bundeswehr 1984) Einige von diesen ‚auffälligen' Untergebenen nutzen die Möglichkeiten des Beschwerderechts exzessiv aus: Sie decken die Vorgesetzten mit schriftlichen Beschwerden regelrecht zu: Eingangsbescheide, Weiterleitungsbescheide müssen geschrieben, Vernehmungen organisiert, Stellungnahmen anderer Kameraden eingeholt werden. Dann kommen neue Beschwerden, die Einschaltung des nächsthöheren Disziplinarvorgesetzten, letztlich das Truppendienstgericht. „Die legen den ganzen Betrieb lahm. Sie können sich das erlauben, militärische Disziplinarstrafen zählen im Zivilleben nicht. Bremsen kann die nur der Staatsanwalt und der wird erst bei einer Schlägerei eingeschaltet. Die verbrieften Rechte und deren Durchsetzung, das sehen manche Leute nur als Recht, das sie gerne in Anspruch nehmen. Sie sehen aber nicht die damit verbundene Pflicht. Alles was sie interessiert, ist die Durchsetzung ihrer eigenen Interessen." (Eintritt in die Bundeswehr 1984)

Dagegen verweisen andere Vorgesetzte durchaus darauf, dass eine Disziplinarstrafe für die Soldaten Konsequenzen hat, „weil ein Beförderungsstopp droht und eine Disziplinarstrafe drei Jahre lang in den Akten steht." (Eintritt in die Bundeswehr 1983) Auf die gesetzlich vorgegebenen Institutionen, welche zwischen Vorgesetzten und Untergebenen eine Vermittlungsfunktion einnehmen sollen, setzen die Vorgesetzten nicht: Die Vertrauensperson wird von den beschriebenen Störern für den Umgang mit den Vorgesetzten „funktionalisiert als Standesvertreter, sie wird nicht als Mediator gesehen". (Eintritt in die Bundeswehr 1993) „Die mit der größten Klappe" setzen sich im Dienstalltag häufig durch. (Eintritt in die Bundeswehr 1984)

> Eine kleine Zahl von Untergebenen bindet ein hohes Maß an Vorgesetztenenergie.

Auffälligen Untergebenen gegenüber nehmen die militärischen Vorgesetzten einen Erziehungsauftrag wahr: „Der Erziehungsauftrag der Bundeswehr wird immer wichtiger, weil Elternhaus und Schule versagt haben. Die jungen Leute, die kommen, stammen aus einer gewaltgeprägten Umgebung und sie setzen auf Gewalt. Gewalt ist zur gelebten Wirklichkeit geworden. Das Disziplinarrecht ist für die Soldaten als Erziehungsrecht deshalb von Vorteil, weil die Strafen im Zivilleben nicht zählen – es ist so, als wäre nie etwas vorgefallen." (Eintritt in die Bundeswehr 1993) Deutlich werden von den Vorgesetzten Grenzen des Disziplinarrechts moniert. „Das [Disziplinar]Recht versagt manchen Soldaten gegenüber, weil man sie wegen charakterlicher Nichteignung nicht einfach rausschmeißen kann." (Eintritt in die Bundeswehr 1996) „Ich würde mir als Vorgesetzter wünschen, manche Leute rausschmeißen zu können wegen charakterlicher Nichteignung. Verhaltensänderungen bekommt man als Vorgesetzter kaum hin, dafür pochen die jungen Leute heute viel zu sehr auf ihre Rechte – es geht allenfalls durch Einsicht bei persönlicher Ansprache." (Eintritt in die Bundeswehr 1984) „Wenn die Führung uns so viel Verantwortung zutraut, wie sie immer sagt, dann muss sie mir auch dazu die Möglichkeit geben, Leute rauszuschmeißen." (Eintritt in die Bundeswehr 1981)

Diese Äußerungen zeigen, dass eine sehr kleine Gruppe von Untergebenen die Vorgesetzten – das ist für die Selbstwahrnehmung der Vorgesetzten entscheidend – an die Grenzen ihrer menschlichen und rechtlichen Möglichkeiten führt. Wenn die Vorgesetzten ihrerseits nur wenig Verständnis für die zivile Gesellschaft mit ihrem Pluralismus haben, wenn sie keine Lust daran haben, an den Grenzen der jugendlichen Lust an der Selbstentfaltung, des Austestens (da, wo die Vorgesetzten ‚aufjaulen') zu arbeiten, dann kann es für sie selbst schwierig werden. Das Disziplinarrecht ist nach übereinstimmender Schilderung der Vorgesetzten eine stumpfe Waffe. Das spricht dafür, dass verstärkte Kommunikation vonnöten ist. Einhergehen muss sie mit dem Bemühen darum zu verstehen, warum mancher Untergebene sich als Störer inszeniert.

Die Störungen von an das System Bundeswehr unangepassten Untergebenen betreffen viele Bereiche. Besonders sensibel ist der Bereich Tradition. Tatsächlich mangelt es nach Meinung mancher Vorgesetzter gegenwärtig vor allem an der Bildung in Traditionsfragen. So sei bei den jungen Soldaten ein Bewusstsein für angemessenen und richtigen Traditionalismus nicht vorhanden. Selbst jungen Offizieren sei nicht klar – und auch kaum klar zu machen –, dass der Gebrauch von Frakturschrift innerhalb der Bundeswehr auf die Öffentlichkeit anstößig wirke. Deshalb gebe es die Vorschrift, dass in der Bundeswehr nur zwei Schrifttypen verwendet werden: Times New Roman und Arial. (Eintritt in die Bundeswehr 1983) Die hier referierte, eigentlich alberne Geschichte zur Verwendung von Schrifttypen hat zum Hintergrund einen heftigen Streit: Manche Soldaten schrieben ihre Namen an die Stubentüren in einer gestelzt altmodischen Type, etwa Frakturschrift. Vorgesetzte witterten darin eine rückwärtsgewandte Mentalität, befürchteten Assoziationen an das NS-Regime, und schritten ein. Weil es bei Gemeinschaftsunterkünften keine Privatheit gebe, forderten sie den Gebrauch der für den Briefverkehr des ganzen öffentlichen Dienstes vorgeschriebenen Schrifttypen Times New Roman und Arial, auch auf Türschildern in Bundeswehrliegenschaften. Die jungen Soldaten argumentierten mit historischen Argumenten dagegen, denn tatsächlich haben die Nazis die Frakturschrift abgeschafft. So hat man Tage damit verbracht, sich über die Türschildbeschriftung zu streiten. Am Ende des Streits wird dann wahrscheinlich eine Regelung getroffen worden sein, die festlegt, dass Türschilder nur von einer eigens dazu beauftragten Stelle angefertigt werden dürfen. Dann kann man die nächste Streitfront aufmachen und – auch um Anstoß in der Öffentlichkeit zu vermeiden – die Plakate und Bilder, die in den Stuben an der Wand hängen, kontrollieren und am besten auch gleich noch einen Blick in den Spind werfen, dass sich unter den Privatkleidern keine T-Shirts mit provokativen Texten finden.

> **Manchmal wäre den Vorgesetzten etwas mehr Gelassenheit zu wünschen.**

Das Kontrollinteresse, das mancher Vorgesetzte zu erkennen gibt, hat seinen letzten Grund wohl darin, dass er um seine eigene Karriere fürchtet, wenn einer seiner Untergebenen auffällt.

Zusammenfassende Beurteilung der Gespräche

Die Narrative der Vorgesetzten unterscheiden sich stark von denen der Untergebenen. Die Selbstwahrnehmungen älterer Vorgesetzter scheinen sich von denen jüngerer Vorgesetzter zu unterscheiden. Eine Untersuchung des Führungsverständnisses von Offizieren unterschiedlicher Verantwortungsbereiche und Altersbänder, auf breiterer Basis durchgeführt, würde genauere Urteile und Problemanzeigen erlauben. Jüngere scheinen weniger selbstreflexiv und fürsorglich zu sein als ältere Vorgesetzte. Schon jetzt lässt sich deshalb die Forderung formulieren, dass der Herausbildung eines gemeinsamen Selbstverständnisses von Vorgesetzten unterschiedlicher Alterskohorten größere Aufmerksamkeit gewidmet werden sollte. Zudem wäre auch der Gemeinschaft und dem gemeinsamen Dienstverständnis von Vorgesetzten und Untergebenen mehr Aufmerksamkeit zu widmen. Wenn die einen sich stärker mit der Frage auseinander setzen würden, was die Aufgabe und Funktion der anderen ist – und umgekehrt –, wenn, anders formuliert, die Dialektik des Verhältnisses von Herr und Knecht (Hegel) beachtet würde, dann könnte das Bewusstsein gemeinsamer Auftragserfüllung weiter wachsen. Zu fördern wäre insbesondere bei jüngeren Vorgesetzten die Fähigkeit zur Selbstreflexion und zur Einfühlung in den je Anderen mit seinen Interessen und die Einsicht in die gemeinsame Aufgabenerfüllung. Menschenführung ist ein personales Geschehen.

4.3 Führungserfahrungen – Ergebnisse empirischer Untersuchungen

Ekkehart Lippert (1995) hat schon vor fast zwanzig Jahren festgestellt, dass es schwierig ist, die ‚Stimmung' in der Truppe festzustellen und die richtigen Schlüsse für das Führungshandeln aus der Analyse zu ziehen. So ergeben sich methodische Probleme: „Für die Führung der Bundeswehr ergibt sich als Dilemma: Einerseits sind und bleiben Stimmungsbilder vage und werden meist auch so eingeschätzt, andererseits ist eine verantwortungsvolle Führung auf die permanente Beobachtung der Schwankungen des inneren Klimas der Truppe, ihrer ‚Stimmung' angewiesen. Denn im hier thematisierten Zusammenhang besteht die hohe Kunst militärischer Führung und politischer Leitung darin, den schmalen Grat zwischen dem als ‚richtig' (nach welchen Kriterien auch immer) Erkannten, d. h. dem Führungsziel, und der sich aus der aktuellen ‚Stimmung' ableitbaren Bereitschaft der Untergebenen zum Gehorsam zu finden", der dem mitdenkenden, verantwortlichen Gehorsam förderlich ist. „Ein weiteres, in seiner Bedeutung häufig unterschätztes, erkenntnistheoretisches Problem ergibt sich aus der eigentlich nicht auflösbaren Befangenheit der Beurteiler. Die einschlägige Frage lautet: Wie könnte jemand ein verläßliches Urteil abgeben, der selbst betroffen, d. h. von der fraglichen ‚Stimmung' ergriffen ist? Aber auch: Wie steht es eigentlich um die Kompetenz Außenstehender, die Stimmung in der Truppe zu schildern?" (Lippert 1995: 229)

Trotz dieser methodischen und sachlichen Probleme benötigen die militärische Führung wie die politische Leitung der Bundeswehr entsprechende Stimmungsbilder aus der Truppe, will man nicht auf eklektische Äußerungen in Medien und den Eindruck persönlicher Gespräche angewiesen bleiben. Deshalb hatte das SOWI in den letzten Jahren Befragungen zu seinem methodischen Schwerpunkt gemacht. Natürlich ist jedem Denkenden klar, dass von Experten für empirische Sozialforschung erhobene Zahlen nicht die ganze Führungswirklichkeit in der Truppe wie in der Wehrverwaltung, im Auslandseinsatz wie an der ‚Heimatfront' erfassen und abdecken können. Zahlen bilden Wirklichkeit nur auf eine solche Weise ab, die mit Zahlen zu erfassen ist. Zwar greifen politische Leitung und militärische Führung zur Begründung ihrer Vorhaben gerne auf „formal objektiviertes Wissen" zurück, um „zahlenbasierte Handlungsorientierung" zu gewinnen. Tatsächlich handelt es sich dabei aber, wie Andreas Voßkuhle, der Präsident des Bundesverfassungsgerichts, gerade in einem Artikel ausgeführt hat, „um eine äußerst problematische Konstruktion, die auch historisch gesehen Tür und Tor öffnet für Manipulationen und symbolische Politik. Gerade die Qualität öffentlicher Dienstleistungen [und auch die Bundeswehr ist als öffentlicher Dienstleister zu beurteilen, ADD] lässt sich nur sehr schwer in Zahlen fassen." (Voßkuhle 2012: 6) Da man trotzdem diese Näherung an sachangemessene Problemerfassung und -lösung benötige, sei eine „Kultur der reflektierten Zahl zu entwickeln, die numerische Grundlagen zum Ausgangspunkt politischer Argumentation nimmt, die Zahlen aber gleichzeitig hinterfragt und die einschlägigen Indikatoren einem stetigen Lernprozess aussetzt." (Ebd.: 6f.) Die Bedeutung von Zahlen liegt darin, dass sie die Augen öffnen können für eine Wirklichkeit, die man nicht gerne in den Blick nehmen möchte. 38,5 Grad auf dem Thermometer bedeuten Krankheit, egal ob der Patient sich für gesund hält oder nicht. Zahlen zwingen also dazu, sich in ein Verhältnis zu den Dingen zu setzen und gegebenenfalls Steuerungsmaßnahmen zu ergreifen. Das gilt auch für die Innere Führung, die bekanntlich in Zahlen nur schwer zu erfassen ist.

> **Um die ‚Stimmung' in der Truppe zu erfassen, bedarf es einer ‚Kultur der reflektierten Zahl'.**

Das in den letzten Jahren gestiegene Interesse an der Inneren Führung spiegelt sich in einer großen Zahl von Befragungen des SOWI zu fast allen Gestaltungsfeldern der Inneren Führung, die in Aufsätzen, Studien, Gutachten und Forschungsberichten veröffentlicht sind, die zum Teil allerdings nur für den Dienstgebrauch freigegeben wurden. Angesichts der sowohl vom Wehrbeauftragten immer wieder monierten als auch in den Forschungsberichten des SOWI des Öfteren benannten Desiderate in der Umsetzung der Inneren Führung ist sowohl von den Mitgliedern der Kommission Europäische Sicherheit und Zukunft der Bundeswehr, die beim Institut für Friedensforschung und Sicherheitspolitik (ISFH) an der Universität Hamburg angesiedelt ist, wie auch von der Hessischen Stiftung für Friedens- und Konfliktforschung (HSFK) gefordert worden, die Verantwortung für die Evaluation der Umsetzung der Inneren Führung dem Bundesministerium der Verteidigung zu entziehen und sie direkt beim Wehrbeauftragten oder einer wissenschaftlichen Einrichtung anzusiedeln. Ob solche strukturelle Umorganisation die Dilemmata der empirischen Forschungen zur Inneren Führung lösen könnte, mag dahingestellt bleiben. Lösen würde sie allenfalls ein für Ressortforschungseinrichtungen typisches Problem: Die öffentliche Diskussion der Ergebnisse würde wahrscheinlich erleichtert. Erst die Zukunft wird erweisen, wie die gegenwärtig gefundene Lösung, das SOWI und das Militärgeschichtliche Forschungsamt zu einem ZMSBw zu verschmelzen, sich auf die Forschungen zur Inneren Führung auswirken wird.

Ein anderer Vorschlag, neben dem Generalinspekteur der Bundeswehr einen Beauftragten für die Innere Führung zu platzieren, der dem Verteidigungsausschuss des Bundestages angehört, ist bei der Neuausrichtung der Bundeswehr auch nicht berücksichtigt worden. Ein neuer Ausschuss für Fragen der Weiterentwicklung der Inneren Führung – etwa wie früher als Unterausschuss des Verteidigungsausschusses – ist derzeit (März 2013) noch nicht eingerichtet worden. Gegenwärtig scheint sich die Diskussion auf ein bestimmtes Gestaltungsfeld der Inneren Führung zuzuspitzen: Die Vereinbarkeit von Familie und Dienst wird zunehmend diskutiert und als Anlass für Forderungen nach der Weiterentwicklung der Grundsätze der Inneren Führung gesehen. Andererseits hat sich angesichts der Erfahrungen der Jahre 2008 bis 2010 in Afghanistan mit den heftigen Gefechten die Behauptung verselbständigt, die Innere Führung tauge nicht zum Kampfeinsatz. Dagegen wäre einzuwenden, dass gerade im Einsatz Selbstverantwortung gefordert sein dürfte.

Die Hoffnung der Sozialwissenschaftlerinnen und -wissenschaftler des ZMSBw geht dahin, dass die zivil-demokratische Kultur in der Bundeswehr möglichst breite Verwirklichung findet. Dazu soll Innere Führung dienen, dazu soll ihre Forschung dienen. Entsprechend argumentiert auch Bertold Meyer, der Direktor der HSFK: „In ihr [der Inneren Führung, ADD] ging es von Anfang an darum, eine Brücke zwischen militärtypischen Verhaltensformen und demokratischen Verhaltensformen zu schlagen. Das Konzept der ‚Inneren Führung' ist vom ‚Leitbild des Staatsbürgers in Uniform' bestimmt, durch welches das freiheitlich demokratische Werte- und Normensystem des Grundgesetzes auch für Führung, Erziehung und Ausbildung in der Bundeswehr für verbindlich erklärt wird. (…) Damit soll die strukturelle Diskrepanz zwischen einer streng hierarchischen Organisation und ihrem in entscheidenden Situationen auf dem Prinzip von Befehl und Gehorsam beruhenden Kommunikationsmuster einerseits und den egalitären und diskursiven Struktur- und Kommunikationsprinzipien der Demokratie andererseits abgemildert, d. h. für den Untergebenen erträglicher werden. Aufgelöst werden kann sie dadurch nicht (…)." (Meyer 2009: 7)

Die im Folgenden präsentierten Zahlen aus Studien des SOWI können natürlich nur einige der Gestaltungsfelder der Inneren Führung in den Blick nehmen. Sie sind als ‚Blitzlichter' zu werten, wie sie bei einer bestimmten ‚Witterungslage' auf die Innere Führung fallen.

> **Zahlen können die Augen öffnen für Probleme bei der Umsetzung der Inneren Führung in der Bundeswehr.**

Im Einzelnen liefern Ergebnisse zu folgenden Forschungsprojekten aus den Jahren 2006 bis 2011 für die Fragestellung einschlägige Erkenntnisse:

- Panelstudie zur beruflichen Entwicklung von Marineoffizieren (seit 2005),
- Einsatzbegleitung EUFOR in Bosnien-Herzegowina (2006),
- Studentenbefragung an den Universitäten der Bundeswehr Hamburg und München (2007),
- Jugendstudie (2007),
- Streitkräftebefragung 2009 – Attraktivität des Arbeitgebers Bundeswehr und Transformation (Ergebnisse im Internet greifbar),
- Frauen in der Bundeswehr (2008),
- Einsatz der Bundeswehr in Afghanistan – ISAF 2010 (22. Kontingent),[13]

---

13 Die im Folgenden gegebenen Hinweise stützen sich auf die wenigen vorliegenden und zur Veröffentlichung freigegebenen Daten in der SOWI-Jahresschrift 2011 (Seiffert/Langer/Pietsch 2011). Nicht zur Veröffentlichung freigegeben wurden bisher mehrere Berichte der ISAF-Gruppe Anja Seiffert, Phil C. Langer und Carsten Pietsch von Befragungen des 22. Kontin-

- Sozialdienst – Mitarbeiter- und Nutzerbefragung (2011),
- Bundeswehrbefragung 2011 – Evaluation von Print- und Onlinemedien der Bundeswehr,
- Sinn und Bedeutung von Ritualen und Bräuchen in der Bundeswehr (keine Ergebnisse veröffentlicht),[14]
- Ausprägung und Wirksamkeit Interkultureller Kompetenz in der Bundeswehr (2011),
- Kulturelle Pluralisierung in der und Integrationspotentiale in die Bundeswehr (Menke/Langer/Tomforde 2011),
- Lebenskundlicher Unterricht: Teilnehmer- und Dozentenbefragung (2011).

Ständig kommen neue Forschungsprojekte dazu. Dadurch wächst das Wissen über Wertungen und Werte bei Soldatinnen und Soldaten ständig weiter. (Vgl. Veröffentlichungen auf der Homepage des ZMSBw). In mehreren der oben angeführten Forschungsprojekte wurde das Führungsverhalten von Vorgesetzten in Hinblick auf unterschiedliche Gestaltungsfelder der Inneren Führung thematisiert. Militärische Vorgesetzte sind für alle Gestaltungsfelder der Inneren Führung, nicht nur für das erste und vornehmste Gestaltungsfeld, die Menschenführung, zuständig. Sie sind auch verantwortlich für die Gestaltungsfelder Politische Bildung, Recht und Soldatische Ordnung, ja sogar für das Gestaltungsfeld Familie und Dienst, also für die Möglichkeit der Soldatinnen und Soldaten, die Spannung zwischen den Anforderungen der Familie (also Partnern, Kindern und Eltern) und denen des eigenen Berufs produktiv zu gestalten.

---

gents ISAF vor, im und nach dem Einsatz (2010) sowie Gutachten von Anja Seiffert und Julius Heß zu PTBS, erarbeitet ebenfalls an Material aus dem 22. Kontingent. Deshalb kann nur pauschal darauf verwiesen werden, dass aus diesem Forschungsschwerpunkt weitere einschlägige Erkenntnisse vorliegen.

14 Anja Seiffert, Klaus Ebeling, Carsten Pietsch, Manuela Fehr, Bastian Krause: Sinn und Bedeutung von Ritualen und Gebräuchen in der Bundeswehr (leitfadengestützte Fokusgruppendiskussionen mit Soldatinnen und Soldaten aller Dienstgradgruppen und TSK- bzw. Organisationsbereiche), April 2011 (Gutachten). Vgl. dazu Seiffert/Ebeling (2012).

Die Grundsätze der Inneren Führung, wie sie in den Ausführungen zu deren Gestaltungsfeldern in der ZDv 10/1 Innere Führung (2008) festgeschrieben sind, sind auch für die Attraktivität des Arbeitgebers Bundeswehr bei jungen Menschen von Bedeutung. Deshalb sei hier einführend verwiesen auf einige Erkenntnisse aus der Jugendstudie 2007, die deutlich machen, dass ein Imagedefizit besteht: „Nur eine Minderheit [der jungen Männer im Alter von 14 bis 23 Jahren, ADD] glaubt, dass man als Soldat gute Vorgesetzte hat, dass man selbständig planen und entscheiden kann, dass es gesunde Arbeitsbedingungen gibt oder dass man Familie und Dienst vereinbaren kann (…) Die Merkmale, die einen besonders großen Einfluss auf das Interesse an einer Berufstätigkeit als Soldat bei der Bundeswehr haben, gehören zumeist zu zwei Bedürfniskomplexen: Zu den Wachstumsbedürfnissen und zu den sozialen Bedürfnissen. Merkmale einer beruflichen Tätigkeit, die Ausdruck von existentiellen Bedürfnissen sind, (…) sind nicht so wichtig. (…)." (Bulmahn et al. 2009a: 67f.; vgl. auch 68f.) Gerade für junge Männer mit höherer Bildung, Fachhochschul- oder Hochschulreife, ist die Erwartung der Befriedigung von Wachstumsbedürfnissen herausragendes Motiv bei der Berufswahl. „Die Möglichkeiten, sich im Rahmen der beruflichen Tätigkeit weiterentwickeln bzw. selbständig planen und entscheiden zu können, haben einen noch größeren Einfluss auf das Berufsinteresse." (Ebd.: 67) Junge Frauen aus derselben Altersgruppe erwarten in noch höherem Maße als junge Männer die Möglichkeit der Vereinbarkeit von Familie und Dienst. (Ebd.: 68)

Die Befriedigung von Wachstumsbedürfnissen und die Vereinbarkeit von Familie und Dienst sind für junge Menschen von größter Bedeutung.

Das markiert die Herausforderungen für die Bundeswehr in den nächsten Jahren. (Vgl. auch oben Kapitel 2.4.2)

4.3.1 Erfahrener und erwünschter Führungsstil

In die Ende des Jahres 2003 durchgeführte Streitkräftebefragung (Sozialwissenschaftliches Institut der Bundeswehr 2004) wurden zwei Fragen eingestellt, die sich mit dem erfahrenen und dem erwünschten Führungsstil in der Bundeswehr beschäftigen. Ziel war es, ein Bild davon zu bekommen, ob der von den Soldatinnen und Soldaten als vorherrschend erfahrene Führungsstil dem erwünschten Führungsstil entspricht oder ob er sich von diesem unterscheidet.

Bei der Befragung wurden die traditionell militärischen Begriffe Befehl und Gehorsam vermieden. Stattdessen wurde mit Begriffen wie Koordination, Information, Entscheidung, Überzeugung etc. gearbeitet. Das angewandte Verfahren und das Instrumentarium basieren auf einer Befragung, die von Jörg Keller an der Führungsakademie der Bundeswehr in Hamburg im Jahre 2003 durchgeführt wurde. 177 Offiziere des Dienstgrads Hauptmann bzw. Kapitänleutnant wurden durch die Abteilung Controlling der Führungsakademie zu ihrem Führungsverhalten befragt. Die Items hatte Keller dem Management-Handbuch von Staehle (1999) entnommen. Staehles Formulierungen sind nicht militärisch besetzt, sie entsprechen ziviler Führungskultur.

„Ich entscheide und ordne an.

Ich entscheide, bin aber bestrebt, meine Untergebenen zu überzeugen.

Ich entscheide, gestatte jedoch Fragen, um durch Antworten Akzeptierung zu erreichen.

Ich informiere über meine beabsichtigte Entscheidung, die Untergebenen können sich vor der Entscheidung äußern.

Die Gruppe entwickelt Lösungsvorschläge und priorisiert diese. Ich entscheide mich für die von mir favorisierte Lösung.

Ich zeige das Problem auf und lege den Entscheidungsraum fest, die Gruppe erarbeitet Lösungen und entscheidet.

Die Gruppe entscheidet, ich fungiere als Koordinator nach innen und nach außen."

(Zitiert nach Keller 2006: 153)

Keller unterscheidet die Typen im Führungsverhalten folgendermaßen: „Die ersten vier Typen lassen außer Kommentaren keine Teilhabe der Untergebenen zu und entsprechen eher dem Typus der Befehlstaktik. Der fünfte Typus umschreibt ziemlich genau das Verfahren der Stabsarbeit der Bundeswehr, bei welchem der Vorgesetzte das Problem vorgibt, der Stab Lösungsvorschläge erarbeitet und priorisiert, der Vorgesetzte dann aber entscheidet. Mit dem sechsten Typus wird ein Bild beschrieben, in welchem der Vorgesetzte einen Verantwortungsraum für den nachgeordneten Bereich konstruiert, in welchem die Untergebenen dann Handlungsfreiheit haben. Die Formulierung des Items ‚Ich zeige das Problem auf und lege den Entscheidungsraum fest, die Gruppe erarbeitet Lösungen und entscheidet' entspricht demnach dem Kern dessen, was Führen mit Aufträgen ausmacht." (Keller 2006: 152) Das Ergebnis seiner Befragung fasste Keller folgendermaßen zusammen: „Drei Viertel der befragten Offiziere bleiben in der Selbstbeschreibung ihres Führungsverhaltens noch hinter dem Beteiligungsverfahren der Stabsarbeit zurück und nur 10 Prozent definieren für sich ein Verfahren, das eher der Auftragstaktik entspricht. Es kann nun der Einwand kommen, wenn hier bei den Items die bundeswehrtypischen Formulierungen gebraucht worden wären, hätten sich viel mehr Soldaten für die Auftragstaktik entschieden. Dem ist wohl so, diese Items beschreiben allerdings das tatsächliche Verhalten und rufen keine Reaktion auf ein wertgeladenes Schlagwort hervor. Wer Auftragstaktik verstanden hat und anwendet, kann unmöglich die Verhaltensweisen der ersten Items für sich in Anspruch nehmen." (Ebd.: 154)

Es stellt sich nun die Frage, ob die Ausweitung des Kreises der Befragten und damit auch der Dienstränge Folgen hätte für das Ergebnis. Deshalb wurde eine entsprechende Frage in die Streitkräftebefragung des Jahres 2003 aufgenommen. Diese Streitkräftebefragung war methodisch eine standardisierte schriftliche Befragung einer repräsentativen Auswahl von Soldatinnen und Soldaten aller Dienstgradstufen in einer Auswahl von Verbänden, bei der alle Teilstreitkräfte bzw. militärischen Organisationsbereiche in entsprechender Quotierung berücksichtigt waren. Es handelte sich also um eine Querschnittsbefragung ohne Berücksichtigung der Wehrverwaltung. Durch die Auswahl der Verbände konnte ein repräsentatives Gesamtbild über die Wissensbestände, Einstellungen und Meinungen der Soldatinnen und Soldaten der Truppe gewonnen werden. BMVg, Ämter, Stäbe und höhere Kommandobehörden wurden mit diesem Instrumentarium dagegen nicht erfasst. Das Ergebnis basiert auf der Befragung von 1 510 Soldatinnen und Soldaten.

Die Ergebnisse lassen erkennen, dass der in der Bundeswehr als vorherrschend erfahrene Führungsstil zum Befragungszeitpunkt recht autoritativ geprägt war: Mehr als ein Fünftel der Befragten stimmte im Blick auf seine Berufswirklichkeit dem folgenden Satz zu: „Der Vorgesetzte entscheidet und ordnet an." Als eher autoritativ sind auch die mit folgenden Formulierungen skizzierten Führungsstile zu kennzeichnen: „Der Vorgesetzte entscheidet, strebt aber auch zu überzeugen" und „Der Vorgesetzte entscheidet und gestattet Rückfragen" und „Der Vorgesetzte entscheidet und erbittet Rückfragen". Die Alltagswirklichkeit von 64,3 Prozent der Soldatinnen und Soldaten war deren eigener Einschätzung nach von diesen vier, als autoritativ zu charakterisierenden Führungsstilen geprägt. Dass der Vorgesetzte informiert und den Untergebenen Äußerungsmöglichkeit gibt, erfuhren lediglich 21,6 Prozent, dass die Untergebenen als Gruppe entscheiden und der Vorgesetzte eine koordinierende Rolle spielt, kam im Arbeitsalltag nur bei 1,8 Prozent der Untergebenen vor.

Es verwundert nicht, dass die Soldatinnen und Soldaten sich zu einem großen Teil einen stärker partizipativen, kooperativen Führungsstil wünschten: Nur 8 Prozent meinten, dass ein straff autoritativer Führungsstil herrschen sollte und sprachen sich für „Der Vorgesetzte entscheidet und ordnet an" aus. Allerdings hielten auch 46 Prozent, also fast die Hälfte der Befragten, einen eher autoritativen Führungsstil für angemessen. Die berufliche Prägung dürfte erklären, dass Soldaten auch daheim, im Kreise der Familie, einen „autoritativen Erziehungsstil" gegenüber den Kindern bevorzugen. (Näser-Lather 2011: 459)

Abbildung 4.1: Führungsstile

Datenbasis: SOWI-Streitkräftebefragung, Datenerhebung Herbst 2003.

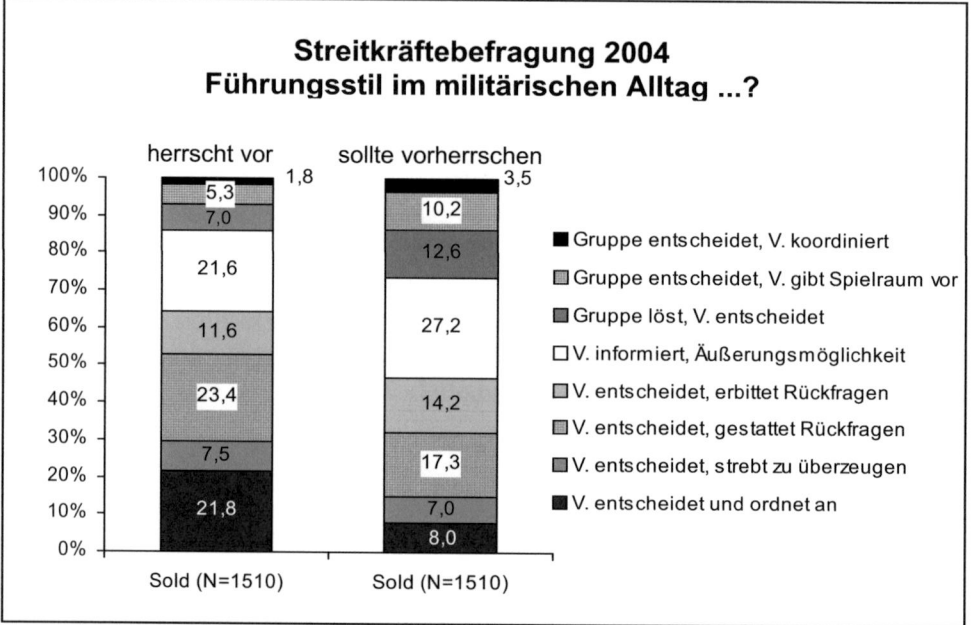

> Soldaten und Soldatinnen wünschen sich mehrheitlich einen stärker kooperativen und partizipativen Führungsstil von ihren Vorgesetzten.

Bei etwa der Hälfte der Befragten steht nach diesem Ergebnis zu erwarten, dass sie einen starken Wunsch verspüren, sich mit ihren Fähigkeiten und Fertigkeiten stärker einbringen zu dürfen in den Dienstalltag. Wenn ihnen das dauerhaft erschwert oder verweigert wird, dann besteht bei den von ausschließlich streng autoritativen Führungsstilen Betroffenen – davon ist die betriebspsychologische Forschung überzeugt – die Gefahr ‚innerer Kündigung'.[15]

---

15 Vgl. zu Möglichkeiten produktiven Umgangs mit innerer Kündigung Richter 1999. Dass eine solche Haltung angesichts des für Streitkräfte typischen Umgangs mit Gewaltmitteln gefährliche Konsequenzen für Bundeswehr, Soldaten und Zivilisten haben kann, steht außer Frage. Gregor Richter weist darauf hin, dass innere Kündigung vor allem bei Nichterfüllung der „subjektiven in-

Die Fragestellung zielte nicht auf die Wirklichkeit in der Truppe und sie kann diese nicht so erfassen, wie sie tatsächlich ist. Sie erfasst nicht, wie Vorgesetzte mit Untergebenen tatsächlich umgehen und wie Untergebene mit ihren Vorgesetzten kommunizieren. Sie erfragte allein subjektive Meinungen, Einstellungen, Selbsteinschätzungen und Urteile der Befragten. Zusammengenommen ergeben die Ergebnisse ein für die Truppe repräsentatives Gesamtbild darüber, wie die Soldatinnen und Soldaten den Führungsstil in der Bundeswehr subjektiv wahrnehmen und welchen Führungsstil sie sich wünschen. Als sicher kann gelten, dass sogenannte 180-Grad- oder Aufwärtsbeurteilungen – also Bewertungen des Vorgesetztenverhaltens durch Untergebene und Gleichgestellte – ein wünschenswerter Ausdruck der Mitarbeiterbeteiligung wären, wofür es in der Bundeswehr auch schon einzelne Ansatzpunkte gibt.

Neue Untersuchungen, die an diese Befragung zu erfahrenem und erwünschtem Führungsstil anschließen, liegen bisher nicht vor.

---

dividuellen Laufbahnprojektion" erfolgt. (Richter 1999: 133) Für die Bundeswehr sind entsprechende Studien noch nicht angestellt worden, obwohl gerade das Thema Laufbahn bei Soldatinnen und Soldaten hoch aktuell ist. Statistisch ist die Beziehung zwischen innerer Kündigung und Laufbahnzufriedenheit erwiesen. Nach Überzeugung von Richter kommt es zur inneren Kündigung, wenn der „Innere Vertrag" zwischen Arbeitnehmer und Arbeitgeber nach Meinung des Arbeitnehmers gebrochen wurde. Innere Kündigung ist diesem Forschungsansatz nach eine „Ausweichstrategie", wenn die äußere Kündigung (aus welchen Gründen auch immer) nicht erfolgen kann, und wenn dem verbalen Protest keine großen Chancen auf Gehör zugesprochen werden. „Innere Kündigung kann eine ‚attraktive' Reaktionsform sein, wenn die Opportunitätskosten der Alternativen ‚exit' und ‚voice' sehr hoch sind." (Richter 1999: 121) Richter verweist aber auch darauf hin, dass der insgesamt eher kleinen Gruppe (16,6 Prozent der Befragten hatten „aktuell innerlich gekündigt", dagegen hatten 62,5 Prozent „noch nie innerlich gekündigt") von solchen Mitarbeitern, die innerlich gekündigt hatten – befragt wurden Mitarbeiter einer öffentlichen Verwaltungseinrichtung – die Gruppe derjenigen gegenüberstand, die ihre zeitweilige innere Kündigung schon wieder überwunden hatten, der größere Teil davon durch Selbsttätigkeit. „Innere Kündigung ist kein nicht-reversibler Prozess." (Richter 1999: 135) Ihr kann am besten gegengesteuert werden, wenn die Karriereinteressen und die subjektiven Laufbahnprojektionen der Mitarbeiter von der Personalführung und den Vorgesetzten berücksichtigt werden.

Allerdings lassen Untersuchungen im Zusammenhang mit der ökonomischen Modernisierung der Bundeswehr erkennen, dass die Soldatinnen und Soldaten sehr interessiert daran sind, ihre Kenntnisse und Fähigkeiten stärker in die Bundeswehr einzubringen. Sie stimmen – je höher der Dienstgrad und die Verantwortung desto mehr – in überwältigender Zahl der Aussage zu: „Wissen und Erfahrung der Soldatinnen und Soldaten werden im alltäglichen Dienstbetrieb nicht optimal genutzt." 71 Prozent der Offiziere, 66 Prozent der Unteroffiziere und 55 Prozent der Mannschaften stimmen diesem Satz zu. (Großeholz 2006a: 5, 19) Festgestellt werden konnte bei dieser Untersuchung auch, dass die Bereitschaft der Soldatinnen und Soldaten zum Mitdenken wie zur Mitwirkung bei Führungs- und Entscheidungsprozessen und zur Zusammenarbeit im Team groß ist. (Ebd.: 33)

Die Ergebnisse der Streitkräftebefragung 2006 sind geeignet, die früheren Ergebnisse zum erfahrenen respektive gewünschten militärischen Führungsstil zu ergänzen. So wurde beispielsweise 2006 die folgende Frage gestellt: „In welchen Bereichen Ihrer Dienststelle sehen Sie erhöhten Bedarf für Optimierungen und Verbesserungen?" Die Antwort bestätigt insofern die Ergebnisse aus der Streitkräftebefragung 2004 als die Arbeitszufriedenheit von 60 Prozent der Befragten genannt wird, neben den Dienst- und Arbeitsabläufen und der Organisation, die von ebenfalls 60 Prozent bzw. von 59 Prozent genannt werden. (Ebd.: 18) Arbeitszufriedenheit wurde bemerkenswerterweise deutlich seltener von den Mannschaften als Optimierungsfeld genannt als von den Stabsoffizieren und Offizieren.

> **Die bessere Nutzung von Wissen und Erfahrungen der Soldatinnen und Soldaten würde deren Arbeitszufriedenheit erhöhen.**

Ergänzt werden die durch die Befragung von Soldatinnen und Soldaten gewonnenen Ergebnisse durch die Befragung von Zivilisten, insbesondere von Jugendlichen und jungen Erwachsenen zwischen 16 und 25 Jahren, im Rahmen der Bevölkerungsbefragung, einer repräsentativen Befragung von deutschsprachigen, mindestens 16

Jahre alten Einwohnern der Bundesrepublik zur Bundeswehr und zu außen- und sicherheitspolitischen Themen. (Bulmahn 2004a) Im 2004 vorgestellten Ergebnisbericht zu der Bevölkerungsbefragung, die im Herbst 2003 durchgeführt wurde, wird festgehalten, dass ein wichtiger Grund für junge Menschen, nicht zur Bundeswehr zu gehen, in der Furcht besteht, dass man bei diesem Arbeitgeber „nur wenig selbst entscheiden" und „seine beruflichen Ziele nicht verwirklichen" kann: „Wir haben die jungen Männer, die sich für den Soldatenberuf interessieren, nach ihren Beweggründen gefragt. Am häufigsten genannt wurden das Interesse am Soldatenberuf, an moderner Technik und Waffen (78 Prozent), die Sicherheit des Arbeitsplatzes bei der Bundeswehr (74 Prozent), die Möglichkeiten, sich als Soldat persönlich weiterzuentwickeln (72 Prozent), der gute Ruf der Bundeswehr und ihrer Soldaten (70 Prozent) und die Herausforderung, die die militärische Ausbildung (66 Prozent) bzw. die Auslandseinsätze der Bundeswehr (64 Prozent) bieten. Fragt man dagegen die jungen Männer, die sich nicht für den Soldatenberuf interessieren, nach ihren Gründen, dann kommt man zu einem ganz anderen Bild. Die größten Befürchtungen sind, dass man als Soldat nur wenig selbst entscheiden kann (68 Prozent), seine beruflichen Ziele nicht verwirklichen kann (66 Prozent), einem das soldatische Leben mit Disziplin und Gehorsam nicht liegt (60 Prozent) und die Auslandseinsätze zu gefährlich sind (57 Prozent). Entscheidender als diese Befürchtungen ist für die nicht interessierten Jugendlichen jedoch, dass sie für sich attraktivere Alternativen sehen: die Möglichkeit, eine Ausbildung zu beginnen, die ihnen besser gefällt als eine militärische Ausbildung (73 Prozent) oder einen Beruf auszuüben, der ihnen mehr zusagt als der Soldatenberuf (86 Prozent)." (Bulmahn 2004a: 58)

Es ist unübersehbar: Viele junge Männer – junge Frauen wurden mit diesen Fragen nicht konfrontiert – ziehen es nicht in Erwägung, zur Bundeswehr zu gehen, weil sie zu geringe Selbstentfaltungspotentiale für sich sehen und wegen der Einordnung in einen von Befehl und Gehorsam geprägten Lebens- und Arbeitsvollzug Einschränkungen für sich erwarten, die sie nicht hinzunehmen bereit sind. Die neuesten Untersuchungen nach Aussetzung der Wehrpflicht lassen erkennen, dass die Bundeswehr die für Freiwillig Wehrdienst Leistende eingerichteten Stellen zwar besetzen kann, dass aber ein großer Teil der jungen Leute in den ersten Wochen den Dienst wieder quittiert. Auch wenn man das für normal und mit der im zivilen Raum üblichen Zahl von Ausbildungsabbrechern kompatibel hält, ist doch zu fragen, ob die Bundeswehr alles Notwendige tut, um Interessierte auch tatsächlich zu halten. Ein Forschungsprojekt am ZMSBw evaluiert die Integration der ersten Freiwillig Wehrdienstleistenden in der Bundeswehr.

> In ihrer Außendarstellung sollte die Bundeswehr stärker darauf hinweisen, dass militärische Funktionslogik und individuelle Selbstverwirklichungsansprüche kompatibel sind.

In der Vergangenheit wurde der Widerruf einer Verpflichtungserklärung zum Eintritt in die Bundeswehr häufig damit begründet, dass die Ausbildung nicht den Erwartungen der Rekruten entsprach. (Hinweise auf Begründungen für höhere Widerrufsraten bei den Offizieranwärtern der Crew VII/2007, Pietsch 2010: 2) Rückschlüsse darauf, wie die Integration in das militärische Leben von den jungen Menschen bis zur Aussetzung der Wehrpflicht empfunden wurde, konnten zu Zeiten der Wehrpflicht aus der Entwicklung der Zahl des Abschlusses einer ‚Widerruflichen Verpflichtungserklärung' gezogen werden. Eine solche Erklärung unterzeichneten junge Soldatinnen und Soldaten dann, wenn sie sich für einen Dienst als Offizier in der Bundeswehr interessierten, sich aber nicht sicher waren, ob sie diesen Beruf tatsächlich ausüben wollen. Sie hatten dann durch die Unterzeichnung der Widerruflichen statt einer Unwiderruflichen Verpflichtungserklärung die Möglichkeit, jederzeit ihren Vertrag bei der Bundeswehr auflösen zu können. Eine Widerrufliche

Verpflichtungserklärung stand für den Zeitraum von sechs Monaten in Geltung. Während dieser Zeit wurde der von diesem Recht Gebrauch machende Soldat bzw. seine Kameradin nicht befördert, hatte also Einkommenseinbußen hinzunehmen, erhielt aber eine Nachzahlung bei Verpflichtung. Etwa die Hälfte derjenigen jungen Männer, die sich für die Offizierlaufbahn bewarben, machte von dem Recht der Unterzeichnung einer Widerruflichen Verpflichtungserklärung Gebrauch. Bei den Soldatinnen war die Zahl signifikant höher: Fast alle Offizierbewerber (w) verpflichteten sich widerruflich. Beides galt für die drei Teilstreitkräfte und den Sanitätsdienst. Jeweils 20 bis 30 Prozent – bei den jungen Frauen sogar bis 35 Prozent – der Offizieranwärter (m/w), die eine Widerrufliche Verpflichtungserklärung unterzeichnet hatten, machen von dieser auch Gebrauch. Die Widerrufe in der Truppengattung Heer übertrafen die Widerrufe in den anderen Teilstreitkräften zahlenmäßig. Im Sanitätsdienst war die Zahl vernachlässigbar gering. Informationen zu den Hintergründen für dieses Verhalten der jungen Leute liegen nicht vor. Ein Teil wird sich möglicherweise den Dienst in der Bundeswehr anders vorgestellt haben und wollte deshalb ausscheiden. Ein anderer Teil hat möglicherweise einen anderen Ausbildungs- oder Studienplatz zugesprochen bekommen, der stärker den persönlichen Wünschen entsprach. Es mag sogar möglich sein, dass sich junge Soldatinnen vom Abschluss des Schuljahres bis zum Beginn des Studiums bei der Bundeswehr widerruflich verpflichteten, um während der Sommermonate ein geregeltes Einkommen zu haben. Über diese Punkte sind nur Spekulationen möglich.

Trotzdem ist die Zahl der Widerrufe der zuvor unterzeichneten Selbstverpflichtung hoch zu nennen, denn schließlich hatten die jungen Leute zuvor eher gute Erwartungen an die Bundeswehr. Aktuell, nach Aussetzung der Wehrpflicht, sind die Zahlen sogar noch höher. Hinsichtlich der Teilstreitkräfte zeigten sich bei der Inanspruchnahme des Widerrufs schon vor Jahren einige Unterschiede:

Abbildung 4.2: Widerrufe in den Teilstreitkräften nach Geschlecht (bezogen auf die Zahl der WRVE) für das Jahr 2007 (Angaben in Prozent)

Datenbasis: Personalamt der Bundeswehr (Gruppe Grundsatz, Dezernat 1).

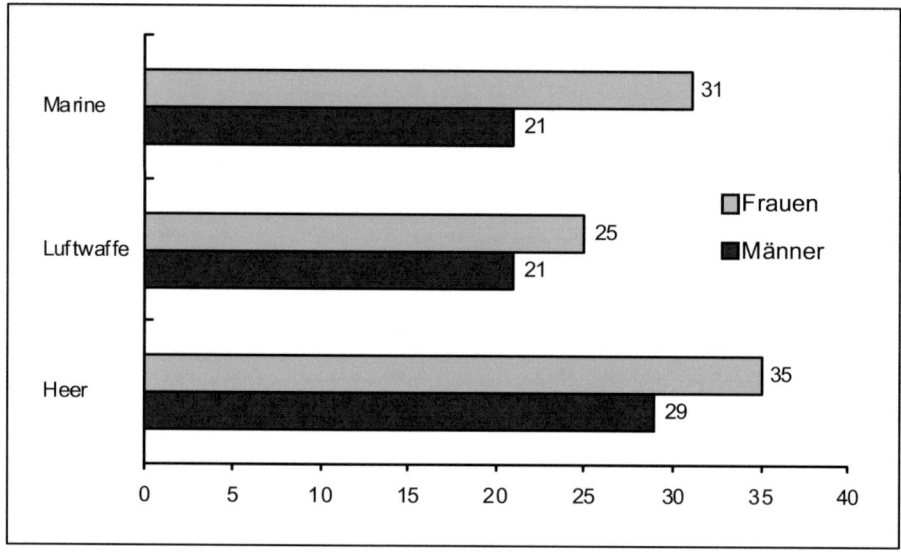

Die Zahl der Unterzeichnung solcher Widerruflichen Verpflichtungserklärungen hatte in den letzten Jahren der Geltung der Wehrpflicht ständig zugenommen. Gegenwärtig hat sich durch die Freiwillig Wehrdienst Leistenden die Lage weiter zuspitzt, wenn auch noch nicht abzusehen ist, wie die Zahlen der Ausbildungsabbrecher sich auf Dauer entwickeln. Die Freiwillig Wehrdienst Leistenden haben jetzt immer eine halbjährige Probezeit zu überstehen, während der sowohl der Dienstherr als auch sie selbst das Vertragsverhältnis aufkündigen können. Das geschieht aktuell bei einem Viertel bis einem Drittel der Freiwillig Wehrdienst Leistenden während der Grundausbildungsphase. Dass ein solches Widerrufs-Verhalten weitreichende Folgen für die Bundeswehr und ihren Umgang mit den Freiwillig Wehrdienstleistenden haben muss, ist offensichtlich. Man wird davon ausgehen können, dass jeder, der die Bundeswehr während des ersten halben Jahres seines Dienstes verlässt, schlecht über die Anforderungen, die sie an ihre Mitarbeiter stellt, spricht. D.h. mit einer negativen Multiplikatorenwirkung düfte zu rechnen sein. Das ZMSBw wird demnächst Studien dazu vorlegen.

Ein zweiter Problemkomplex ist damit verbunden: Planungssicherheit ist wegen der großen Zahl der Abbrecher für den Dienstherrn nicht gegeben. In Zeiten, in denen es zu wenig junge Menschen für die Vielzahl der Ausbildungsplätze gibt, muss die Bundeswehr in der Konkurrenz bestehen können.

Damit verbindet sich ein dritter Problemkomplex: Die Probleme der Personalwerbung und der Bindung des frisch geworbenen Nachwuchses spiegeln sich auch in den Ausbildungskompanien. Mancher Ausbilder mag schon hinter vorgehaltener Hand klagen, aus Angst, dass ‚die Herrschaften' wieder absprängen, würden sie während der Grundausbildung in ihren Ausbildungskompanien zu ‚lasch angefasst'. Das bedeutet aber auch, dass Ausbilder und Kameraden es mit ausgesprochen heterogenen Gruppen zu tun haben: Einige wollen unbedingt Soldat werden, andere haben den Eindruck, dass diese berufliche Laufbahn besser schnell wieder beendet werden sollte, wenn sich eine bessere Option bietet, und wieder andere stellen fest, dass die Bundeswehr überhaupt nicht die richtige Wahl für sie ist. Ausbilder müssen also damit rechnen, dass eine innere Bindung an den gewählten Beruf des Soldaten bei den jungen Menschen erst langsam wachsen muss. Nur bei einem Teil der Rekruten können sie damit rechnen, dass diese sich innerlich für den Beruf entschieden haben und grundsätzlich gewillt sind, dessen Härten zu tragen. Allerdings ist auch bei vielen von diesen eher militäraffinen Soldatinnen und Soldaten davon auszugehen, dass ihre Vorstellungen vom Soldatenberuf nicht unbedingt der Realität entsprechen. Dazu kommen bundeswehrinterne Diskussionen, die den Ausbildern wie den jungen Freiwillig Wehrdienstleistenden gegenwärtig den Dienst schwermachen: Soll die Bundeswehr zur ‚Härte' erziehen? (Dörfler-Dierken 2010b) Wie viel körperlicher Ertüchtigung bedarf es zur Erfüllung des Auftrags? Wie viel Drill ist vonnöten und wie wirkt sich der dann tatsächlich im Gefecht aus? Diese Fragen werden hier nur angedeutet, um hinzuweisen auf den Prozess, der ‚Neuausrichtung' der Bundeswehr genannt wird, und verbunden ist mit Auslandseinsätzen.

4.3.2 Selbstentfaltungs- und Wachstumsbedürfnisse

Die Untersuchungsergebnisse spiegeln den schon häufig beschriebenen Wertewandel, den die Gesellschaft in den letzten Jahrzehnten durchgemacht hat. Die sozialpsychologische Literatur unterscheidet zwischen Akzeptanz- und Selbstentfaltungswerten. Zu ersteren gehören: Gehorsam, Disziplin, Ordnung, Gemeinschaftsgefühl, Pflichtbewusstsein und Selbstlosigkeit. Der allgemeinen Forschungsmeinung nach verlieren gerade diese Werte an Zustimmung – sie „verloren ihre nahezu durchgängige gesellschaftliche Verbindlichkeit" –, während die ‚neuen' Werte, „die primär die Entfaltung des autonomen Individuums betonen", an Bedeutung gewonnen haben: Individualität, Chancengleichheit, Selbständigkeit, Selbstbestimmung und -verwirklichung. (Lippert in Zusammenfassung einschlägiger Studien 1995: 232) Streitkräfte sind verbreiteter Meinung nach abhängig davon, dass die Menschen, die in ihnen tätig sind, die sogenannten Akzeptanzwerte hoch schätzen.

„Postindustriell geprägte Streitkräfte sind derzeit schwer vorstellbar, weder vom Auftrag noch von der Organisation her. Zur Operationalisierbarkeit des Auftrags solcher Streitkräfte, ja über dessen inhaltliche Ausgestaltung liegen bislang keine Vorstellungen geschweige denn nationale oder internationale Evidenzen vor. Absehbar ist allerdings, daß das Nebeneinander alter und neuer Werte, innerhalb der Institution festgemacht an verschiedenen Soldatengenerationen – und damit auch an verschiedenen hierarchischen Ebenen im Militär –, weitere noch nicht absehbare emotionale Turbulenzen innerhalb der Streitkräfte zeitigen wird. Die Bundeswehr wird zunehmend zu einem identitäts- und integrationsgefährdenden ‚Wertespagat' gezwungen werden." (Ebd.: 232)

Die Argumente von jungen Menschen, warum sie sich nicht vorstellen können, zur Bundeswehr zu gehen, zeigen tatsächlich, dass sie von der Hochschätzung von Werten wie Selbstbestimmung und -verwirklichung getragen werden. Diese Überlegungen werden bestätigt durch Forschungen zu Soldatenfamilien. Die Erziehung von Soldatenkindern zeigt, dass viele militärisch sozialisierten Eltern „militärorigine Elemente in ihre Erziehung" integrierten (Näser-Lather 2011: 459) und ihre Erziehung an Pflicht- und Akzeptanzwerten ausrichteten. So besteht latent die Gefahr, dass die Soldatenfamilie sich von der Gesellschaft entfernt. Natürlich sind Pflicht- und Akzeptanzwerte auch im zivilen Leben notwendig und besonders im Berufsleben nicht verzichtbar – es geht hier nur um das Ausmaß der individuellen Orientierung an solchen Werten.

Ergänzt werden können diese Zusammenstellungen von Befragungsergebnissen durch Hinweis auf ein weiteres Fragenbündel aus den Befragungen des SOWI, das nicht nur in der Streitkräftebefragung 2003 (Sozialwissenschaftliches Institut der Bundeswehr 2004), sondern auch in der Bevölkerungsbefragung aus demselben Jahr aufgenommen war: „Wie wichtig sind für Sie persönlich die folgenden Eigenschaften?" lautete die Frage. Als Items vorgegeben waren Willensstärke, Entschlussfreude, Verantwortungsgefühl, Tapferkeit, Leistungsbereitschaft, Solidarität, Stilgefühl, Strebsamkeit, Gleichheit, Pflichtgefühl, Ehrgeiz, Toleranz, Gehorsam, Selbständigkeit, Gewissenhaftigkeit, Fürsorglichkeit, Selbstentfaltung und Fairness. Soldatinnen und Soldaten hatten andere Prioritäten als Zivilisten. Willensstärke, Leistungsbereitschaft, Pflichtgefühl, Ehrgeiz, Gewissenhaftigkeit und Gehorsam wurden von ihnen deutlich höher bewertet als von Zivilisten. Hier zeigt sich ganz offensichtlich eine Hochschätzung solcher Werte, die den Akzeptanzwerten zugerechnet werden. In der Bevölkerung werden dagegen diese Akzeptanzwerte weniger hoch geschätzt als die Selbstentfaltungswerte. Zu den Pflicht- und Akzeptanzwerten können beispielsweise gerechnet werden: Gewissenhaftigkeit, Pflichtgefühl, Gehorsam, Strebsamkeit. Zu den Selbstentfaltungswerten können beispielsweise gerechnet werden: Verantwortungsgefühl, Selbständigkeit, Selbstentfaltung.

Auffällig ist nun aber, dass Soldaten auch die Eigenschaft Selbständigkeit, die eher den Selbstentfaltungswerten zuzurechnen ist, signifikant höher schätzen als Zivilisten. Dazu treten dann eher soldatisch besetzte Werte wie Willensstärke, Entschlussfreude und Tapferkeit. Das Konfliktpotential in der Werthierarchie deutet auf Konfliktpotential in der militärischen Organisation hin.

Besonders interessant ist die Selbsteinschätzung der Soldaten und Zivilisten bei der Frage nach dem Gehorsam. Während von den ‚Staatsbürgern ohne Uniform' nur 20 Prozent Gehorsam als wichtige persönliche Eigenschaft einschätzen, sind es bei den Staatsbürgern mit Uniform genau doppelt so viele. Für beide Gruppen gilt, dass

Gehorsam in der jeweiligen Selbsteinschätzung keine so wichtige Eigenschaft ist wie Verantwortungsgefühl, Leistungsbereitschaft oder Fairness. Man kann also den Eindruck gewinnen, dass Soldaten gerade in ihrer Akzeptanz von Gehorsam als wichtiger persönlicher Eigenschaft sich von Zivilisten unterscheiden. Sie könnten damit zu erkennen geben, dass sie sich mit den bundeswehrtypischen Sprachregelungen angefreundet haben. Allerdings fällt auf, dass der nach Meinung der Soldaten seitens der Bundeswehr geforderte Gehorsam noch viel höher ist, als sie selbst gehorsam sein wollen.

Abbildung 4.3: Wichtige Eigenschaften: Soldaten und Bevölkerung im Vergleich (Angaben in Prozent)

Datenbasis: SOWI-Bevölkerungs- und Streitkräftebefragung 2004.

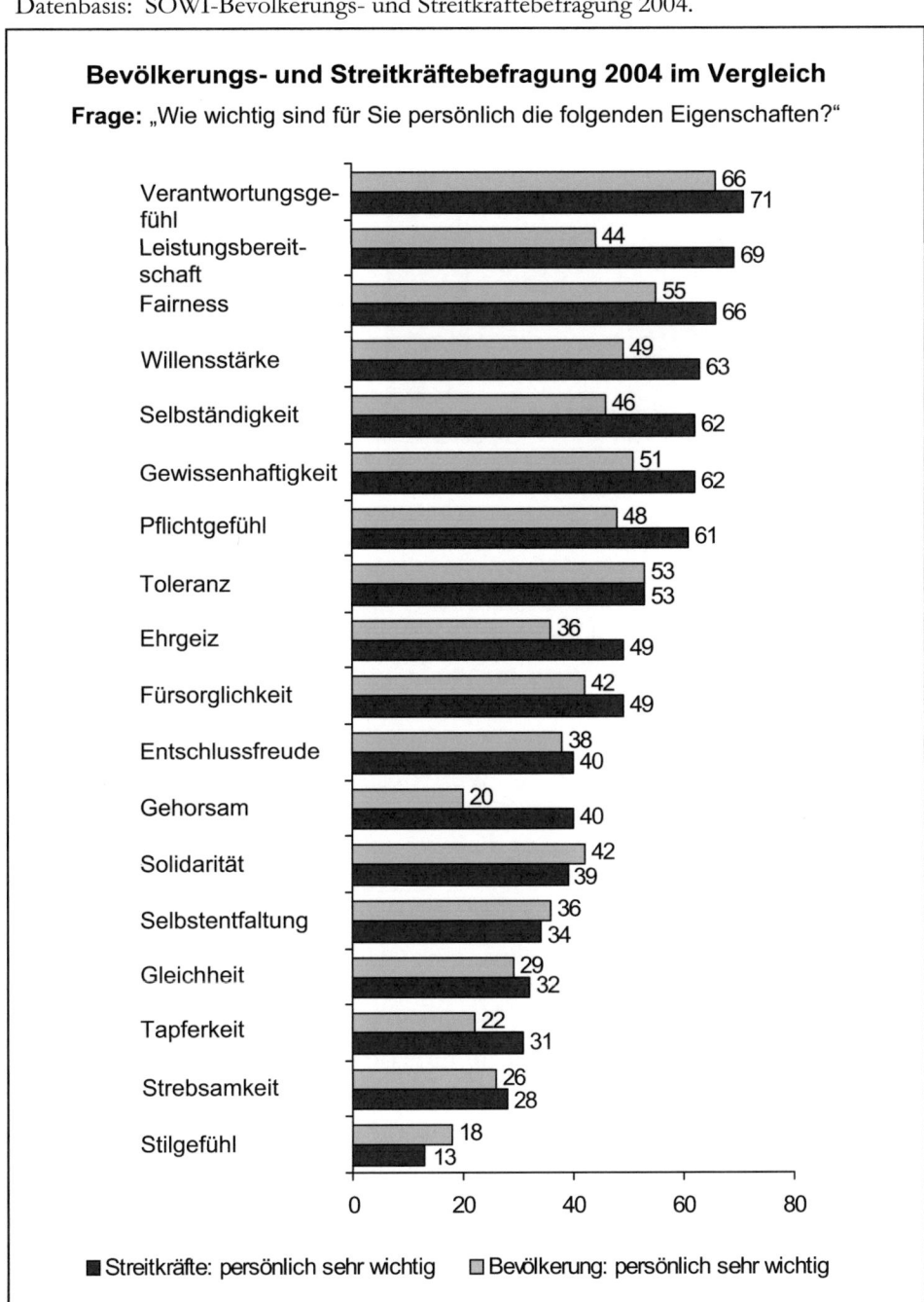

Abbildung 4.4: Gehorsam als wichtige Eigenschaft (Angaben in Prozent)
Datenbasis: SOWI-Bevölkerungs- und Streitkräftebefragung 2004.

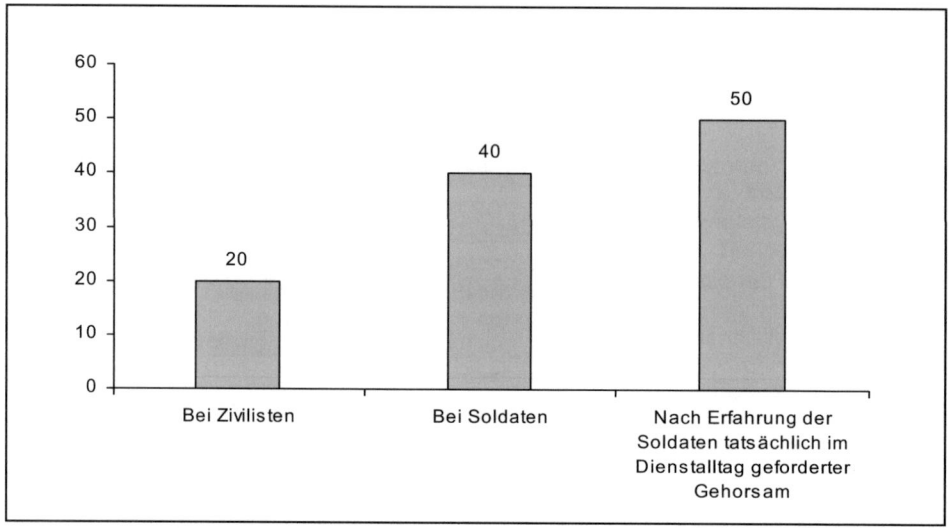

Ältere militärische Vorgesetzte sind eher von Pflicht- und Akzeptanzwerten, junge Soldatinnen und Soldaten – Grundwehrdienstleistende und Freiwillig länger dienende Soldaten (wohl auch gegenwärtig die Freiwillig Wehrdienstleistenden, veröffentlichte Studien liegen noch nicht vor) – dagegen eher von Selbstverwirklichungswerten geprägt. „An der Spitze der Werteordnung stehen bei den Grundwehrdienstleistenden (GWDL) und freiwillig länger Wehrdienstleistenden (FWDL) die Punkte *Fairness*, *Willensstärke*, *Selbständigkeit* und *Leistungsbereitschaft*. Ebenfalls im oberen Bereich finden sich die Punkte *Verantwortungsgefühl* und *Pflichtgefühl*, denen jedoch nicht der Stellenwert beigemessen wird, wie das bei der älteren Generation [von Soldaten, ADD] der Fall ist. Klassische soldatische Tugenden wie *Tapferkeit* und *Gehorsam* spielen für die jungen Wehrpflichtigen und Zeitsoldaten eine eher untergeordnete Rolle." (Sozialwissenschaftliches Institut der Bundeswehr 2006: 2)

Wenn die Bundeswehr weiterhin darauf beharrt, dass Akzeptanzwerte in dem derzeit geforderten und gegebenenfalls durch soldatische Erziehung zu vermittelnden Maß für die Diensterfüllung notwendig sind, dann steht nicht nur zu befürchten, dass ihre Nachwuchsprobleme ein bedenkliches Ausmaß annehmen, sondern auch, dass die Verteidigungsfähigkeit Deutschlands leidet: Einsätze in fernen Ländern fordern den ganzen Menschen mit Leib und Seele; anerzogener und äußerlicher Gehorsam dürfte in vielen Situationen nicht helfen. Wenn in der Gesellschaft keine Bereitschaft für die Beteiligung am Dienst in den Streitkräften besteht (weil deren Werte als abständig beurteilt werden), dann – das ist die zweite Überlegung – droht die Bundeswehr zum Fremdkörper in der Demokratie zu werden. Wenn die sogenannten Selbstentfaltungswerte, denen sich die meisten wehrfähigen jungen Menschen verpflichtet fühlen, mit der Demokratie kompatibel sind, dann sollten sie das eigentlich mit der Armee in der Demokratie auch sein.

Selbstentfaltungswerte und Verteidigungsfähigkeit sind keine Gegensätze.

Schon in den 1990er Jahren wurde auf die hier angesprochenen Probleme aufmerksam gemacht: „Die Auswirkungen der Veränderungen in Staat, Gesellschaft und Wirtschaft auf das Leben in einer militärischen Gemeinschaft, das immer noch durch eine Vielzahl überflüssiger Restriktionen belastet ist, müssen in ihrer Gesamtheit eingehend diskutiert werden. Möglicherweise würden dann manche alten Zöpfe, wie Zapfenstreich, Kasernierungszwang, Revierreinigen vor Dienstbeginn usw. abgeschafft werden. Viele Kameraden, die die 1970er und achtziger Jahre in der Bundeswehr erlebt haben, werten die heutigen Verhältnisse eher als einen Rückschritt in Richtung Überbetonung unzeitgemäßer militäreigentümlicher Formalien, die junge mündige Staatsbürger immer mehr abschrecken. (…) Es gilt, eine moderne, auf den Auftrag ausgerichtete Armee zu schaffen, die überzeugend die Werte repräsentiert, die der Soldat letztendlich verteidigen soll. Grundstellung, Meldung, Gruß gehören sicherlich nicht dazu. Insgesamt bietet sich hier ein weites Betätigungsfeld für die Innere Führung, um der Ausprägung eines eigenen militärinternen sozialen und kulturellen Gefüges in Staat und Gesellschaft vorzubeugen (Staat im Staat). Der Soldat in unserer heutigen Zeit gibt sich nicht mehr mit Befehlen zufrieden, sondern erwartet eine ausreichende Information und Begründung. Die Soldaten sind selbstbewusster, haben ihre eigenen Wertvorstellungen und wollen eigenverantwortlich tätig sein und gefordert werden. Es reicht nicht mehr aus, Innere Führung scheibchenweise an den Mann bringen zu wollen, sondern Staatsbürger in Uniform und Innere Führung müssen im Gesamtzusammenhang erläutert werden und jedem Soldaten müssen die Werte, die sich dahinter verbergen, klar werden." (Zentrum Innere Führung, Bereich 1: Bundeswehr/Streitkräfte in der Demokratie. Staatsbürger in Uniform und Innere Führung auf dem Weg ins nächste Jahrtausend – ein Positionspapier. Koblenz 1999: 43 = Privatarchiv Oberst a. D. Dieckhoff)

4.3.3 Menschenführung
Menschenführung in Ausbildung und Studium

Belastbare Erkenntnisse des ZMSBw zu den Freiwillig Wehrdienstleistenden bei Heer, Luftwaffe und Marine liegen noch nicht vor. Ältere Untersuchungen fokussierten immer den Schock, den es für junge Menschen bedeutete, aus dem zivilen Leben heraus und in eine – tendenziell – totale Institution (Erving Goffman; zur Diskussion der Begrifflichkeit und ihrer Anwendung auf die Bundeswehr vgl. Piecha 2006: 32–37; 106–109, ohne Berücksichtigung des Lebens im Feldlager während des Einsatzes) einzutreten. Die letzte einschlägige Untersuchung dazu hat Julika Bake vorgelegt, die als Mitarbeiterin der Hessischen Stiftung für Friedens- und Konfliktforschung Rekruten im Wachbataillon befragt hat. Sie fasste ihre Ergebnisse folgendermaßen zusammen: „Wehrdienstleistende nehmen die Bundeswehr auch heute noch als totale Institution wahr. Denn während sich Aufgabenfelder und Arbeitsweise geändert haben, sind die grundlegenden militärischen Organisationsprinzipien die gleichen geblieben. Wie zu Zeiten eines deutlich anderen Kontextes stoßen sich die Neueinberufenen am rauen Umgangston und dem erwarteten Befehlsgehorsam (…). Als neue Soldaten müssen sie sich unterordnen und Kontrolle abgeben; sie müssen lernen, sich ihren Vorgesetzten zu fügen und Vertrauen in sie zu haben." (Bake 2009: 123) Bakes Interviews wurden vor der Einführung des Freiwilligen Wehrdienstes abgeschlossen. Da die Ausbilder und Vorgesetzten zum Teil dieselben sind wie vor Abschaffung der Wehrpflicht und die Ausbildungsvorschriften zwar in einigen Details, aber noch nicht grundsätzlich neu geregelt sind, steht nicht zu erwarten, dass die im Folgenden referierten Ergebnisse überhaupt nicht mehr zutreffen.

Unter den Teilstreitkräften hat einzig die **Marine** tieferen Einblick in ihre vorakademische Ausbildung des Offiziernachwuchses gewährt. Sie hat ihre Marineoffizieranwärter schon seit 2005 ausführlich befragen lassen – schon lange bevor die Ereignisse auf der Gorch Fock die breitere Öffentlichkeit in Deutschland erschüttert haben. (Sender 2009; Pietsch 2010) Schon damals hat sich gezeigt, dass die jungen Leute ihre seemännische Basisausbildung auf dem Segelschulschiff vor allem deshalb kritisierten, weil sie das Verhältnis zu einigen Ausbildern der Stammbesatzung als problematisch empfanden. In der Kritik standen auch das persönliche Verhalten von Vorgesetzten und die Art ihrer Dienstführung. (Pietsch 2010: 76) Unter den Gründen für den Widerruf der Verpflichtungserklärung wurden zwar Probleme mit Vorgesetzten nicht auffallend häufig genannt, es zeigte sich aber, dass unter den Determinanten der Zufriedenheit im Offizierlehrgang insbesondere der Anerkennung durch die Vorgesetzten – nach der Zufriedenheit mit den Ausbildungsinhalten – eine herausgehobene Stellung zukommt. (Sender 2009: 153–155, 122) Neben der Vorbereitung auf die spätere Verwendung und den Ausbildungsinhalten wirkt im ersten Ausbildungsjahr die Anerkennung durch die Vorgesetzten am stärksten auf die Zufriedenheit der Marineoffizieranwärter mit ihrer Ausbildung. (Pietsch 2010: 120) Neun von zehn Befragten gaben an, dass gute Vorgesetzte für sie wichtig sind, vier von zehn Befragten erwarteten nicht, solche zu erleben. „Für insgesamt 90 Prozent der Befragten ist es wichtig, freundliche und verständnisvolle Vorgesetzte zu haben, wobei nur 38 Prozent glauben, später solche Vorgesetzte bei der Bundeswehr anzutreffen." Ebd.: 49)

Insgesamt nahm die Identifikation der Soldatinnen und Soldaten mit ‚ihrer' Marine im Verlauf der Offizierausbildung zu, aber die Erwartungen an den Arbeitgeber Bundeswehr gingen deutlich zurück. Immer mehr zweifelten daran, dass sie später geregelte Dienstzeiten haben würden, dass sie einmal Familie und Dienst vereinbaren könnten. (Ebd.: 110–112) Wenn das Vertrauen in den Dienstherrn in den ersten Ausbildungsjahren leicht zurückging, dann wurde das auch mit negativen Erfahrungen mit Vorgesetzten begründet. (Ebd.: 145f.)

Zu Beginn der Ausbildung geben je nach Crew zwischen 50 und 60 Prozent an, Berufsoffizier werden zu wollen, weniger als zehn Prozent lehnen dies ab, ein Drittel ist unentschieden. Am Ende der Ausbildung in Mürwik will noch ein knappes Drittel später Berufssoldat werden, etwa ein weiteres Drittel ist unentschieden, der Rest spricht sich dagegen aus. Im Crewvergleich ist dieses Muster stabil. (Ebd.: 108f.)

Hinsichtlich künftiger Anforderungen durch den Dienst belastet die Befragten der beiden befragten Crews in erster Linie die Trennung vom Partner bzw. der Partnerin durch die Seefahrt: 68 Prozent bzw. 54 Prozent sehen diesen Punkt mit Sorge. Auch wenn sich die Marineoffiziere im Studium über persönliche Mobilität und die Trennung von der Familie durch die Seefahrt mehrheitlich kaum oder keine Sorgen machen, so steht diesen Aspekten jedoch etwa jeder Dritte mit Sorge gegenüber. (Ebd.: 141–143)

Etwa ein Drittel der Studierenden an den **Universitäten der Bundeswehr** ist mit der Betreuung durch die militärischen Vorgesetzten nicht zufrieden. Nur 59 Prozent der Studierenden an der Universität der Bundeswehr (UniBw) Hamburg und 68 Prozent der Studierenden an der UniBw München sind mit der Betreuung durch die militärischen Vorgesetzten zufrieden. (Bulmahn et al. 2010: 51)

Bedenkenswert sind in Hinblick auf die Bundeswehruniversitäten vor allem die mit den Stichworten „Berücksichtigung der akademischen Aufgaben durch militärische Vorgesetzte" und „Berücksichtigung der militärischen Aufgaben durch das Lehrpersonal" bezeichneten Punkte der Unzufriedenheit. Sie verweisen auf ein strukturelles Problem: Im Unterschied zu den Studierenden ziviler Universitäten sind diejenigen an den Bundeswehruniversitäten ‚gespalten': Sie sind nicht Menschen, die sich Eintritt in die Welt der Wissenschaft verschaffen wollen, die nach einem Fachstudium sich beruflich orientieren und etablieren wollen, sondern im Gegenteil solche, die studieren müssen, um den Beruf, für den sie sich entschieden haben, ausüben zu dürfen. Während des Studiums bleiben die angehenden Offiziere mental Soldatinnen und Soldaten, selbst wenn sie sich in

Zivilkleidung auf dem Campus bewegen und ihre Lehrveranstaltungen besuchen. Der Unterschied zwischen der auf Dozentenseite erfahrbaren Stimmung zwischen der zivilen und der militärischen Universität besteht in der Atmosphäre, die ihm als akademischen Lehrer bzw. Lehrerin entgegenschlägt: Er oder sie ist Repräsentant der Zivilgesellschaft, die – so sehen es viele Studierende – dem eigenen militärischen Beruf ablehnend gegenüber steht. Ob das Urteil richtig und empirisch zu verifizieren ist oder nicht, ist für die Wahrnehmung der Studierenden gleichgültig, denn Projektionen sind nicht immer empirisch verifizierbar. Dazu kommt, dass Studierende in den Augen der Dozenten Menschen sind, die erst einmal etwas lernen müssen; die Studierenden an den Bundeswehruniversitäten sind ihrem Selbstverständnis nach dagegen schon im Beruf angekommen. Sie erhalten ein ordentliches Gehalt, das sich nicht gravierend von dem eines Wissenschaftlichen Mitarbeiters an der Universität unterscheidet – zumindest, wenn man die ‚Naturalbestandteile' des Gehalts (Unterkunft, freie Heilfürsorge etc.) einkalkuliert. Häufiger als zivile Studierende sind Soldatinnen und Soldaten schon während der Zeit ihres Studiums fest an einen Partner gebunden oder verheiratet. Und dazu kommt der entscheidende Aspekt: Die größten Schwierigkeiten hatten die Studierenden mit den individuellen Leistungsanforderungen des Hochschulstudiums. Da mag es ihnen wie allen Studierenden gehen – aufgrund der mentalen Struktur der Soldatinnen und Soldaten im Studium, ihrer Berufs- und Lebenssituation, ihres noch wenig ausgeprägten Verständnisses der Berufsrolle Soldat und ihrer Schwierigkeiten mit der Berufsrolle Student sind die oben diskutierten Probleme nachvollziehbar und unvermeidbar, solange man nicht Studium und Offizierausbildung stärker trennt oder für die Zeit des Studiums die Anforderungen des Soldatischen energisch zurück schneidet.

Die Mehrheit der Studierenden hat Vertrauen in die Bundeswehr (54 Prozent). Bei vielen ist das Vertrauen seit Dienstbeginn jedoch zurückgegangen (59 Prozent). (Bulmahn et al. 2010: 82ff.) Als Grund für den Vertrauensrückgang wurden auch soziale Probleme benannt, vor allem Konflikte mit Vorgesetzten. (Ebd.: 11) In diesem Zusammenhang wird die zusätzliche Belastung durch die Auslandseinsätze als problematisch empfunden, vor allem, da diese nach Ansicht von einigen Befragten nicht entsprechend vergütet wird. Mehr noch als die militärischen Missionen an sich, wird in diesem Kontext die Betreuung vor und nach den Einsätzen als nicht ausreichend kritisiert. (Ebd.: 85)

Menschenführung im Einsatz

Gegenwärtig sind die Diskussionen in Öffentlichkeit, Politik und Bundeswehr vom Thema Einsatz bestimmt. Diskutiert wird vor allem der ISAF-Einsatz in Afghanistan. Zusammenfassend ist festzuhalten: Zwei Drittel der im Rahmen der Panelstudie ISAF 2010 befragten Soldatinnen und Soldaten waren mit ihren unmittelbaren Vorgesetzten im Einsatz zufrieden. (Bericht Beirat 2012: 51) Deren Sozial- und Fachkompetenz wurden mehrheitlich positiv bewertet. Beides wirkte deutlich auf Vertrauen sowie Zufriedenheit mit den Vorgesetzten seitens der Untergebenen. (Bericht Beirat 2012: 52–54) Mit wachsender sozialer Distanz nimmt die Zufriedenheit mit den (nächst-)höheren Vorgesetzten ab. Nur jeder Dritte (34 bzw. 33 Prozent) vertraute höheren militärischen Vorgesetzten bzw. der Kontingentführung. Nicht einmal jeder Zehnte hatte das für den militärischen Einsatz notwendige Vertrauen in die Politik. Allerdings hatten 43 Prozent der im Einsatz befragten Soldatinnen und Soldaten des 22. Kontingents ISAF Erfahrungen mit dem „Versagen von Vorgesetzten in gefährlichen Situationen" gemacht. (Empfang Militärattachés, 29.11.2011)

Führung im Afghanistaneinsatz musste vor allem im Jahr 2010 mit Erfahrungen mit Beschuss, Gefechten und Schusswechseln rechnen. Zum Befragungszeitpunkt im Einsatz hatte bereits mehr als ein Drittel des Kontingents Erfahrungen mit feindlichem Beschuss. Etwa ein Fünftel berichtete zudem, aktiv an einem Schusswechsel teilgenommen zu haben. Beinahe jeder Dritte gab an, Verwundung oder auch Tod von Kameraden persönlich erlebt zu haben. (Seiffert 2012: 87) Zwar waren die Gefahrenpotenziale zwischen den Standorten und Aufgabenbereichen ungleich verteilt, bemerkenswert war jedoch, dass die objektiv unterschiedlichen Belastungssituationen des Einsatzalltages subjektiv als gleich belastende Beanspruchung wahrgenommen wurden. Die Feindbedrohung bildete den gemeinsamen

Bezugsrahmen für die Wahrnehmung des Einsatzes. Selbst diejenigen, die das Lager während ihres Einsatzes nie verließen, fühlten sich in hohem Maße durch Gefahren, die von Aufständischen ausgingen, bedroht. „Der Einsatzalltag der Soldatinnen und Soldaten war (…) geprägt von einer diffusen Bedrohung, die auch von vielen empfunden wurde, die das Lager während ihres Einsatzes nicht oder nur selten verlassen haben und nie in ein Gefecht involviert waren. (…) Ein Einsatz kann so als ‚Sozialisierungsinstanz' wirken und zur Entstehung einer kollektiven Identität beitragen. Es können sich eigene sozio-kulturelle Praktiken, Verhaltensmuster und Einsatzidentitäten herausbilden (…)." (Seiffert 2012: 88) Auch diese Daten und Überlegungen stellen die Vorgesetzten – sowohl die unmittelbaren wie die höheren – vor herausfordernde Führungsaufgaben.

> **Die bekannten Probleme der Menschenführung in Ausbildung, Studium und Einsatz erfordern eine breite Diskussion innerhalb der Bundeswehr über dieses zentrale Gestaltungsfeld der Inneren Führung.**

Abbildung 4.5: Belastungsempfinden
Datenbasis: Befragung im Einsatz.

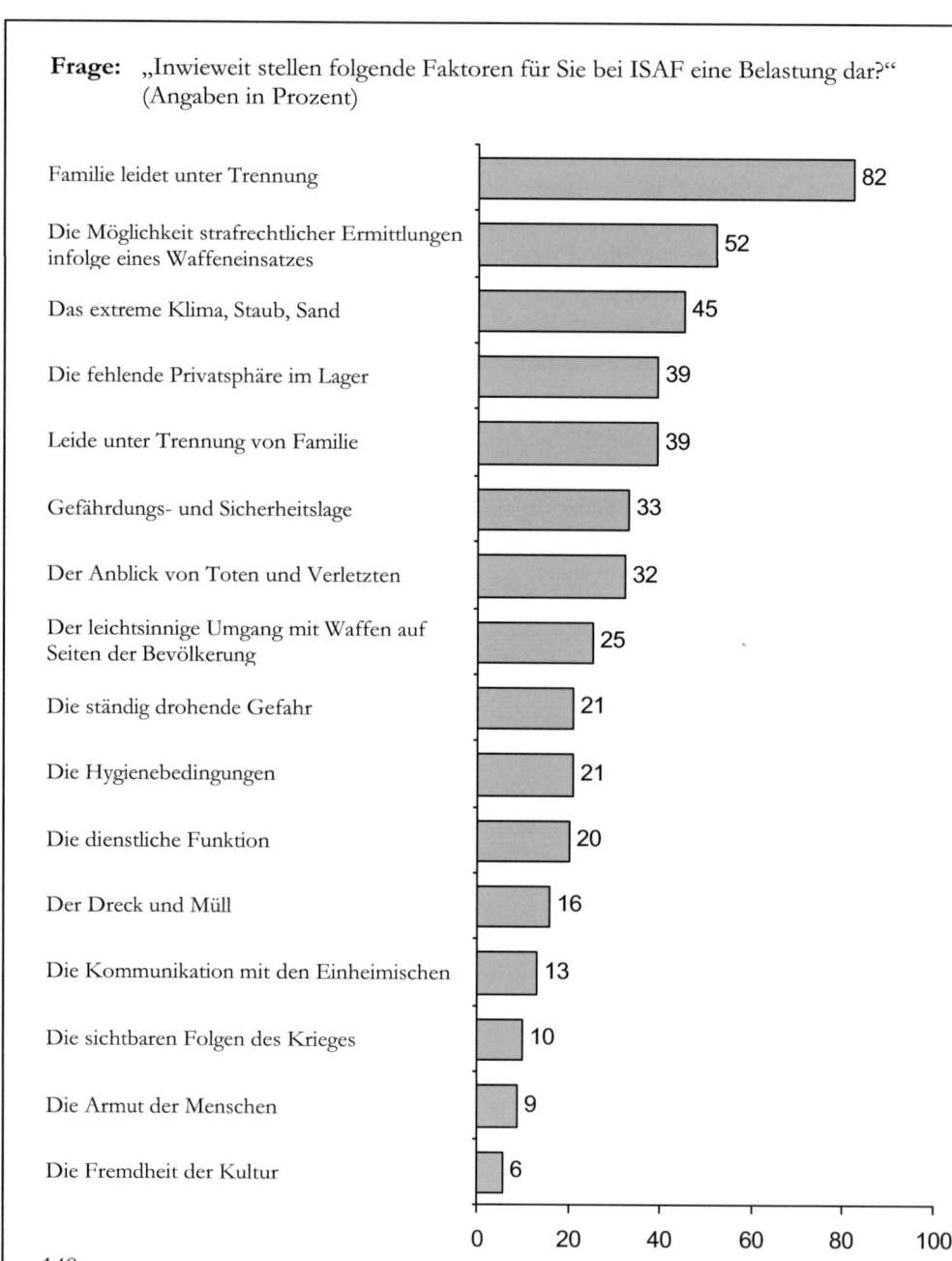

Dass die eigene Familie unter der Trennung von dem in Afghanistan tätigen Angehörigen leidet, ist der mit Abstand größte Belastungsfaktor für die Soldatinnen und Soldaten im Einsatz. (Empfang Militärattachés, 29.11.2011) Bekannt ist, dass gerade diese Belastung im Verein mit weiteren Stressoren, wie dem Einsatz speziell in Kunduz und einem jüngeren Lebensalter (unter 25 Jahren), das Risiko eklatant erhöht, an einer Posttraumatischen Belastungsstörung zu erkranken.

> Die einsatzbedingte Belastung durch die Trennung des Soldaten bzw. der Soldatin von seiner/ihrer Familie – insbesondere das Wissen darum, dass die Familie unter der Trennung leidet – wirkt auf junge Soldatinnen und Soldaten stark belastend und erhöht das individuelle Risiko der Entstehung einer PTBS.

Eine Studie zu den **EUFOR Soldaten** in Bosnien-Herzegowina aus dem Jahr 2006 (Paschotta: 2006) hat gezeigt, dass das Vertrauen der deutschen Soldatinnen und Soldaten in ihre Vorgesetzten geringer ist als das der Soldatinnen und Soldaten aus anderen Nationen in deren Vorgesetzte. Eine weitere einsatzbegleitende Studie zu Soldatinnen und Soldaten der Bundeswehr zeigte, dass die deutschen Soldaten im Vergleich zu den anderen Nationen das niedrigste Vertrauen in ihren unmittelbaren Vorgesetzten und (mit) das geringste Vertrauen in ihre höheren Vorgesetzte aufweisen. (Leonhard et al. 2008: 207) Wie weiterführende Auswertungen zeigten, hängt das Vertrauen in den Vorgesetzten nicht mit dessen Nationalität zusammen. Mithin konnte das geringe Vertrauen der deutschen Soldaten nicht auf die Tatsache zurückgeführt werden, dass diese von Vorgesetzten anderer Nationen geführt wurden. (Leonhard et al. 2008: 214)

> Die Analyse des Verhältnisses von Untergebenen zu ihren Vorgesetzten mithilfe des Kontrukts Vertrauen zeigt, dass Soldatinnen und Soldaten der Bundeswehr in deutlich geringerem Maße ihren Vorgesetzten vertrauen als Angehörige anderer Armeen.

Bisher sind keine Diskussionen über die Frage bekannt, ob Soldatinnen und Soldaten überhaupt zwingend Vertrauen in ihre Vorgesetzten, die Führung und die politische Leitung der Bundeswehr haben müssen. Vertrauen ist zwar soziales ‚Kapital', mit dem Vorgesetzte ‚wuchern' können, wenn es ihnen entgegengebracht wird – Vertrauen kann aber gerade im militärischen Bereich auch zur Begründung von unbedingter und unhinterfragter Gefolgschaft instrumentalisiert werden. Vielleicht ist es also ganz gut, wenn Bundeswehrsoldaten ihren Vorgesetzten kritischer gegenüberstehen als Soldaten anderer Nationen den ihren. Schließlich ist daran zu erinnern, dass gerade die Innere Führung von den Untergebenen fordert, Befehle ihrer Vorgesetzten an Recht, militärischer Lage und ihrem eigenen Gewissen zu messen. (Vgl. o. Kapitel 3.3 und 3.5)

Während im soldatischen Bereich immer wieder die Bedeutung des Vertrauens zwischen Untergebenen und Vorgesetzten herausgestrichen und untersucht wird, wird im zivilen Bereich – aber auch in der Bundeswehr – häufig die Frage der Arbeitszufriedenheit untersucht: „Bitte geben Sie an, wie zufrieden sie mit folgenden Aspekten ihrer Arbeit sind: unmittelbare Kolleginnen und Kollegen, unmittelbare/r Vorgesetzte/r". Auf diese Frage antworteten immerhin 84 Prozent der Mitarbeiter des Sozialdienstes mit „sehr zufrieden" oder „eher zufrieden" mit den Kolleginnen und Kollegen, 57 Prozent mit „sehr zufrieden" oder „eher zufrieden" mit den unmittelbaren Vorgesetzten. (Richter 2011: 35) „Eher unzufrieden" oder „unzufrieden" waren mit den Kolleginnen und Kollegen nur 5, mit den unmittelbaren Vorgesetzten nur 16 Prozent der Befragten. (Ebd.) Es wäre zu prüfen, ob die Analyse der Arbeitszufriedenheit im soldatischen Bereich nach Einführung der neuen ZDv 10/1 Innere Führung (2008) innerhalb der Bundeswehr zeigen würde, dass diese jetzt etwa ebenso groß ist wie im zivilen. Die oben zitierte Studie von Großeholz (2006a) zeigte deutlichen Nachbesserungsbedarf im Bereich Arbeitszufriedenheit.

Die Analyse der Arbeitswirklichkeit in der Bundeswehr mithilfe des Konstrukts Arbeitszufriedenheit lässt eine hohe Zufriedenheit bei den Zivilbeschäftigten erkennen.

Nicht verglichen worden sind bisher die Ergebnisse, die sich bei der Verwendung unterschiedlicher analytischer Konstrukte, die sich hinter Arbeits- bzw. Berufszufriedenheit einerseits und Vertrauen andererseits verbergen, ergeben. Grundsätzlich unterscheiden sich Arbeitszufriedenheit als auf die gegenwärtige Arbeitssituation abzielend und Berufszufriedenheit als langfristigere Haltung. (Langer 2004: 485) Es fällt auf, dass das Analyseraster, das auf einen hochkomplexen Mehrebenenbegriff wie ‚Vertrauen' im Unterschied zu dem einfacher strukturierten Begriff ‚Arbeitszufriedenheit' abzielt und die Kategorie ‚Vertrauen' zu den unmittelbaren Vorgesetzen in Beziehung zu dem in die höheren Führungsebenen in der Bundeswehr bis hin zur Politik stellt, möglicherweise einen irreführenden Eindruck von der Zufriedenheit der in Uniform in der Bundeswehr tätigen Menschen erweckt. Die Verwendung des Konstrukts ‚Vertrauen' gehört aus der Untergebenenperzeption in das Wortfeld von militärischer Gemeinschaft und Kameradschaft. Der jeweils ferner Stehende wird mit jeweils mehr Misstrauen beäugt als der Bekannte, dem man ‚in die Augen' sehen kann. Zudem ist Vertrauen eine weitaus komplexere Konstruktion als Arbeitszufriedenheit, weil Grunddimensionen menschlicher Selbstdeutung damit angesprochen werden. (Vgl. zur Bedeutung von Vertrauen in verschiedenen Arbeitszusammenhängen die Aufsätze in Dalferth/Peng-Keller 2012) ‚Arbeitszufriedenheit' ist dagegen ein distanzierteres Konstrukt, ein Begriff ohne quasireligiöse oder tiefenpsychologische Dimensionen und Konnotationen. Wenn die Höhe des subjektiv von den Soldatinnen und Soldaten empfundenen Vertrauens gegenüber Kameraden und Anderen gemessen wird, dann sind damit noch nicht die Konstruktionsbedingungen dieser Selbstwahrnehmung bestimmt.

Neben Vertrauen und Arbeitszufriedenheit gibt es ein drittes Analysekonstrukt in unserem Kontext: Gerd Strohmeier (2007; 2011) hat weder mit den Konzepten ‚Arbeitszufriedenheit' noch ‚Vertrauen' seine Analysen bei der Bundespolizei und den Mitgliedern des Bundeswehrverbandes vorgenommen; er hat vielmehr mit dem Konstrukt ‚Berufszufriedenheit' gearbeitet. Es wäre genauer zu überprüfen, wie sich Berufszufriedenheit zu Arbeitszufriedenheit verhält und wie sich Berufszufriedenheit auf die unterschiedlichen Dimensionen von Vertrauen auswirkt. Gemeinsam ist allen Studien Strohmeiers zu

Bundespolizei (2011) und Bundeswehr (2007), dass viele der im hoheitlichen Bereich tätigen Menschen sich durch die mit ihrem Dienst gestellten Aufgaben überlastet und vom Dienstherrn nicht genügend gewürdigt und anerkannt fühlen, so dass sie ihren Kindern nicht empfehlen würden, in die eigenen beruflichen Fußstapfen zu treten.

> **Die Analyse der Berufszufriedenheit von Soldatinnen und Soldaten offenbart Kritik am Dienstherrn.**

Vor diesem Hintergrund ist es auffällig, dass die Auslandseinsätze der Bundeswehr überhaupt mit gegenwärtig bis zu 10 000 Soldatinnen und Soldaten gleichzeitig beschickt werden können. Ebenso auffällig ist, dass es – soweit bekannt – keine Flut von Anträgen, die Bundeswehr zu verlassen oder vorzeitig in den Ruhestand zu gehen, seitens der Soldatinnen und Soldaten gibt. Es könnte auch auf der je eigenen Dienstgradebene der Kameraden Kohäsion durch Abgrenzung zu den Vorgesetzten erzeugt werden. Unzufriedenheit mit dem Beruf, der Arbeit, mangelndes Vertrauen in Vorgesetzte – das wären nach dieser Deutung weniger Indikatoren für objektive Probleme, die Steuerungshandeln erfordern, als Indikatoren einer spezifischen Organisationskultur, die Identität durch 'Meckern' erzeugt. Schließlich kann man sich schnell mit den Kameraden einig fühlen, wenn man den jeweiligen Vorgesetzten kritisiert. Dadurch entsteht eine spezifische ‚Gruppenwärme', derentwillen viele Soldatinnen und Soldaten gerne Dienst tun.

Ihr berufliches Selbstverständnis ziehen viele Soldatinnen und Soldaten aus der Anforderung des militärischen Dienstes, im äußersten Fall das eigene Leben einzusetzen oder andere Menschen zu töten. Das steht „in extremstem Widerspruch zum Anspruch von Art.1, Abs. 1, Satz 1 GG (‚Die Würde des Menschen ist unantastbar.')". (Meyer 2009: 17) Die Bereitschaft, selbst den Tod zu erleiden oder Schaden an Körper und Seele zu nehmen, und nötigenfalls auch andere Menschen zu töten, macht deutlich, dass Menschenwürde sehr wohl antastbar ist. Damit müssen sich Soldatinnen und Soldaten immer wieder auseinandersetzen. Die Erfahrung der Vulnerabilität des Menschen wirkt stark verunsichernd.

4.3.4 Führung und Geschlecht

Die Integration von Frauen in die Bundeswehr ist weit fortgeschritten. Die rechtlichen Rahmenbedingungen sehen die völlige Gleichbehandlung und Gleichberechtigung von Frauen und Männern vor. Allerdings sind immer noch nur relativ wenige Frauen in den Streitkräften tätig. Noch längst ist nicht die Zielmarke von etwa 15 Prozent Frauen in allen Laufbahnen und Statusgruppen erreicht. Gegenwärtig sprechen zwar fast 8 Prozent weniger Soldaten den Soldatinnen die Eignung für die Ausübung der Vorgesetztenfunktionen ab als noch vor wenigen Jahren (Rückgang von 23 auf 15 Prozent), und auch die Zahl der Männer, die die Ansicht vertreten, Soldatinnen nähmen ihnen ihren Arbeitsplatz in den Streitkräften weg, ist deutlich zurück gegangen (auf 12 statt vorher 23 Prozent). (Kümmel 2008: 106) Das heißt aber noch nicht, dass das Geschlechterverhältnis in der Bundeswehr auf einem guten Weg wäre. Wenn nämlich die Soldatinnen nach ihren Erfahrungen mit sexueller Belästigung gefragt werden, ergeben sich Einblicke in einen von latentem Sexismus bestimmten Arbeitszusammenhang. Deutlich mehr als die Hälfte der Soldatinnen fühlten sich durch entsprechende Bemerkungen belästigt, fast jede zweite kannte „unerwünschte körperliche Berührungen". Zu vermuten ist, dass das bei vielen Angehörigen der Truppe vorherrschende Verständnis der im Soldatengesetz zur Pflicht gemachten Kameradschaft sich auf diejenige zu männlichen Geschlechtsgenossen beschränkt. Deshalb fordert Gerhard Kümmel (2008), das Gender- und Integrationstraining wieder einzuführen und zu institutionalisieren, um die Daueraufgabe der Integration von Frauen und das damit verbundene Management von Diversität zu bewältigen.

Abbildung 4.6: Problemlagen: Sexuelle Belästigung von Frauen (Angaben in Prozent)

Datenbasis: Projekt Frauen in der Bundeswehr. Sozialwissenschaftliche Begleituntersuchungen zur Integration von Frauen in die Bundeswehr. Vgl. Kümmel 2008: 76f.

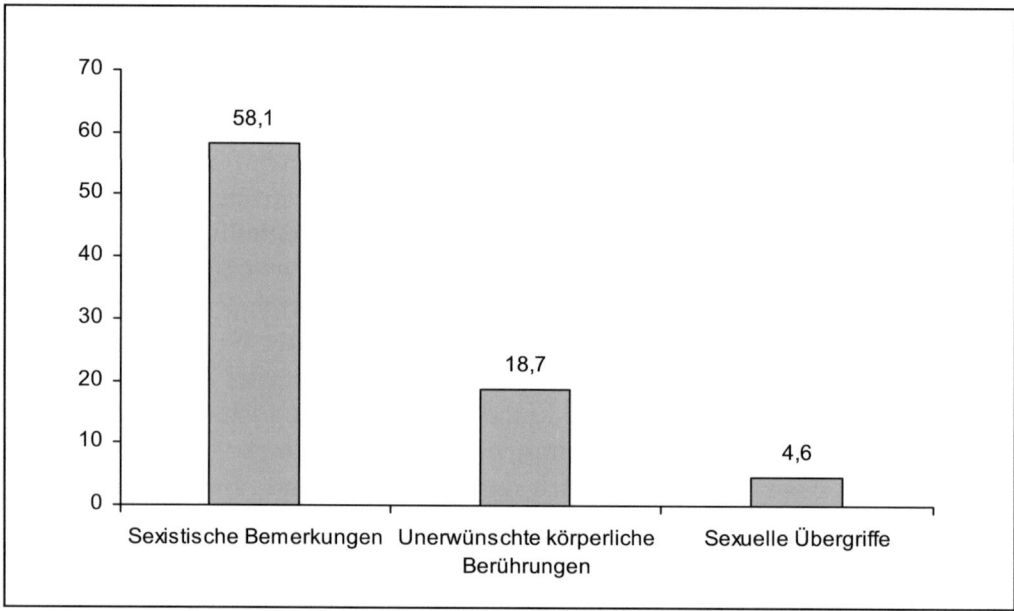

Meist werden Vorfälle sexueller Belästigung von den Betroffenen nicht gemeldet: 76 Prozent der Frauen, die angegeben hatten, sexuell belästigt worden zu sein, gaben an, dass sie den Vorfall nicht gemeldet hatten. Als Grund dafür nannten sie ihre Erwartung, dass für sie persönlich nichts dabei herauskommen würde, und es für Frauen in der Bundeswehr eher noch schwieriger würde. (Kümmel 2008: 80)

Abbildung 4.7: Warum haben Sie den Vorfall nicht gemeldet? (Angaben in Prozent)
Datenbasis: Projekt Frauen in der Bundeswehr. Sozialwissenschaftliche Begleituntersuchungen zur Integration von Frauen in die Bundeswehr. Kümmel 2008: 80.

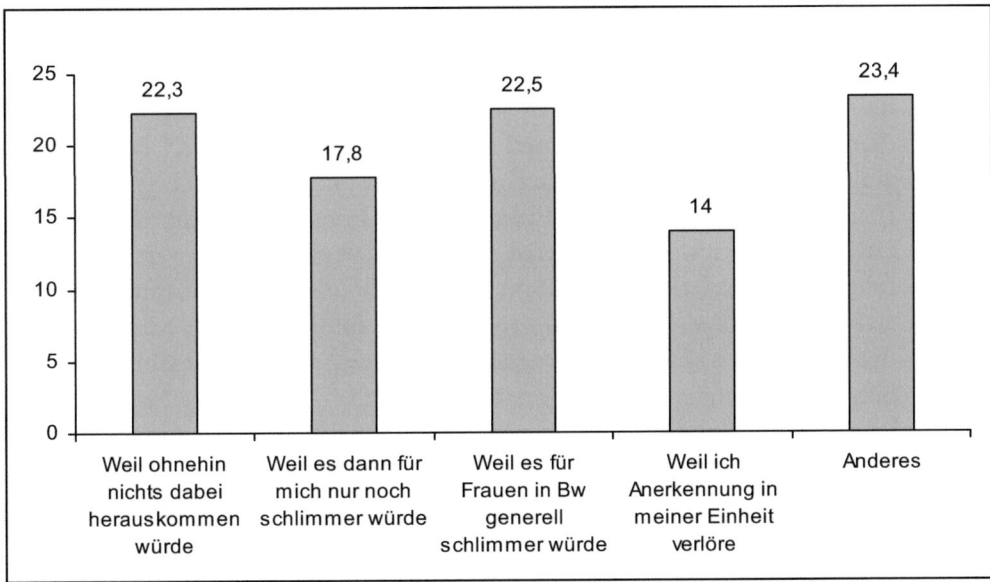

Auch diejenigen Frauen, die die sexuelle Belästigung gemeldet hatten, wurden nach ihren Erfahrungen mit dem Umgang ihrer Vorgesetzten mit den Problemen gefragt: 20 Prozent gaben an, dass ihrer Beschwerde nicht nachgegangen wurde, 24 Prozent berichteten von einer in die Länge gezogenen Untersuchung. Eine – nach Meinung der Betroffenen – schnelle Aufklärung der Vorfälle gab es nur in 56 Prozent der Meldungen. Erfreulicherweise gaben 65 Prozent der Betroffenen, die den Vorfall gemeldet hatten, bei der Befragung zu ihren Erfahrungen mit dem Umgang mit der Meldung an, dass die Belästigungen nach der Meldung aufhörten. Merkwürdig mutet die Angabe der Betroffenen an, dass 44 Prozent der von den Frauen gemeldeten Täter nicht bestraft wurden und dass die Frauen der Meinung waren, 17 Prozent der Täter seien zu niedrig bestraft worden. Den Eindruck, dass ihre Belästiger angemessen bestraft wurden, hatte nur gut ein Drittel der Frauen, die eine sexuelle Belästigung gemeldet hatten. (Kümmel 2008: 83)

Die Integration der Frauen in die Bundeswehr wird vor dem Hintergrund des Soldatinnen- und Soldatengleichstellungsgesetzes seitens der Bundesregierung kontinuierlich begleitet. Am 30. November 2011 wurde der „Dritte Erfahrungsbericht der Bundesregierung" zu diesem Gesetz veröffentlicht. (Deutscher Bundestag, 17. Wahlperiode, Drucksache 17/8073) In allen Laufbahnen außer im Sanitätsdienst (wo Soldatinnen aktuell 41,07 Prozent der Stellen besetzen) sind die Frauen noch deutlich unterrepräsentiert und die gesetzlich festgesetzte Quote von 15 Prozent aller Dienstposten, die mit Frauen besetzt werden sollen, wird noch weit verfehlt, auch wenn zweifellos die Zahl der Soldatinnen schon deutlich zugenommen hat. (Ebd.: 10f.) Der Bericht kommt zu dem Schluss, „dass nur wenige der im zivilen Gleichstellungsrecht gewonnenen Erfahrungen auf den militärischen Bereich übertragbar sind." (Ebd.: 31) Normalität im Umgang der Geschlechter und mit den Problemen, die sich aus Familiensituation, Kinder- und Altenbetreuung ergeben, würde – so prognostiziert der Bericht – sich erst dann einstellen, „wenn Soldatinnen (…) vermehrt in Vorgesetztenfunktionen eingesetzt werden." (Ebd.) Insgesamt aber verlaufe die Integration von Frauen positiv und problemlos. Allerdings sollten die bestehenden Möglichkeiten zur Teilzeit- und Telearbeit noch weiter verbessert werden und die militärischen Gleichstellungsbeauftragten sollen „in Vorgänge im Bereich der Inneren Führung (Diskriminierung, vermeintliche Benachteiligung von Frauen, Sexualität)" einbezogen werden. (Ebd.: 33)

Abbildung 4.8: Problemlagen: Vertrauen in weibliche Soldaten im Geschlechtervergleich (Angaben in Prozent)

Datenbasis: Projekt Frauen in der Bundeswehr. Sozialwissenschaftliche Begleituntersuchungen zur Integration von Frauen in die Bundeswehr. Kümmel 2008: 90.

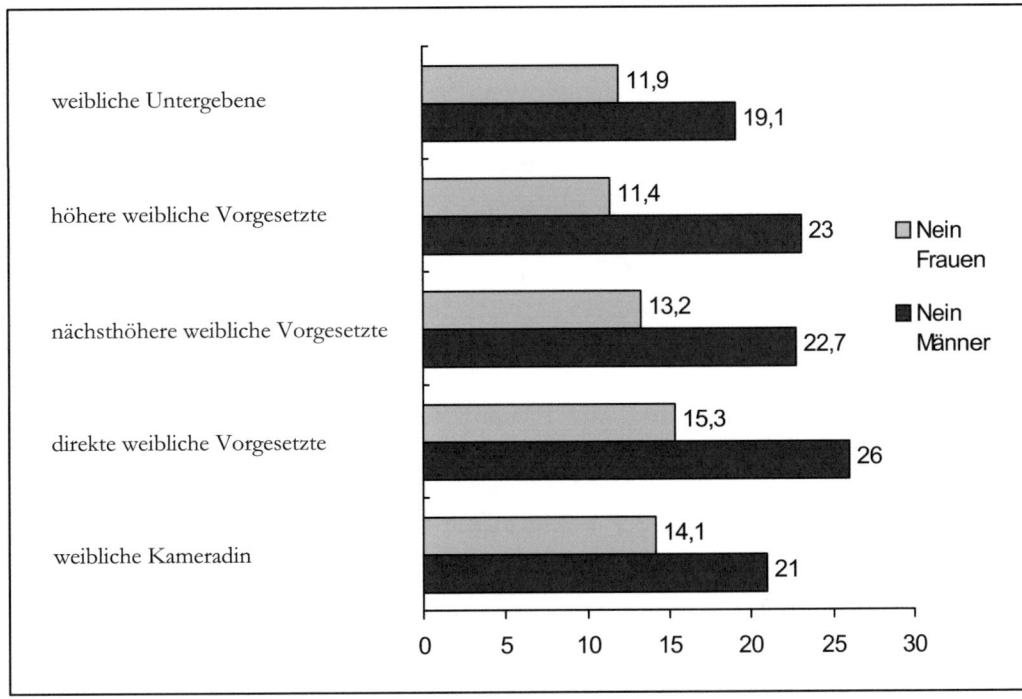

Bei anonymen Befragungen zeigt sich, dass das Vertrauen der Männer in weibliche Vorgesetzte erschreckend gering ist, auch wenn es einen gewissen Rückgang des Vertrauensschwundes in den letzten Jahren gab. Von einer Normalisierung des Verhältnisses der Geschlechter in der Bundeswehr kann aber noch nicht gesprochen werden.

4.3.5 Führung und Diversity

In den letzten Jahren ist eine Diskussion nicht nur um die Integration von Frauen, sondern auch von Homosexuellen und Menschen mit Migrationshintergrund oder anderer als christlicher bzw. atheistischer religiöser Prägung in der Bundeswehr entstanden. Jeweils geht es um die Integration von Minderheiten, die im Kameradenkreis schnell als solche zu erkennen sind bzw. sich als solche zu erkennen geben müssen. Man kann natürlich diskutieren, ob man die hier beispielhaft genannten Gruppen tatsächlich unter den einen gegenwärtig modischen Oberbegriff ‚diversity' zusammenfassen soll (Menke et al. 2011 tun das; vgl. auch Kümmel 2012) – es geht hier aber darum, hinzuweisen auf die Notwendigkeit, interkulturelle Sensibilität und Kompetenz nicht nur den Menschen im Einsatzland, sondern auch den Anderen in der eigenen militärischen Gemeinschaft entgegen zu bringen und die kulturelle wie religiöse Unterschiedlichkeit der Soldatinnen und Soldaten als Ressource zu begreifen. Wer – wie viele Muslime – aus Überzeugung kein Schweinefleisch essen mag, hat Anspruch auf Rindfleisch, auch in seiner EPA. Der achtungsvolle Umgang mit den Überzeugungen und Verhaltensweisen von Kameradinnen und Kameraden ist ein Gradmesser für die Umsetzung der Inneren Führung, die Pluralismus der Ansichten und Verhaltensweisen nicht nur als erfahrungsgemäß gegeben anerkennt, sondern explizit fördert.[16] Zusammenfassend kann festgestellt werden, dass auf der Ebene der Vorschriften (fast) alles gut geregelt ist, dass aber auf der Ebene der Praxis Bedarf an der Weiterentwicklung sozialer und interkultureller Fähigkeiten nachweisbar ist. (Menke et al. 2011) Davon legen in Bezug auf eigene Kameradinnen und Kameraden immer wieder nicht nur die Berichte des Wehrbeauftragten Zeugnis ab, sondern auch Untersuchungen zur Integration von Muslimen in der Bundeswehr und in anderen Armeen (Menke/Langer 2011). Interkulturelle Kompetenz braucht die Bundeswehr aber auch in der Zusammenarbeit mit Soldatinnen und Soldaten anderer Nati-

---

16   Es ist übrigens ein falsches Gerücht, dass Diversität erst in den letzten Jahren in Streitkräften eingezogen ist. Schon im römischen Heer (Geldmacher/Rauch 2012) wie bei den Österreichern (Hallmann 2012), in der Fremdenlegion (Klein 2012) und in den USA (Michalowski 2012) gab es Strategien des Umgangs mit ethnischer, religiöser und nationaler Unterschiedlichkeit. Die Integration von Muslimen in die Bundeswehr (Tomforde 2012) und die Anerkennung von Menschen unterschiedlicher sexueller Orientierungen (Uhlmann/Scheel 2012; Thiel 2012) sind Indikatoren für die ethische Qualität einer Gesellschaft und in der Bundeswehr vorbildlich rechtlich geregelt (Gronimus 2012).

onen wie in der mit den Menschen im Einsatzland, die vor allem entweder als Kameraden der Afghanischen Nationalarmee oder als Einheimische in Kontexten der Gesprächsaufklärung in den Blick kommen. Phil C. Langer hat herausgearbeitet, dass die Ausbildung in Interkultureller Kompetenz besonders bei den Mannschaften intensiviert werden sollte, weil sie überdurchschnittlich häufig mit der einheimischen Bevölkerung in Kontakt kommen. (2012: 131) Ungeklärt ist bisher, wie positive Lernerfahrungen im fremden Einsatzland gesichert oder negative Lernerfahrungen reflexiv bearbeitet werden können. (Ebd.: 132f.)

> Maßnahmen zur weiteren Förderung von Interkultureller Kompetenz – sowohl in Bezug auf die eigenen Kameradinnen und Kameraden als auch in Bezug auf Menschen in den Einsatzgebieten der Bundeswehr – sind wünschenswert.

Allerdings ist auch darauf hinzuweisen, dass interkulturelle Kompetenz in fremden Kontexten eine Ressource ist, die auch entgegen ihrem Ziel und Richtungssinn eingesetzt werden kann, „da kultur- und religionsspezifisches Wissen die effektivsten Demütigungs- und Folterpraktiken begründen kann." (Langer 2012: 134) Überdies sei zu fragen, ob die Zuschreibung der Verantwortung für das Gelingen militärischer Aufträge an das einzelne – letzte, in der Befehlskette unten stehende – Individuum nicht dessen strukturelle Überforderung bedeuten muss. (Ebd.: 135)

4.3.6 Führungsverantwortung für die Gestaltungsfelder der Inneren Führung

Führungsverantwortung für Politische Bildung

Politische Bildung ist gegenwärtig vor allem hinsichtlich der sogenannten ‚Neuen Rechten' und des Afghanistaneinsatzes gefragt. Während der ‚Sinn' des Afghanistaneinsatzes in Politik, Gesellschaft, Kirchen und Bundeswehr durchaus kontrovers diskutiert wird, ist die Notwendigkeit des Ergreifens von Maßnahmen gegen rechtsextremistische Tendenzen in der Bundeswehr unbestritten. 2012 hat eine Kleine Anfrage einiger Politiker der Fraktion Bündnis 90/Die

Grünen (Deutscher Bundestag: Drucksache 17/8559 vom 7. Februar 2012) anlässlich der Probleme der Polizei, die Straftaten der Terrorzelle des Nationalsozialistischen Untergrundes (NSU) aufzudecken, der inzwischen zehn Morde zur Last gelegt werden, den Blick auf die Bundeswehr gelenkt, speziell auf deren Universitäten, den Reservistenverband, den Verband deutscher Soldaten und den Militärischen Abschirmdienst. Gefragt wurde hier nach verschwundenem Sprengstoff aus Bundeswehrbeständen, aber unter anderem auch nach Erkenntnissen des SOWI im Hinblick auf rechtsextremistische Tendenzen in der Bundeswehr.

Die Ergebnisse der Untersuchungen von politischen Vorstellungen und Einstellungen der Studierenden an den Universitäten der Bundeswehr zeichneten das Bild einer politisch hoch involvierten und interessierten Studentenschaft, die sich stärker als die Gesamtbevölkerung informiert, was angesichts der Forderung nach dem Staatsbürger in Uniform und mit Blick auf die innere Lage der Bundeswehr als sehr positiv zu bewerten ist. (Bulmahn et al. 2010: 12, 115) Zwar spiegelt die Zustimmung der Studierenden zu spezifischen Politikzielen deren mehrheitlich liberal-konservatives Weltbild und damit im Wesentlichen auch deren Parteipräferenzen wider, aber ein Anteil von teilweise mehr als einem Viertel der Studierenden neigt auch solchen Politikzielen wie z. B. einem Stopp der Zuwanderung nach Deutschland zu. (Ebd.: 13, 134) Zwar stimmt nur ein kleinerer Teil, insgesamt 13 Prozent, mindestens vier von sechs Politikzielen der Neuen Rechten zu und weist damit eine gewisse Affinität zu deren politischen Vorstellungen auf, aber insbesondere die Zustimmung zu ethnischer Homogenität, die Kritik am Parlamentarismus und das Elitedenken dieser Gruppe verweist auf die Notwendigkeit größerer Anstrengungen im Bereich der Politischen Bildung. (Ebd.: 13, 134–137).

> **Die Politische Bildung der Soldatinnen und Soldaten der Bundeswehr sollte weiter intensiv betrieben und kontinuierlich evaluiert werden.**

Führungsverantwortung für Recht und soldatische Ordnung

In der Befragung im Einsatz der Panelstudie ISAF 2010 gibt es Hinweise auf Ambivalenzen in Bezug auf den Einsatz von **Waffengewalt**, was eine sehr wichtige Führungsaufgabe für die Vorgesetzten markiert. Die Hälfte der Soldatinnen und Soldaten gibt als Grund an, nicht wieder an einem Auslandseinsatz teilnehmen zu wollen, dass die Gefahr bzw. Möglichkeit strafrechtlicher Ermittlungen infolge eines Waffeneinsatzes bestünde. Diese Befürchtung wurde von der der Befragten unabhängig von der Dienstgradgruppe oder dem Aufgabenbereich geäußert. (Pietsch 2012: 115–117)

> **Es gehört zur Kultur der Inneren Führung, sich der Probleme beim Einsatz von Waffen bewusst zu sein.**

Im Rahmen der Studentenbefragung an den Universitäten der Bundeswehr ist deutlich geworden, dass der Großteil der Studierenden das Auftreten **rechts- bzw. linksextremistischer Äußerungen** sowie das Werben für rechts- bzw. linksextremistische Gruppierungen für eher unwahrscheinlich hält und sich derartige Ereignisse lediglich in Einzelfällen vorstellen kann. Im Falle des tatsächlichen Auftretens rechts- bzw. linksextremistischer Äußerungen sowie des Werbens für rechts- bzw. linksextremistische Gruppierungen würden über zwei Drittel der Studierenden den Vorfall an höhere Stellen weitermelden. (Bulmahn et al. 2010: 14)

Die Neigung einer kleinen Gruppe von Studierenden zu rechtsextremen Positionen wurde bei der Zusammenstellung von Forschungsergebnissen im Gestaltungsfeld der Inneren Führung: Politische Bildung analysiert.

Führungsverantwortung für Dienstgestaltung und Ausbildung

Die Streitkräftebefragung 2009 hat ergeben, dass 58 Prozent der Soldatinnen und Soldaten damit sehr zufrieden oder zufrieden sind, Menschen selber führen zu können. Sie sind zu 57 Prozent ebenfalls sehr zufrieden oder zufrieden mit ihrem Gehalt bzw. Sold, zu 56 Prozent damit, dass sie einen fordernden Beruf ausüben, zu 51 Prozent mit ihren abwechslungsreichen Tätigkeiten und zu 50 Prozent mit den Aus- und Weiterbildungsmöglichkeiten, die ihnen die Bundeswehr bietet. Sogar noch höher ist die Zufriedenheit mit der Kameradschaft untereinander bzw. der Erfahrung von Teamwork (65 Prozent). Diese Zahlen sind auch das Ergebnis guten Führungshandelns! Noch besser könnten diese freilich sein, wenn den Soldatinnen und Soldaten mehr Möglichkeit zur eigenen Gestaltung der dienstlichen Tätigkeit eingeräumt würde. Mit den Möglichkeiten zur eigenen Gestaltung der dienstlichen Tätigkeit eher unzufrieden sind 51 Prozent. Wenn der Dienstort näher beim Wohnort läge, würden sich 54 Prozent freuen. Wenn die Arbeitsbedingungen gesünder wären, wäre das für 57 Prozent schöner. Und noch viel unzufriedener sind die Soldatinnen und Soldaten mit der Mitarbeiterführung durch Vorgesetzte: Nur 33 Prozent äußern sich hier als sehr zufrieden oder zufrieden. Außerdem geben nur 37 Prozent der befragten Soldatinnen und Soldaten an, dass sie ihren Auftrag als motivierend empfinden. (Fiebig 2010) Hier liegt viel Potential für Verbesserungen, für die gerade Vorgesetzte Verantwortung übernehmen sollten.

Die Dienstzufriedenheit ist stark abhängig von den Möglichkeiten zur Vereinbarung von Familie und Beruf und von der Personalentwicklung durch Beurteilungen und Beförderungen sowie von der jeweils eingeschlagenen Laufbahn. (Richter 1999) Sie ist bei Beschäftigten im öffentlichen Dienst deutlich weniger abhängig von finanziellen Anreizen als bei Beschäftigten in der Wirtschaft. So konnte festgestellt werden, dass Ziel- und Leistungsvereinbarungen schnell dysfunktional wirken: „Leistungsentgelte [können] kaum die soziale Anerkennung ersetzen, die als Voraussetzung der Entfaltung der Motivation für ein Engagement im öffentlichen Sektor gelten kann. (…) [Deshalb] sollte die Bundeswehr eigenständige Thematisierungen wie das Konzept des ‚Staatsbürgers in Uniform' erneut bedenken." (Matiaske 2012: 271) In Kenntnis dieser Ergebnisse internationaler Forschung ist es eine genuine Führungsaufgabe, soziale Anerkennung der Tätigkeit der Untergebenen zu gewähren und zu organisieren.

Auch unter den jungen Offizieranwärtern der Marine der Crew VII/2009, die nach den Gründen dafür gefragt wurden, warum sie die Möglichkeit realisierten, ihre Verpflichtungserklärung rückgängig zu machen, nannten beachtlich viele die Trennung von Familie und Partnern bzw. die große räumliche Entfernung zu ihnen. (Sender 2009: 154) „Der herausragendste Grund des Widerrufs der Anwärter sind (…) die so wahrgenommenen Schwierigkeiten, die Ansprüche von Familie und Ausbildung in Einklang zu bringen. Für knapp zwei Drittel der befragten Marineoffizieranwärter, die widerrufen haben, konnte diese Rahmenbedingung während der Ausbildung nicht als erfüllt angesehen werden." (Ebd.: 156f.)

Abbildung 4.9: Zufriedenheit mit einzelnen Aspekten des Dienstes (Teil I)

Datenbasis: Streitkräftebefragung 2009 des Sozialwissenschaftlichen Instituts der Bundeswehr. Ausgewählte Ergebnisse zu den Themenbereichen Dienstzufriedenheit, Attraktivität, Ausbildung und Transformation.

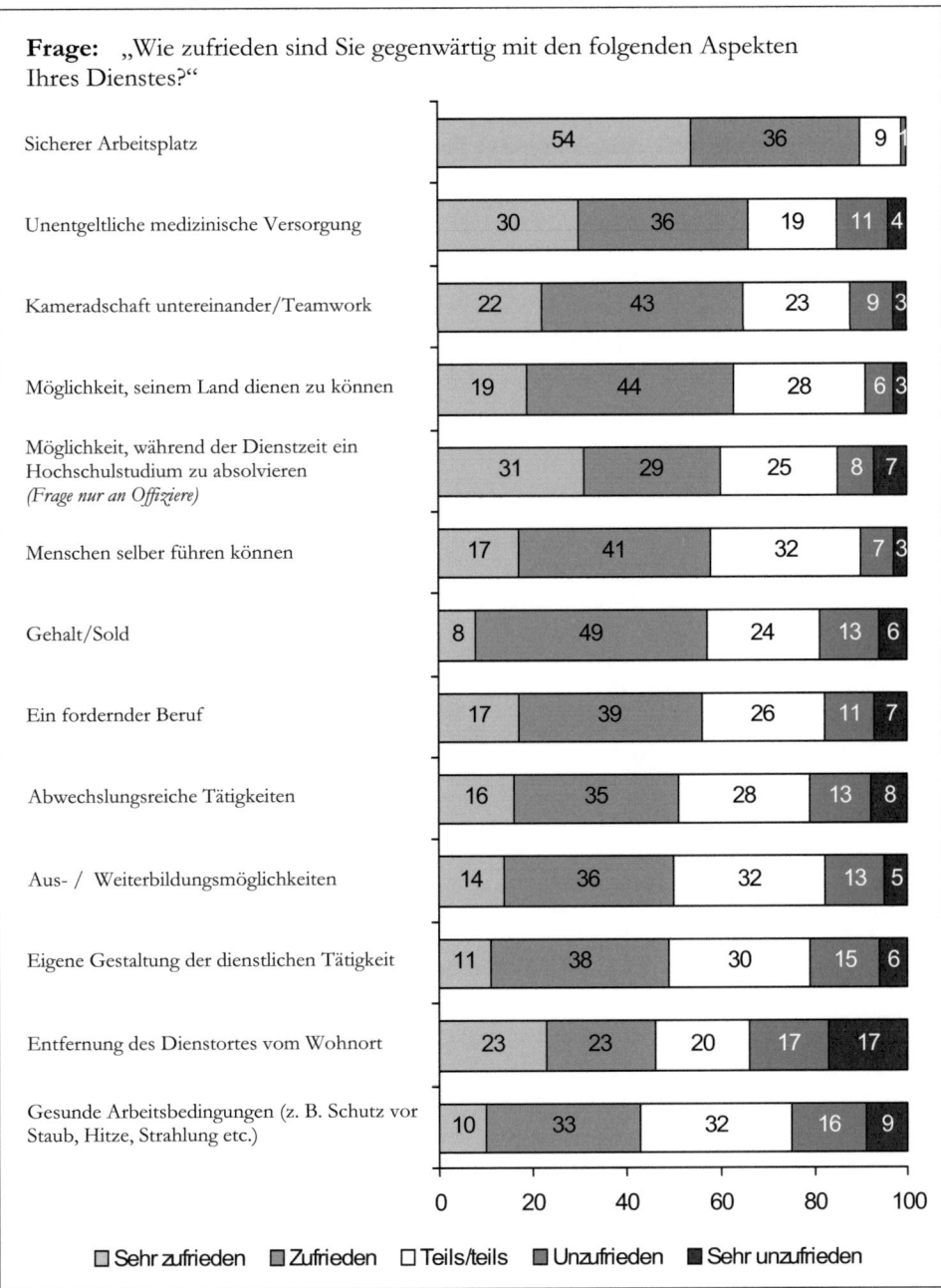

Abbildung 4.10: Zufriedenheit mit einzelnen Aspekten des Dienstes (Teil II)

Datenbasis: Streitkräftebefragung 2009 des Sozialwissenschaftlichen Instituts der Bundeswehr. Ausgewählte Ergebnisse zu den Themenbereichen Dienstzufriedenheit, Attraktivität, Ausbildung und Transformation.

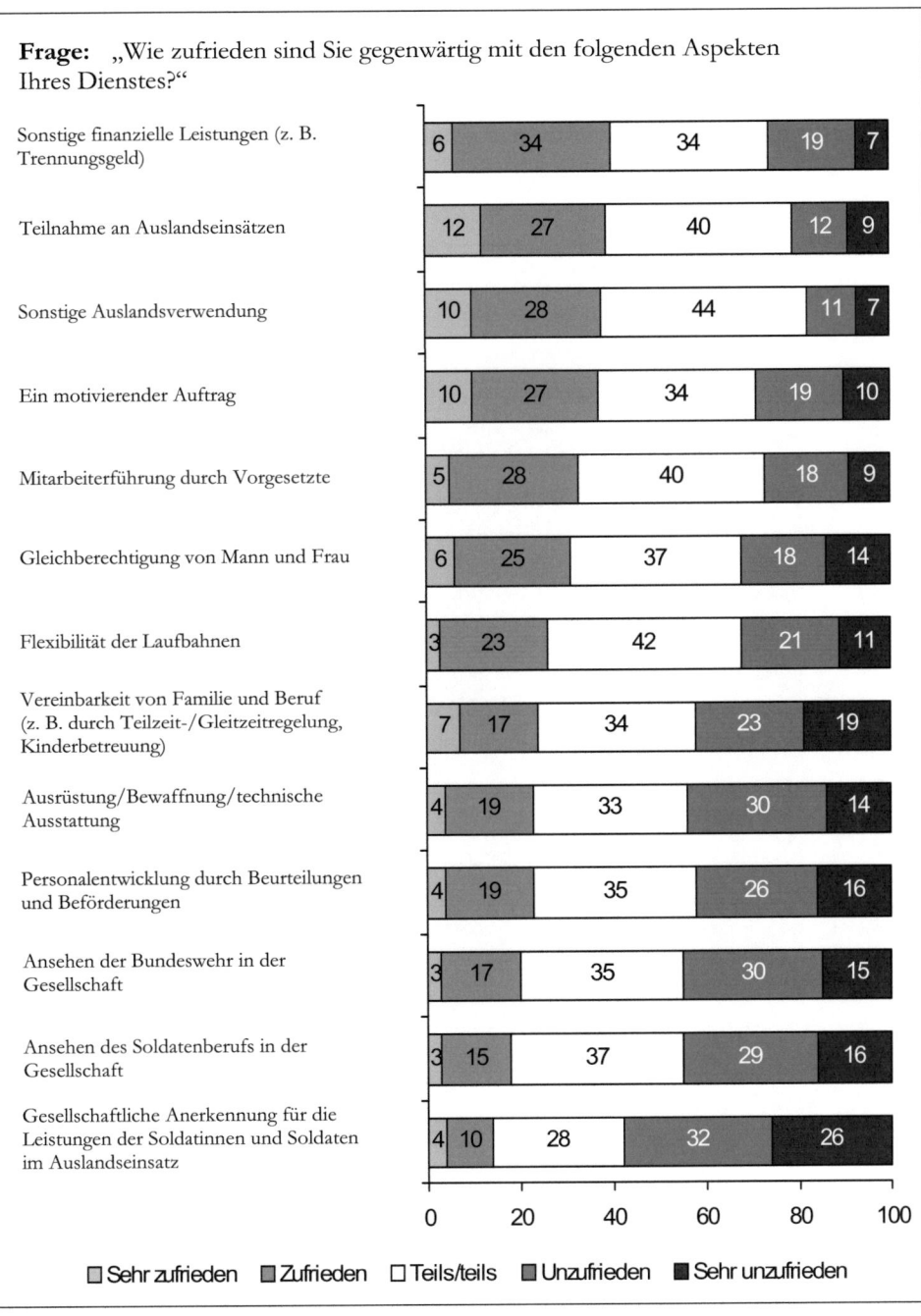

Abbildung 4.11: Zusammenhang mit der Dienstzufriedenheit
Datenbasis: Streitkräftebefragung 2009 des Sozialwissenschaftlichen Instituts der Bundeswehr. Ausgewählte Ergebnisse zu den Themenbereichen Dienstzufriedenheit, Attraktivität, Ausbildung und Transformation.

		Zufriedenheit mit dem jeweiligen Aspekt	
		Mehr Unzufriedene als Zufriedene	Mehr Zufriedene als Unzufriedene
Zusammenhang mit der Dienstzufriedenheit	stark	• Vereinbarkeit von Familie und Beruf • Personalentwicklung durch Beurteilungen und Beförderungen	• Ein motivierender Auftrag • Eigene Gestaltung der dstl. Tätigkeit • Seinem Land dienen können • Mitarbeiterführung durch Vorgesetzte • Ein fordernder Beruf • Abwechslungsreiche Tätigkeiten • Kameradschaft und Teamwork • Teilnahme an Auslandseinsätzen
	mittel	• Flexibilität der Laufbahnen • Ausrüstung, Bewaffnung, technische Ausstattung • Ansehen der Bw in der Gesellschaft • Ansehen des Soldatenberufs in der Ges.	• Menschen selber führen können • Aus- und Weiterbildungsmöglichkeiten • Sonstige Auslandsverwendung • Sicherer Arbeitsplatz • Gesunde Arbeitsbedingungen
	schwach	• Gesellschaftliche Anerkennung für die Leistungen der Soldatinnen und Soldaten im Auslandseinsatz • Gleichberechtigung Mann und Frau	• Gehalt bzw. Sold • Entfernung Dienstort - Wohnort • Unentgeltliche medizinische Versorgung • Sonstige finanzielle Leistungen • Hochschulstudium während Dienstzeit

Führungsverantwortung für die Vereinbarkeit von Familie und Dienst
Die Frage der Vereinbarkeit von Familie und Dienst ist für die Soldatinnen und Soldaten einer der wichtigsten Aspekte für die Beurteilung des eigenen Berufes. Insofern ist es dramatisch, wenn mehr als drei Viertel der Soldatinnen und Soldaten mit der Vereinbarkeit von Familie und Beruf unzufrieden oder nur teilweise zufrieden sind. Erfahrungsgemäß wirkt sich die Vereinbarkeit von Familie und Dienst bei den Soldatinnen und Soldaten stärker auf die individuelle Zufriedenheit mit dem eigenen Dienst aus als etwa die Höhe des Gehalts. Und die Erwartung, bei der Bundeswehr keine attraktiven Lebenschancen entwickeln zu können, hält viele junge Menschen davon ab, die Soldatenlaufbahn einzuschlagen oder sich für einen längeren Zeitraum zu verpflichten – geschweige denn Berufssoldat werden zu wollen. Deshalb hat der Wehrbeauftragte Hellmut Königshaus dieses Thema zum Zentrum seines Jahresberichts 2011 gemacht und im Jahresbericht für 2012 wieder aufgegriffen. Dabei besteht das Grundproblem in der tendenziell autoritären Institution, deren Zugriff auf das dienende Individuum (fast) umfassend ist und nicht dessen Verpflichtungen in anderen Zusammenhängen als dem eigenen dienstlichen System anerkennt.

Natürlich gibt es zahlreiche Regelungen, sowohl gesetzlich vorgeschriebene wie auch solche, die von einsichtigen Dienststellenleitern eingeführt wurden, um die Spannungen zwischen Familie und Dienst abzufedern: Am Montag beginnt der Dienst in vielen Dienststellen erst mittags, am Freitag endet er mittags; sechs Tage pro Jahr sind für die Erledigung familiärer oder anderer Angelegenheiten am Heimatort reserviert; Trennungsgeld und Reisekostenzuschuss mildern die finanziellen Herausforderungen ab, die mit der doppelten Haushaltsführung verbunden sind, und Pendlerunterkünfte werden in steigender Zahl bereit gestellt. Trotzdem wird jeder junge Vater, jede junge Mutter, jeder frisch Verliebte oder Verantwortung für alte und möglicherweise pflegebedürftige Eltern tragende Mensch sich nach individuellen Verbesserungen sehnen – selbst wenn er die Großzügigkeit bestehender Regelungen anerkennt. Und gegebenenfalls wird er oder sie hinweisen auf die Differenz, die zwischen dem Schutz von Ehe und Familie, der grundgesetzlich allen Bürgern der Bundesrepublik Deutschland garantiert ist, und den realen Lebensbedingungen besteht, die der Dienst am Staat ihm auferlegt. Ganz besonders gilt das für die vier- (manchmal bis zu) achtmonatige Trennung unter Einsatzbedingungen. Derselbe Staat, der die persönliche Lebensführung unter seinen besonderen Schutz stellt, nötigt seinen Soldatinnen und Soldaten den Verzicht auf die Realisierung der ehe- bzw. partnerschaftlichen Gemeinschaft auf. Die Trennung von den Angehörigen nimmt bei den Belastungsfaktoren im Einsatz eine Spitzenstellung ein und hat auch eine herausgehobene Bedeutung unter den Risikofaktoren für die Entstehung einer Posttraumatischen Belastungsstörung. (Vgl. o. Kapitel 4.3.3, Menschenführung im Einsatz)

Die Erwartungen an die Bundeswehr und die künftigen Arbeitsbedingungen fallen in der Crew VII/2008 nach einem Jahr Ausbildung an der Marineschule Mürwik schlechter aus als zuvor. Besonders deutlich geht die Erwartung zurück, Familie und Beruf vereinbaren zu können. (Pietsch 2010: 110–112) So geben 77 Prozent der Crew VII/2009 an, dass die Vereinbarkeit von Familie und Beruf für sie „sehr wichtig" (47 Prozent) oder „wichtig" (30 Prozent) ist – aber nur 28 Prozent glauben, dass diese Vereinbarkeit bei ihren zukünftigen Verwendungen gegeben sein wird. (Ebd.: 49)

Auch die Studierenden an den Bundeswehruniversitäten schätzen die Möglichkeit der Vereinbarkeit von Familie und Beruf, geregelte Dienstzeiten und die Gleichberechtigung von Mann und Frau am schlechtesten, die Möglichkeit, Verantwortung zu übernehmen, die Möglichkeit andere zu führen, und die Kameradschaft am besten ein. (Ebd.: 137) In Bezug auf ihre künftigen Arbeitsbedingungen bei der Bundeswehr entwickelt sich während des Studiums die Aussicht auf eine Vereinbarkeit von Familie und Beruf sowie auf Chancengleichheit für Männer und Frauen besonders negativ; vor allem Männer bezweifeln den letzteren Aspekt. (Ebd.: 136–139)

Abbildung 4.12: Einschätzung künftiger Arbeitsbedingungen bei der Bundeswehr nach Studienabschluss (Crew VII/2005 und Crew VII/2006; Angaben in Prozent)

Datenbasis: Panelstudie zur beruflichen Entwicklung von Marineoffizieren. Dritter Forschungsbericht zur Berufsbiografischen Panelstudie Marineoffiziere. Ergebnisse der Befragungen der Crews VII/2005 bis VII/2009.

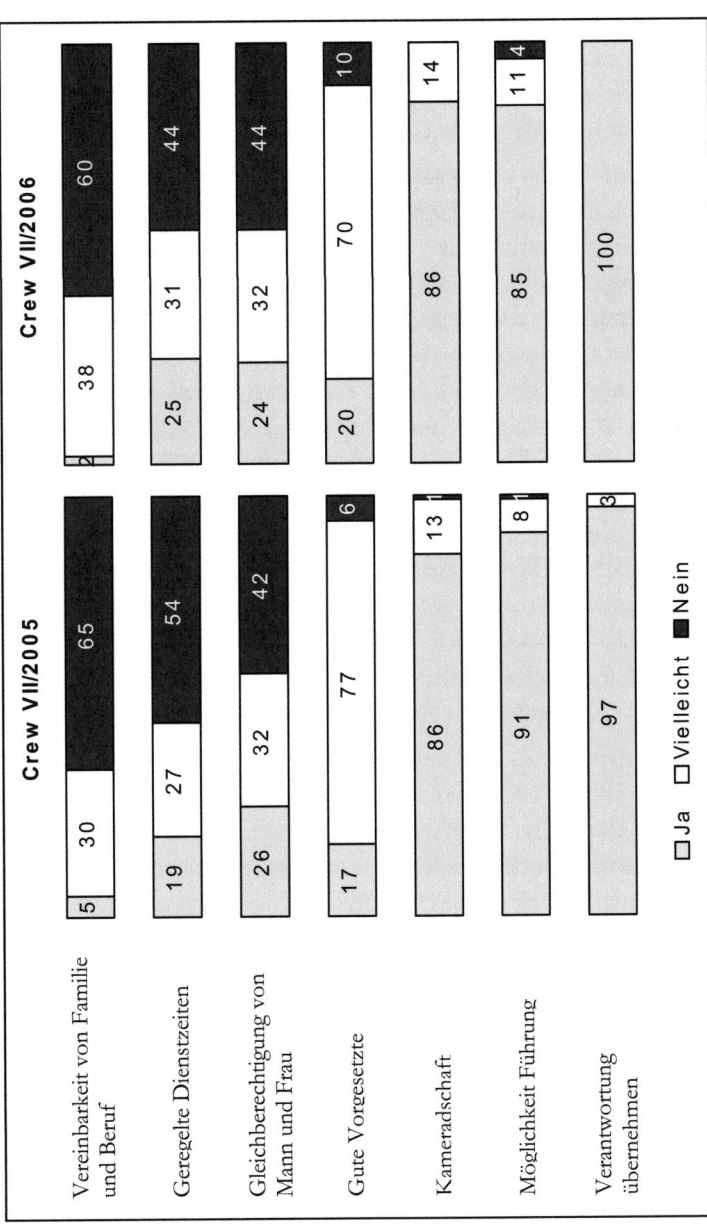

Der Einfluss des Studiums auf die Lebensplanung der Marineoffiziere ist größer als derjenige der familiären Situation, denn die jungen Soldatinnen und Soldaten sind zumeist nicht ehelich gebunden und haben noch keine Kinder. In den weitaus meisten Fällen beeinflusst deshalb die Veränderung der familiären Situation noch nicht die Bereitschaft, Offizier der Bundeswehr zu sein.

Auf der Basis von Fragebogen gestützter Befragung und Interviews kommt Marion Näser-Lather, deren mit Unterstützung des Bundesministeriums der Verteidigung angefertigte Untersuchung zu „Soldatenfamilien" als Dissertation im Jahr 2010 an der Philipps-Universität Marburg am Institut für Europäische Ethnologie/Kulturwissenschaft angenommen wurde, zu bedenkenswerten Ergebnissen. Näser-Lather hat umfassend das Vorherrschen traditionaler Rollenbilder bei Vorgesetzten und Betroffenen, die Schwierigkeiten im Umgang mit schwangeren Soldatinnen, die Familienunfreundlichkeit der Dienstgestaltung und vieles andere mehr dokumentiert und mit der bestehenden Erlass- und Vorschriftenlage abgeglichen. Sie kommt zu dem Schluss: „Insgesamt zeigen die große Bandbreite der geäußerten Probleme sowie das Stimmungsbild und die Wünsche der befragten SoldatInnen, dass die Vereinbarkeit von Elternschaft und Dienst als stark defizitär wahrgenommen wird." (Näser-Lather 2011: 458)

Die empirischen Anteile der Studie von Näser-Lather sind vor der Neufassung und dem Inkrafttreten verschiedener neuerer Vorschriften (beispielhaft genannt sei die ZDv 10/1 Innere Führung, 2008) abgefasst worden. Deshalb dürfte es sinnvoll sein, das Thema in Zukunft weiter zu verfolgen und zu überprüfen, ob und wie die angestoßenen Maßnahmen greifen.

> **Die Bundeswehr wird sich in Zukunft intensiv darum bemühen müssen, als familienfreundlicher Arbeitgeber in der Öffentlichkeit sowie vor allem von den eigenen Soldatinnen und Soldaten wahrgenommen zu werden. Hier ist jeder einzelne Vorgesetzte gefragt, die soziale Verankerung seiner Untergebenen zu achten und zu fördern.**

Abbildung 4.13: Persönliche Veränderung während der Studienzeit (Crew VII/2005 und Crew VII/2006; Angaben in Prozent)

Datenbasis: Panelstudie zur beruflichen Entwicklung von Marineoffizieren. Dritter Forschungsbericht zur Berufsbiografischen Panelstudie Marineoffiziere. Ergebnisse der Befragungen der Crews VII/2005 bis VII/2009.

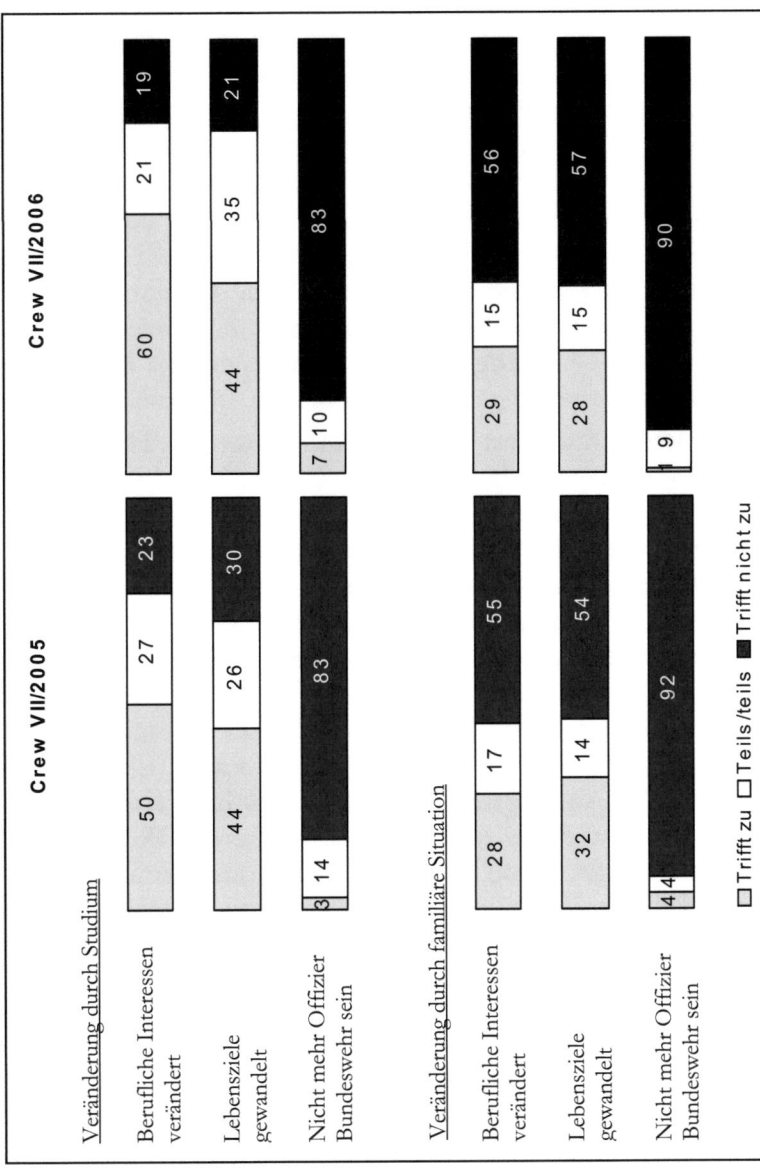

Auf gute Vorgesetzte bei Rückkehr zur Truppe hofft weit mehr als die Hälfte der Studierenden aus der Marine: „Die größte Unsicherheit herrscht in Bezug darauf, später verständnisvolle, gute Vorgesetzte zu haben. (...) Diese Einschätzungen geben zum einen Hinweise darauf, in welchen Bereichen die Befragten mögliche Probleme antizipieren und lassen – im Vergleich mit den Bewertungen, die aus den jeweiligen Abschlussbefragungen der Crew VII/2005 und VII/2006 in Mürwik hervorgehen – auch zunehmend kritische Veränderungen erkennen. Die Erwartungen an den Arbeitgeber Bundeswehr bleiben auch nach dem Übergang von der Marineschule ins Studium gedämpft: So verneinen im Studium 29 Prozentpunkte bzw. 16 Prozentpunkte mehr als zuvor die Vereinbarkeit von Familie und Beruf sowie 21 Prozentpunkte bzw. 22 Prozentpunkte mehr als vorher die Chancengleichheit für Männer und Frauen, wobei fast nur Männer diese Sichtweise einnehmen." (Pietsch 2010: 138)

Pietsch diskutiert diese Veränderungen in Hinblick auf das sich in ihnen spiegelnde höhere Maß an erfahrungsgesättigtem Realismus, der helfen könnte, Enttäuschungen zu vermeiden. Er hält aber auch fest, dass der Anteil derjenigen jungen Marineoffizieranwärter, die Berufssoldat werden wollen, aufgrund „subjektiv negative[r] Erfahrungen oder alternative[r] berufliche[r] Orientierungen" mit der Zeit sinkt. (Ebd.: 109) Schon am Ende der Ausbildungszeit an der Marineschule Mürwik strebt nur noch ein Drittel eine Laufbahn als Berufssoldat an, ein Drittel ist unentschieden und der Rest spricht sich schon zu diesem Zeitpunkt dagegen aus. (Ebd.: 109) Im Laufe des an die Ausbildung an die Marineschule anschließenden Studiums ändern sich bei mehr als der Hälfte der Befragten die beruflichen Interessen. Diese ändern sich auch durch eine neue familiäre Situation - dabei ist wahrscheinlich vor allem an eine Partnerschaft zu denken.

Führungsverantwortung für Seelsorge und Religionsausübung

Neuere Zahlen lassen erkennen, dass „gut die Hälfte" der Soldatinnen und Soldaten christlich gebunden ist. (Ebeling 2010: IX) Die Bundeswehr garantiert allen Soldatinnen und Soldaten die freie Religionsausübung und trägt durch Publikationen und Unterrichte zu deren religiöser Bildung bei. (Ebeling 2007; ders. 2010) Weniger als ein Prozent, allerdings steigend, beträgt der Anteil der Muslime. Noch geringer ist die Zahl der Juden in der Bundeswehr. Keine Religionszugehörigkeit geben je nach Laufbahn- und Statusgruppe 20 bis 30 Prozent der Zeit- und Berufssoldatinnen und -soldaten an. (Menke et al. 2011: 24, auf der Basis von Daten von 2003) In manchen Regionen sind das noch mehr Soldatinnen und Soldaten.

Die je konfessionell gebundene Militärseelsorge ist im Auftrag und unter Aufsicht der jeweiligen christlichen Kirche für alle Soldatinnen und Soldaten da. In der ZDv 10/1 Innere Führung (2008: 670.–674.) wird dieses Gestaltungsfeld als eines gesehen, für das die Vorgesetzten die Verantwortung haben, auch wenn die Pfarrerinnen und Pfarrer nicht ihnen unterstellt sind. (Zur Konzeption der Verankerung der Militärseelsorge in den beiden christlichen Großkirchen vgl. Dörfler-Dierken 2008) Der Bereich der Seelsorge und des Gottesdienstes im Inland sowie an den Auslandsstandorten der Bundeswehr obliegt den Kirchen und ist in einen evangelischen (Evangelisches Kirchenamt für die Bundeswehr, Berlin) und einen katholischen (Katholisches Militärbischofsamt, Berlin) Zweig getrennt. Niemand wird gezwungen, sich an den Pfarrer oder die Pfarrerin am Standort zu wenden oder an einem der von denen angebotenen Gottesdienste teilzunehmen. Tatsächlich aber werden die Geistlichen in vielen Fragen des Dienstes und des täglichen Lebens gerne konsultiert. Sie sind aus der militärischen Hierarchie herausgenommen und die Gespräche mit ihnen sind absolut vertraulich. Zugleich haben die Militärseelsorgerinnen und -seelsorger Vortragsrecht bei den militärischen Vorgesetzten zu allen Fragen der Inneren Führung. Häufig werden sie eingeladen zu entsprechenden dienstlichen Aussprachen. Im Allgemeinen engagieren sich die Militärseelsorgerinnen und -seelsorger in der Notfallversorgung und haben entsprechende Vorbildungen, meist arbeiten sie mit im Psychosozialen Netzwerk, das großes Vertrauen bei den Soldatinnen und Soldaten genießt.

Von entscheidender Bedeutung für das Verständnis dieses Gestaltungsfeldes der Inneren Führung ist der damit bekundete Willen der militärischen Führung wie der politischen Leitung, dass auch im Militär das Überwältigungsverbot des Individuums durch den Staat in Kraft ist – häufig chiffrehaft abgekürzt im Verweis auf das personal und individuell konstruierte Gewissen und dessen Schutz im Grundgesetz.

„Die Militärseelsorge in der Bundeswehr ist der vom Staat gewünschte und unterstützte und von den Kirchen geleistete Beitrag zur Sicherung der freien religiösen Betätigung und der seelsorgerlichen Begleitung der Soldatinnen und Soldaten. Als Teil der kirchlichen Arbeit wird sie im Auftrag und unter Aufsicht der Kirchen geleistet. (…) Sie ist ein eigenständiger Organisationsbereich der Bundeswehr." (ZDv 10/1 2008: 671.)

Ein (fast) normales kirchliches Leben bzw. ein entsprechendes Angebot soll in der (tendenziell) totalen Institution den Individuen ermöglicht werden. Das ist der Auftrag des Grundgesetzes. Auch diejenigen Soldatinnen und Soldaten, die einer anderen als der evangelischen oder der katholischen Glaubensgemeinschaft angehören, sind von den Vorgesetzten in ihrer „freie[n] und ungestörte[n] Religionsausübung zu unterstützen." (A. a. O.: 674.)

Anders als in der Wehrmacht oder in anderen Streitkräften bis heute, wird der Militärgeistliche nicht von einem militärischen Vorgesetzten ‚geführt' – er ist in seiner Seelsorge und Verkündigung ausschließlich seiner jeweiligen Kirche verantwortlich: „Die Militärseelsorgerinnen und die Militärseelsorger sind in ihrer seelsorgerlichen Tätigkeit ausschließlich kirchlichem Recht unterworfen und von staatlichen Weisungen unabhängig." (A. a. O.: 673.) Das schließt vertrauensvolle Zusammenarbeit mit den militärischen Vorgesetzten nicht aus sondern ermöglicht sie erst, denn „Zusammenarbeit" im Sinne der Dienstvorschrift kann nur dann zustande kommen, wenn die Beteiligten dazu frei sind. Die ZDv 10/1 Innere Führung (2008: 674.) unterstreicht, dass die militärischen Führer „Aufgaben in der Unterstützung und in der Zusammenarbeit mit der Militärseelsorge" zu übernehmen haben, was genauer als „jede vertretbare Unterstützung" und Gelegenheit zur Stellungnahme „zu allen grundsätzlichen Fragen der Inneren Führung" beschrieben wird. Verantwortungsübernahme heißt in diesem Fall für die militärischen Vorgesetzten: Gelegenheiten eröffnen und Unterstützung gewähren – wobei sie die ‚Füllung' des eröffneten Raums einem Anderen überlassen müssen.

> **Die Militärgeistlichen sind Ansprechpartnerinnen der Soldatinnen und Soldaten in allen religiösen, sozialen und familiären Fragen. Deshalb sollen sie sich auch zu allen Fragen der Inneren Führung äußern können.**

Führungsverantwortung für Lebenskundlichen Unterricht und Interkulturelle Kompetenz

In den letzten Jahren ist das Thema Religion bei Soldaten nicht nur wegen der steigenden Zahl muslimischer Soldatinnen und Soldaten verstärkt in Blick gekommen, sondern auch wegen der Diskussionen um Diversität, Integration und Auslandseinsätze. Menschen unterschiedlicher Überzeugungen und Prägungen müssen eng zusammen arbeiten – auch unter Einsatzbedingungen und in fremdreligiösen Kulturkreisen wie beispielsweise in Afghanistan. Um „Orientierungswissen und Orientierungskompetenz" und „damit letztlich auch Handlungskompetenz in von Diversität geprägten Kontexten" zu erhöhen (Ebeling 2010: IX) werden mehrere verschiedene Unterrichte durchgeführt. Neben Politischer Bildung (ZDv 10/1 2008: 625.–634.) sind das vor allem der Lebenskundliche Unterricht (ZDv 10/4 Selbstverantwortlich leben – Verantwortung für andere übernehmen können 2010) und spezielle Unterrichte zur Erhöhung der interkulturellen Kompetenz der Soldatinnen und Soldaten (ZDv 10/1 2008: 620.; 627.). Erschreckend hoch sind immer noch die Zahlen derjenigen Soldatinnen und Soldaten der Bundeswehr, die sich in dieser Hinsicht nicht ausreichend gebildet und auf ihre Aufgaben vorbereitet fühlen. Insbesondere auf der Ebene der Mannschaften, die häufiger als andere Gruppen Kontakt zur einheimischen Bevölkerung in den Einsatzländern haben, bestehen Desiderate, und es kann sogar zu „negativen Lerneffekten, also zu einer Verringerung interkultureller Sensibilität" kommen. (Langer 2012: 132)

Das Lernziel besteht bei allen drei Unterrichtszusammenhängen jeweils darin, über die Vertiefung des Verständnisses für den je Anderen – sei er fern oder nah – Respekt und Geduld im Umgang mit allen Mitmenschen und mit sich selbst im Sinne kritischer Selbstprüfung und Selbstreflexion einzuüben. Politische Bildung schließt historische Bildung und sicherheitspolitische Weltdeutung ein, interkulturelle Kompetenz konzentriert sich auf die Auseinandersetzung mit ‚dem Fremden' und Lebenskundlicher Unterricht fragt nach Selbstdeutung und im Leben wie im Sterben tragenden Überzeugungen in berufsethischer Perspektive. An den skandalösen und militärisch hoch brisanten Ereignissen, die sich an Koranverbrennungen durch amerikanische Soldaten am 24. Februar 2012 in ganz Afghanistan angeschlossen haben, lässt sich unschwer erkennen, wie groß die Bedeutung der religiösen, politisch-historischen und interkulturellen Kompetenz von Soldatinnen und Soldaten aller Ebenen ist. Aber nicht nur gegenüber Einheimischen im Einsatzland, die ‚Fremde' für ausländische Soldatinnen sind, ist Respekt geboten, sondern auch gegenüber Minderheiten in der eigenen Streitkraft sowie Angehörigen anderer nationaler Kontingente.

Seit 2010 ist die Zentrale Dienstvorschrift 10/4 „Selbstverantwortlich leben – Verantwortung für andere übernehmen können" in Kraft. Sie sieht vor, dass alle Soldatinnen und Soldaten – auch während mehrmonatiger Lehrgänge und auf allen Dienstebenen – einen Anspruch auf einen anderthalbstündigen berufsethischen Unterricht pro Monat haben, der geblockt werden kann zu Halbtages-, Tages- und Mehrtagesseminaren. Durchgeführt werden diese Lebenskundlichen Unterrichte im Auftrag des Staates vor allem durch die Militärgeistlichen; die militärischen Vorgesetzten können aber auch Dozenten anderer Bildung und Profession für entsprechende Unterrichte gewinnen. Der Lebenskundliche Unterricht soll die Unterrichte in den Gestaltungsfeldern der Inneren Führung um eine Dimension ergänzen: Er soll einladen zur selbstreflexiven Aneignung und Überführung des Gelernten in das Selbst- und Berufsbild. Deshalb regt er zur Selbstreflexion an und lebt von der freien Aussprache. Da der Dozent im Allgemeinen kein Soldat ist, ist eine freiheitliche Atmosphäre schon vom Ansatz her gegeben. Damit trägt die Bundeswehr der Erkenntnis Rechnung, dass alle Prozesse der Selbstbildung nur in der Übernahme von Selbstverantwortung erfolgen können – und dazu bedarf es der Freiheit von Unterstellungsverhältnissen.

Tatsächlich ist die berufsethische Ausbildung bei vielen Armeen in Europa und auch in anderen hoheitlichen Bereichen – etwa bei der Polizei – in den letzten Jahren intensiviert worden, es ist aber doch daran zu erinnern, dass nicht nur in den speziell diesem Thema gewidmeten Unterweisungen sondern auch in allen anderen Unterrichten zu den Gestaltungsfeldern der Inneren Führung wie im laufenden Betrieb im In- und Ausland, im Umgang der Soldatinnen und Soldaten miteinander und mit ihren Vorgesetzten ethische Grundentscheidungen realisiert werden. Entscheidend für den Ertrag berufsethischer Weiterbildungsangebote ist, dass der Sozialisationsprozess der Individuen in der sie umgebenden Organisation in den Blick genommen wird, dass der Konnex zwischen Theorie und Praxis ‚integrativ' gestaltet wird. „Moralische Urteils- und Diskursfähigkeit [muss] zum Bestandteil eines jeden Unterrichtsfaches gemacht [werden]," fordert beispielsweise der Polizist Volker Ortgies, der die Einführung des Lebenskundlichen Unterrichts in der Bundeswehr für vorbildlich für die Polizei hält. (Ortgies 2009: 79)

Die Ergebnisse der Befragungen von Dozentinnen und Dozenten sowie von Teilnehmerinnen und Teilnehmern am Lebenskundlichen Unterricht im Jahre 2011 haben eine immens große Zustimmung zu den Themen und zur Art der Durchführung dieser Unterrichte erbracht. (Dörfler/Ebeling/Fiebig 2011; Biehl/Fiebig 2011).

> **Die Bundeswehr sieht in der Förderung der berufsethischen Reflexion ihrer Soldatinnen und Soldaten eine wichtige Führungsaufgabe.**

5 Mensch und Macht

Wenn Menschen Verantwortung in einer hierarchisch geordneten Organisation füreinander tragen, dann sind die in dieser Organisation waltenden Verhältnisse immer auch Machtverhältnisse. Vorgesetzte entscheiden – Untergebene führen aus. Das gilt im zivilen Arbeitsleben und in der Bundeswehr, hier in einem noch deutlich höheren Maße als dort. Denn das Alleinstellungsmerkmal von Soldatinnen und Soldaten besteht darin, dass ihnen befohlen werden kann, unter Einsatz ihres Lebens in die Gefahr hinein zu handeln. Vorgesetzte haben im schlimmsten, im ultimativen Falle also Macht über das Leben ihrer Untergebenen. Die Organisationskultur von Streitkräften kann darauf ausgerichtet sein, den Untergebenen Gehorsam gegenüber Vorgesetzten anzutrainieren – in der Erwartung, dass sie dann im Gefecht tatsächlich das geforderte Verhalten zeigen. Ob die Untergebenen sich dann auch tatsächlich gehorsam verhalten, mag dahingestellt bleiben. Deutlich werden soll nur die Vorstellung vom Untergebenen in diesem Modell: Der Untergebene funktioniert wie ein Rädchen in einer vom Vorgesetzten zu bedienenden Maschine. Deshalb wurden die Soldaten zu unbedingtem Gehorsam während langer Phasen der Geschichte gedrillt. Die Macht des Vorgesetzten über den ihm untergebenen Soldaten war also letztlich Macht über sein Leben. Tatsächlich ist es aber aktuell so, dass in Streitkräften der größte Teil der Mitarbeiterinnen und Mitarbeiter – und auch Soldatinnen und Soldaten sind Mitarbeiter – eine Fachkraft für etwas mehr oder minder Spezielles ist, das sich in ganz ähnlicher Weise auch in der zivilen Wirtschaft und in den Behörden zeigt: Informationstechnologie, Personalbearbeitung, Buchführung und Controlling, Elektrotechik oder Maschinenbau. Die meisten Soldatinnen und Soldaten der Bundeswehr werden wahrscheinlich nie in einem Gefecht stehen (und heute läuft auch kein Gefecht mehr ab wie zu Zeiten des Großen Fritz). Und wenn Soldatinnen oder Soldaten in Ausübung ihres Dienstes zu Tode kommen, dann im allgemeinen nicht dadurch, dass Vorgesetzte ihr Leben bewusst und gezielt ‚geopfert' hätten. Wenn Soldaten in Gefechten oder durch Anschläge zu Tode kommen oder verletzt werden, dann handelt es sich um schreckliche Dienstunfälle, die in Umsetzung des Auftrags, Verbrecher und Terroristen, Taliban und Piraten von ihrem Handeln abzuschrecken oder abzuwehren, zustande kommen. Gefechte werden von der Bundeswehr nicht gesucht und wenn sie geführt werden müssen, dann ist nur der kleinste Teil der Soldaten vom (schweren) Erlebnis des Gefechtseinsatzes oder des Boarding von Piratenbooten persönlich betroffen und gezeichnet. Diese Soldaten sind gewissermaßen die Spezialisten für – wie Marco Seliger kürzlich formulierte: – „das scharfe Ende des Berufs". Und gerade diese Soldaten sind nicht Rädchen in einer Maschinerie, sondern verantwortungsvolle Staatsbürger in Uniform, die sich *coram Deo,* vor ihrem eigenen Gewissen und dem Richter für ihr Handeln rechtfertigen müssen. Gehorsam zu dienen kann für sie nur bedeuten, im Sinne des Auftrags zu handeln.

Menschen in der Bundeswehr können und sollen deshalb genauso geführt werden wie die in zivilen Betrieben, nämlich „menschenorientiert." (Steiger 1991)

> „Innere Führung" ist ein militärspezifischer Begriff für „menschenorientierte Führung", wie sie in allen Arbeits- und Dienstzusammenhängen sinnvoll ist, in Streitkräften ebenso wie in Behörden sowie in der Wirtschaft.

Der Erfinder des Begriffs „menschenorientierte Führung", der Schweizer Generalstabsoffizier Rudolf Steiger, war für Jahrzehnte in der Aus- und Weiterbildung von zivilen und militärischen Führungskräften tätig. Seine lesens- und vor allem beherzigenswerten Anregungen fußen auf der Humanististischen Psychologie und Pädagogik. Seiner Definition nach ist „menschenorientierte Führung" eine „Grundhaltung, in der der Mensch im Zentrum des Denkens, Fühlens – und hoffentlich auch Handelns steht". (Ebd.: 17) Ein Gegensatz zwischen Menschen- und Erfolgs- oder Auftragsorientierung bestehe nicht, weil menschenorientierte Führung langfristig in Menschen „investiert", indem sie von Selbsterkenntnis der Vorgesetzten und deren ehrlichem Interesse an den Untergebenen geprägt ist. Das Wörtchen ‚Entscheider' kommt in Steigers „Anregungen" für eine menschenorientierte Führung nicht vor, stattdessen spricht er von „Empfangsbereitschaft" und „Empfängerorientierung", von „partnerorientierter Gesprächsführung" und von „Selbstkompetenz", wenn er das angemessene Verhalten der Führungskraft gegenüber dem zu Führenden beschreibt. Vorgesetzte, die mit dem Begriff „situative Führung" argumentieren, fragt er, ob sie selbst nicht genau wüssten, wie sie führten. (Ebd.: 23) Gerade in ‚harten' Situationen sei diese fürsorgliche Zuwendung zum Untergebenen notwendig. Führungsprobleme seien meistens Beziehungs- und Kommunikationsstörungen. Deshalb sei das auf gemeinsam erarbeitete Lösungen bezogene Gespräch das eigentliche Führungsmittel.

> **Die Innere Führung unterstützt Vorgesetzte bei ihren Aufgaben, indem sie dazu ermahnt und ermuntert, in Untergebenen Partner zu sehen, mit denen gemeinsam Lösungen für anstehende Probleme erarbeitet werden.**

Dass solche Menschenorientierung in der jungen Bundeswehr schwierig einzuführen war, wird jedem schnell deutlich sein, der sich erinnert, dass viele altgediente Führungskräfte aus der Wehrmacht in den Untergebenen ‚Menschenmaterial' sahen, das durch richtige ‚Menschenbehandlung' für den Krieg zugerüstet werden sollte. Das war aber gewiss nicht die Intention der Inneren Führung, die vielmehr Staatsbürger für das heiße Gefecht bilden wollte. Sie sollten in der Armee die Freiheit erfahren, die sie im Gefecht verteidigen würden. Die Regeln für die Menschenführung von Staatsbürgern in Uniform wurden von Wolf Graf von Baudissin ergänzt durch Politische Bildung, welche die Voraussetzungen demokratischer Lebensweise, Freiheit und Recht einsehbar machen sollte. Denn in der Bundeswehr sollten demokratische Werte und Lebensweisen erfahrbar werden.

Der euphemistisch ‚Gründungskompromiss' genannte Spagat vor Aufstellung der Bundeswehr in Himmerod – zwischen traditionalistischen Militärs, welche die neu aufzustellenden deutschen Streitkräfte in den Bahnen des Ostfeldzugs Hitlers organisieren wollten, und Reformern, von denen vor allem Baudissin im Amt Blank militärische und politische Verantwortung übernahm –, führte zu einer

Streitkräftekonzeption, die den Keim zur langjährigen Auseinandersetzung in sich trug. Gerade die Konzeption Innere Führung erwies sich in diesen Auseinandersetzungen als Katalysator der verschiedenen militärischen und politischen Lager. Das ist ihr Vorzug wie ihr Mangel – ihr Vorzug insofern, als die Demokratisierung der Armee, ihre Integration in die Gesellschaft und die Forderung der Sinnhaftigkeit des Auftrags mit der Konzeption Innere Führung untrennbar verbunden sind, ihr Nachteil insofern, als der Begriff Innere Führung zum Kampfbegriff einerseits, zur hohlen Phrase andererseits zu verkommen drohte. In den folgenden Jahren und Jahrzehnten hat die Konzeption Innere Führung vielfach sozusagen ‚subkutan' gewirkt.

Das mit dem Begriff Innere Führung verbundene Gedankengut, besonders anschaulich greifbar in den ersten Abschnitten des „Handbuch[s] Innere Führung" (1957), wirkte sich als Motor für die demokratische Entwicklung der Bundeswehr aus. Die Integration der Bundeswehr in die junge deutsche Demokratie konnte gelingen, weil die Innere Führung gegen manche Widerstände bei Militärs und Politikern – wohl auch innerhalb der Gesellschaft – durch starke Institutionen gestützt wurde: das Amt des Wehrbeauftragten des Deutschen Bundestages und der Beirat Innere Führung sind hier zu nennen. Die Wehrbeauftragten forcierten immer wieder Diskussionen, die eine ständige kritische Selbstreflexion innerhalb der Bundeswehr, dem Parlament und der Gesellschaft ermöglichten.

Dazu traten gesellschaftliche Prozesse wie die Studentenunruhen von 1967/68 und Ereignisse in den Folgejahren. Sie wirkten Innovationen verstärkend und veränderten die Bundeswehr, auch wenn viele aus der Generation der Nachachtundsechziger überhaupt nicht mehr ‚zum Bund gingen', sondern lieber ‚verweigerten'. (Dörfler-Dierken 2010a) Zu Beginn der 1970er Jahre war zwar noch die gesamte Generalität kriegsgedient, aber auf den Ebenen darunter spiegelte die Bundeswehr die gesellschaftlich-politische Vielfalt. Die Grundgedanken der Konzeption Innere Führung aus den 1950er Jahren konnten jetzt in ein neues Stadium ihrer Umsetzung treten. Nicht mehr die kriegserfahrene Generation von Soldaten bestimmte die Bundeswehr, sondern eine neue, auf die Formel ‚Frieden durch Abschreckung' ausgerichtete Generation. Viele der jungen Leute hatten jetzt ein grundsätzlich eher skeptisches Verhältnis zum Einsatz von Gewaltmitteln. Die Konzeption Innere Führung konnte sich mit diesen Gedanken gut verbinden und in den nächsten Jahrzehnten in der Bundeswehr wie Hefe einen Gärprozess in Gang setzen. Diese Zeit ist seit 1989 zu Ende.

> **Die Innere Führung unterstützte den Übergang von der kriegsgedienten Generation zur Nachkriegsgeneration.**

Nach dem Ende des Kalten Krieges und dem Aufkommen neuer Herausforderungen bei humanitär begründeten und völkerrechtlich abgesicherten Einsätzen stellten sich dann die entscheidenden Fragen, welche die Auseinandersetzung zwischen Traditionalisten und Reformern neu aufbrechen ließen: Taugt die Innere Führung für den – wie es jetzt euphemisierend heißt – ‚robusten' Einsatz, für das ‚robuste' Mandat im Verein mit anderen Nationen? Taugt die Innere Führung im heißen Gefecht? Das alte Vorurteil gegen die Innere Führung, sie befördere die ‚Verweichlichung' der Soldaten (Soldatinnen übersehen die Vertreter dieser Position am liebsten), wurde wieder aus der Mottenkiste gezogen. Zugleich tritt gegenwärtig stärker ins Bewusstsein, dass die Innere Führung dem Willen ihres geistigen Vaters nach eigentlich eine Konzeption für Soldatinnen und Soldaten ist, die sich eben deshalb der Aufgabe der Verteidigung von Frieden, Freiheit, Menschenwürde und Demokratie stellen, weil sie sich dessen bewusst sind, dass jeder Soldat trotz seiner Einbindung in die militärische Hierarchie im Zweifelsfall allein vor seinem letzten Richter steht: seinem Gewissen. Die Innere Führung führt deshalb nicht – wie es früher hieß – zur Verweichlichung von Soldaten, sondern stärkt im Gegenteil ihre Selbstverantwortung und Eigenmotivation.

> **Die Innere Führung unterstützte den Übergang von der Landesverteidigungsarmee zur Einsatzarmee.**

Die Konzeption Innere Führung setzt darauf, die freiheitliche Eigenverantwortung und diejenige mündige Selbständigkeit der Menschen innerhalb der militärischen Organisation zu fördern und zu stärken, die dem Menschenbild des Grundgesetzes entspricht. Deshalb soll das ‚Innere Gefüge' (ich benutze hier den alten Ausdruck, um die zwei Seiten dessen deutlich zu machen, was verkürzend in dem Begriff Innere Führung zusammengebunden wird, vgl. o. Kapitel 2.1, Anm. 6), die organisatorische und institutionelle Struktur, in der die innengeleiteten Soldatinnen und Soldaten miteinander arbeiten an der Erfüllung ihres Auftrags, dem Frieden Deutschlands und seiner Verbündeten zu dienen, so ausgelegt sein, dass die Menschen angespornt, nicht gebremst – gefördert, nicht gehindert werden. Die Struktur der militärischen Organisation soll so beschaffen sein, dass sie zur Übernahme von Verantwortung in Freiheit anregt und einlädt. Das hat Konsequenzen für die Bestimmung des Verhältnisses von Mensch und Macht: In einer – wie die Soziologen sagen: totalen – Institution wie Streitkräften haben Menschen mehr Macht über andere Menschen als im zivilen Alltag. Das beginnt bei der Vorstellung des Führers, er müsse und dürfe seinen Untergebenen befehlen, in die Gefahr hinein zu handeln, auch wenn er dabei gegebenenfalls zu Tode kommt, und endet bei dem Befehl, pro Abend nicht mehr als zwei Büchsen Bier in der zur persönlichen Erholung vorgesehenen Zeit zu konsumieren. In einem im Zivilleben unbekannten und vielleicht sogar unvorstellbaren Ausmaß kann bei der Bundeswehr der einzelne Soldat gegängelt werden: die Art des Hochkrempelns der Hemdsärmel im Tarnfleck ist ebenso vorgeschrieben wie das Überbringen von Meldungen oder die sportliche Betätigung. Wer seine Karriere darauf ausrichtet, Berufssoldat zu werden, ist angewiesen auf eine Vielzahl von Beurteilungen, die ihm vor allem eines bescheinigen: seine Fähigkeit, sich an die Vorschriften und die Vorstellungen des jeweiligen Vorgesetzten anzupassen.

Die Konzeption Innere Führung erlaubt es den Vorgesetzten, ihre Machtausübung selbstkritisch daraufhin zu befragen, ob sie funktional gerechtfertigt ist oder aus der Freude an der Durchsetzung des eigenen Willens heraus geschieht. Sogenannte Traditionalisten haben häufig genau damit Schwierigkeiten. Sie können in schier endloser Rede akkuraten Bettenbau oder eine bestimmte Art des Rucksackpackens oder Schrankeinräumens rechtfertigen. Dahinter steht die Idee, dass nur der in allen seinen Lebensäußerungen scharf überwachte, mit seinen Kameraden gleichförmig gemachte Soldat auch tatsächlich tut, was er soll.

> **Die Innere Führung sensibilisiert für Machtverhältnisse.**

„Die Gnade des Nullpunkts nutzen" wollte Baudissin für einen qualitativen Neuanfang: Nicht am Krieg sollte sich der zukünftige deutsche Soldat geistig ausrichten, sondern am Frieden. Nur derjenige sei ein guter und einsatzbereiter Soldat, dessen Ziel nicht die kämpferische Durchsetzung im Krieg, sondern die Aufrechterhaltung oder Wiederherstellung des Friedens ist. Daraus folgt für den Soldaten – wie natürlich heutzutage auch für die Soldatin –, insbesondere im Zeitalter des globalen Terrorismus, dass Abschreckung die erste und vornehmste Aufgabe sein muss. Abschreckung muss einhergehen mit Maßnahmen, die einen friedlichen Interessenausgleich erlauben.

Nur der Gedanke der Verteidigung einer Ordnung, die sich das Friedensgebot in die Präambel ihres Grundgesetzes und in dessen Art. 24 geschrieben hat, ist der neuen Lage angemessen. Entsprechend kann nur ein friedensorientierter Soldat vom moralischen Recht seiner Sache tatsächlich überzeugt sein. Nur er kann – um den alten Gedanken des Reformators Martin Luther (1483–1546) aufzugreifen: – „mit gutem Gewissen" als Soldat kämpfen. (Vgl. etwa die sogenannte Kriegsleuteschrift 1526/1983 von Martin Luther)

Über den Zusammenhang von Verteidigung, Abschreckung, Frieden und Sicherheit wird in Gesellschaft, Politik und Bundeswehr gegenwärtig kaum nachgedacht. Als selbstverständlich gilt vielen Politikern, dass Sicherheitsbedrohungen für die Bevölkerung der Bundesrepublik Deutschland nach Möglichkeit ausgeschlossen werden müssen. Zu starkes Sicherheitsdenken widerstrebt aber der Freiheit. Überwachung aller öffentlichen Plätze, Schulen oder Verkehrsmittel ist unrealistisch. In der Vielzahl abgehörter Telefonate geht die eigentlich wichtige Information leicht unter. Die Saat militärischer Gewalt gebiert leicht Gegengewalt, untergräbt also die Sicherheit, die eigentlich durch den Einsatz der Streitkräfte erhöht werden sollte. Konsequenz aus den hier angedeuteten Überlegungen kann in ethischer Hinsicht nur sein: Wir leben in Unsicherheit und müssen in die

Unsicherheit hinein handeln – mit Augenmaß und Zurückhaltung. Entsprechend votiert auch die deutsche Bevölkerung (befragt wurden 2 000 Personen am 29./30. November 2006) für Landesverteidigung (96 Prozent), Friedenserhaltung (81 Prozent), nicht aber für Friedenserzwingung mit UNO-Mandat (nur 50 Prozent). (Financial Times Deutschland, 1. Dezember 2006, 12; vgl. a. Jacobs 2010, Fiebig 2009)

> **Die Innere Führung sensibilisiert für eine Kultur des Friedens.**

Für den religiös geprägten Menschen drückt sich die Erfahrung, dass alle Sicherheit trügerisch ist, unnachahmlich zugespitzt in einer Erzählung Jesu aus: „Und er [Jesus, ADD] sagte ihnen ein Gleichnis und sprach: Es war ein reicher Mensch, das Feld hatte wohl getragen. Und er dachte bei sich selbst und sprach: Was soll ich tun? Ich habe nichts, wo ich meine Früchte hin sammle. Und sprach: Das will ich tun: ich will meine Scheunen abbrechen und größere bauen und will darein sammeln all mein Korn und meine Güter und will sagen zu meiner Seele, du hast einen großen Vorrat auf viele Jahre; habe nun Ruhe, iß, trink und habe guten Mut! Aber Gott sprach zu ihm: Du Narr! Diese Nacht wird man deine Seele von dir fordern (…)" (Lukas 12, 16–21)

Was bedeutet das für die Spezialisten für Sicherheit, die Soldatinnen und Soldaten? Sie müssen lernen, dass dem Einsatz militärischer Mittel enge Grenzen gesetzt sind. Und sie müssen lernen, dass sie nur dann Rückhalt in der Bevölkerung und damit letztlich auch bei der Politik finden, wenn sie sich im Einklang mit der zivilen Gesellschaft entwickeln. Das hat Konsequenzen bis in den Bereich des militärischen Führungshandelns hinein, Konsequenzen für den Umgang von Vorgesetzten mit Untergebenen in der Bundeswehr.

Das SOWI führte regelmäßig wissenschaftliche Untersuchungen zur inneren und sozialen Lage der Streitkräfte durch; das ZMSBw wird diese Praxis fortsetzen. In diesen Studien wird das Thema ‚Führung in der Bundeswehr' in seinen verschiedenen Facetten und mit unterschiedlichen Schattierungen ständig bearbeitet. Das Führungsverhalten der Vorgesetzten, die Meinung der Soldatinnen und Soldaten zu der Organisation, der sie angehören, und deren Aufträgen, die Einschätzung der militärischen Führung und politischen Leitung, die Einsatzbelastung und andere typische Gesichtspunkte des Soldatenberufes in der Gegenwart werden mit Methoden der empirischen Sozialforschung analysiert. Analysiert, diskutiert und weiter entwickelt werden die Normen und Konzepte, die für Soldatinnen und Soldaten der Bundeswehr gültig sind, jeweils vor dem Hintergrund der internationalen Entwicklungen. Die neuesten dieser Untersuchungen zur Akzeptanz der Neuausrichtung der Bundeswehr (Richter 2012) und zur Attraktivität der Bundeswehr (Bulmahn 2012) lassen erkennen, dass noch viel zu tun bleibt – auch und besonders von denjenigen Menschen, die als Vorgesetzte Verantwortung für andere tragen. Zwar heißt es einerseits „Der Königsweg des Veränderungsmanagements ist die Reformkommunikation" (Richter 2012: 34), aber andererseits ist jedem Einsichtigen deutlich, dass die den in der Bundeswehr tätigen Menschen abgeforderten Veränderungen nicht nur besser von oben nach unten erklärt werden müssen. Sie müssen auch einhergehen mit Veränderungen in der Organisationskultur, die beschrieben werden mit den Schlagworten „Abbau von Bürokratie, schnellere Entscheidungsprozesse, flachere Hierarchien, Steigerung der Attraktivität der Bundeswehr als Arbeitgeber, Verbesserung der sozialen Leistungen und Anpassung des Besoldungs- und Zulagensystems." (Richter 2012: 5) Die Bundeswehrangehörigen wünschen sich insbesondere die „Verbesserung der Vereinbarkeit von Familie bzw. Partnerschaft und Dienst" (ebd.: 6, 24, vgl. a. 14), was in Verbindung steht mit der Notwendigkeit, den erhöhten Mobilitätsanforderungen des Dienstherrn zu entsprechen (ebd.: 29-31). Die Forderung des Pendelns ist vor allem mit den militärischen Laufbahnen am Beginn des Berufswegs verbunden, Unteroffiziere und Offiziere im Truppendienst sind in besonderer Weise betroffen. Während die durchschnittliche Entfernung zwischen Dienststelle und Wohnort bei Soldatinnen und Soldaten 112 km beträgt, beträgt sie bei den zivilen Mitarbeiterinnen und Mitarbeitern nur 39 km. Schon diese einfachen Zahlen machen offensichtlich, dass insbesondere die militärischen Vorgesetzten an ihre Fürsorgepflicht für ihre Untergebenen zu erinnern sind. Es reicht einfach nicht, wie in der ZDv 10/1 Innere Führung (2008) festgeschrieben, dass Vorgesetzte ihre „Handlungs- und Ermessensspielräume für eine flexible Gestaltung von Arbeitszeiten und die Schaffung familienfreundlicher Rahmenbedingungen" nutzen sollen „wann immer dies möglich ist." (Ebd.: 667.) Vielmehr müsste die Orientierung an den Bedürfnissen der untergebenen Menschen zur ersten und vornehmsten Pflicht erklärt werden. Stärker zu diskutieren und gegebenenfalls seitens des Wehrbeauftragten zu überprüfen wäre etwa der Missbrauch von Macht seitens der Vorgesetzten, wenn angeblich dienstliche Gründe negative Antworten auf Bitten nach Tele- oder Teilzeitarbeit, nach Familienzeit oder Urlaub notwendig machen. Handlungsspielräume für Vorgesetzte dürfen nicht als Machtinstrument seitens der Vorgesetzten genutzt werden.

> **Militärische Vorgesetzte sind verantwortlich für die Schaffung einer freundlichen Organisationskultur für ihre Untergebenen. Sie fördern insbesondere die Wahrnehmung familiärer Bindungen und Verantwortlichkeiten.**

Nicht anders ist zu argumentieren, wenn man den Attraktivitätsindex zur Bundeswehr ansieht: Die jüngeren Soldatinnen und Soldaten – ebenso wie die Zivilisten ihres Alters – haben vor allem soziale Bedürfnisse und Wachstumsbedürfnisse. Sie fürchten, dass diese die Bundeswehr nicht befriedigen können wird. (Bulmahn 2012: 14 u. ö.) Wenn seitens der Bundeswehr dem potentiellen Nachwuchs signalisiert wird, „dass man sich bei der Bundeswehr entfalten und entwickeln kann, dass man herausfordernde Tätigkeiten ausüben kann, dass man selbständig planen und entscheiden kann, und dass man Familie und Beruf miteinander vereinbaren kann" (ebd.: 20), dann muss das auch glaubwürdig von den Angehörigen der Bundeswehr, insbesondere den jungen Soldatinnen und Soldaten kommuniziert werden. Erzählt wird im Familien- und Bekanntenkreis dasjenige, was im Dienstalltag erfahren wird, und wenn es im Verhältnis von Vorgesetzten zu Untergebenen vertrauensvoll, anteilnehmend und fürsorglich zugeht, dann hat das Konsequenzen für die Auftragserfüllung – möglicherweise sogar dramatische Konsequenzen für die Attraktivität der Bundeswehr als Arbeitgeber in der Peergroup.

> **Militärische Vorgesetzte sind sich dessen bewusst, dass die Kommunikation ihrer Untergebenen über die Vorgesetzten das Urteil der Freunde und Verwandten der Untergebenen über die Bundeswehr stark beeinflusst.**

Der Begriff Führung hat nicht nur zivile und militärische, sondern auch religiöse Konnotationen, auf die oben hingewiesen wurde (Kapitel 1.2). Verbunden mit der Idee göttlicher Führung von Menschen ist jeweils ein Heraustreten aus bekannten Strukturen, eine Form von Befreiung. Übertragen auf den menschlichen Bereich würde das bedeuten: Führung soll Menschen frei machen für Neues, für Wagnisse, für Ungewisses. Aber ein solcher Führer wie Gott, der zugleich weiß, dass das Ende ein gutes sein wird, kann kein militärischer Führer und Vorgesetzter sein. Im Unterschied zu Gott weiß er nämlich nicht, dass seiner Führung, seinem Führungsstil und seinen Führungsmaßnahmen Erfolg beschieden sein wird. Er handelt trotz allen Bemühens um vernünftig nachvollziehbare Entscheidungen ins Ungewisse hinein und muss darum bitten, dass sein Handeln problem- wie situationsangemessen ist. Schon allein deshalb bedarf er der gewissensgeleiteten Beratung durch seine Untergebenen.

> **Militärische Vorgesetzte sollten ihre Untergebenen regelmäßig um offene Rückmeldung zu ihrem Führungsverhalten und eventuellen Führungsproblemen bitten.**

Einen anderen Zugang zur Problematik Führung wählte in den 1970er Jahren das Evangelische Kirchenamt für die Bundeswehr: Niemand hat durch den Dienstgrad Autorität, so hieß es in einer Broschüre. Autorität hat vielmehr derjenige, dem sie verliehen ist, aufgrund der Gesetze und Regelungen, deren es zur Durchsetzung von Gehorsam bedarf. Amtsautorität und persönliche Autorität sind voneinander zu unterscheiden und es ist nicht zu fordern, aber durchaus wünschenswert, wenn Vorgesetzte „zur Autorität werden", weil ihre Befehle dann „gern und damit besser ausgeführt" werden. (Evangelisches Kirchenamt für die Bundeswehr o. J.: 11) Autorität ist, wer „fachlich überlegen" ist, wer „eine Linie hat" und „wer ein Mensch ist!" (Ebd.: 12) Die kirchenamtliche Auslegung dessen, was das bedeutet, ein Mensch zu sein, ist tief von christlichem Denken durchdrungen. Nicht nur weist das Kirchenamt auf dem Rückendeckel der Broschüre hin auf Jesu Diktum: „Wer gross sein will unter euch, der sei euer Diener (...)" (Markus 10, 43f.), es fasst seine Meinung auch in einer Weise zusammen, die den biblischen Hintergrund der Argumentation leicht erkennen lässt: „In dem Maß in dem er [ein Vorgesetzter, ADD] anerkennt, daß er selbst darauf angewiesen ist, von anderen gehalten zu werden, wird er fähig sein, andere zu halten. In dem Maß, in dem er einsieht, daß er selbst davon lebt, daß andere ihm mit Nachsicht begegnen, wird er bereit sein, auch andere anzunehmen, wie sie sind. Mensch gegenüber Menschen, Persönlichkeit auf klarem Kurs, Meister in seinem Fach – den erkennen wir an, ihm verleihen wir Autorität." (Ebd.: 14) In zwölf Ratschlägen werden abschließend „Vätern, Erziehern, Vorgesetzten, die als Autorität anerkannt werden möchten" Hinweise für die eigene Praxis gegeben. Sie sollen sich nicht dienen lassen, sondern ihrerseits dienen, denn Autorität wird ihnen von Untergebenen aus freien Stücken gewährt und kann entzogen werden. Menschen wollen sich nicht gängeln lassen, nur Autoritäre erwarten Gefolgschaft etc. Als zwölfter und letzter Rat folgt: „Wer als Christ lebt, erfüllt einige Voraussetzungen, um als Autorität anerkannt zu werden: Der Glaube, dass alle Menschen Kinder Gottes und alle in gleicher Weise von Gottes Gnade abhängig sind, bewahrt ihn vor Selbstherrlichkeit und Menschenverachtung. Sein Gehorsam gegenüber Gottes Gebot und sein Wissen darum, Gott Rede und Antwort stehen zu müssen, macht ihn berechenbar und vertrauenswürdig." (Ebd.: 15)

> **Die Innere Führung sensibilisiert militärische Vorgesetzte für die Problematik von Autoritäten und autoritativem Stil.**

In der evangelischen sozialethischen Debatte besteht Einigkeit darüber, dass Arbeit ein Segen sein soll – für die Welt wie für den arbeitenden Menschen: „Arbeit als Medium der Weltgestaltung und der Selbstentfaltung ist in Entsprechung zu der auf Mitmenschlichkeit angelegten Bestimmung der Gottebenbildlichkeit stets soziales Handeln, so dass die partizipative Struktur der Arbeit als eine wesentliche Grundstruktur menschlicher Sozialität zu entfalten ist." (Jähnichen 2006: 62) Mit Bezug auf hierarchische Strukturen wird betont, dass „die Konzentration auf ein extrem eingegrenztes Rollenverhalten (…) dem biblisch-theologischen Arbeitsverständnis nicht gerecht [wird], da die soziale Grundstruktur der Arbeit als partnerschaftliches Geschehen hier nicht in den Blick kommt." (Ebd.: 65) Entsprechend sind in kirchlichen Verlautbarungen die Mitbestimmungsrechte der Arbeitnehmerinnen und Arbeitnehmer sowie die Initiativen zur Humanisierung der Arbeitswelt immer begrüßt und gefördert worden. Auf diese Weise sollen das Selbst- und Verantwortungsbewusstsein der Arbeitenden durch den Aufbau kommunikativer und kooperativer Arbeitsstrukturen gestärkt werden. Als sozialethische Leitmaxime wurde der schöne Merkspruch formuliert, „dass man nicht nur von, sondern auch in der Arbeit leben können muss." (G. Traub, zitiert bei Jähnichen 2006: 65; zur Wirtschaftsethik in christlicher Perspektive vgl. umfassend Große 2011) Dazu gehört ein zweiter Gedankenkomplex: Verantwortung kann nur personal übernommen werden – sozusagen: von Personen für Personen. Strukturen und Institutionen können keine Verantwortung tragen. Führungspersonal braucht Zivilcourage als Führungstugend und muss sich der Begrenztheit und Schuldverhaftetheit der eigenen Entscheidungen bewusst sein. Zugleich sollen – das war insbesondere der Impetus Baudissins – Strukturen so beschaffen sein, dass sie personale Verantwortungsübernahme im hoheitlichen Bereich nicht nur erlauben sondern sogar fördern. Innere Führung will Handlungsmöglichkeiten eröffnen statt verengen. Verantwortungsübernahme in der Bundeswehr zu fördern bedeutet, den Anderen als Menschen zu sehen, denn jede zwischenmenschliche Begegnung, auch die im dienstlichen Umfeld, ist „Anruf" (im Sinne von Emmanuel Lévinas) des Anderen, Ruf in die Verantwortung. „Vor dem Anderen ist das Ich unendlich verantwortlich." (Lévinas 1999: 225). Das soll auch für Soldatinnen und Soldaten gelten.

Die Innere Führung sensibilisiert für die Verantwortung gegenüber den Mitmenschen.

6 Quellen und Literatur

Unveröffentlichte Quellen
Privatarchiv Oberst a. D. F.-W. Dieckhoff

Literatur
Abschlussbericht des Unterausschusses [des Verteidigungsausschusses] (2007): Weiterentwicklung der Inneren Führung, politischen Bildung und sozialen Verantwortung für Angehörige der Bundeswehr vor dem Hintergrund des Aufgaben- und Strukturwandels im Einsatz. 21. Juni 2007.
Apelt, Maja (2012): Militärische Sozialisation. In: Leonhard/Werkner (Hrsg.) 2012: 428–446.
Auffahrt, Christoph/Bernard, Jutta/Mohr, Hubert (Hrsg.) (1999): Metzler Lexikon Religion. Gegenwart – Alltag – Medien. Bd. 2. Stuttgart et al.: Verlag J. B. Metzler.
Bake, Julika (2009): Fernab von der Armee im Einsatz? Wehrdienst und militärische Sozialisation im Wachbataillon BMVg. In: Kümmel (Hrsg.) 2009: 107–126.
Bald, Detlef (2005): Die Bundeswehr. Eine kritische Geschichte 1955–2005. München: Verlag C. H. Beck.
Bald, Detlef (2011): Demokratie und Militär – Demokratie und Frieden. (Hamburger Beiträge zur Sicherheitspolitik H. 154) Hamburg: IFSH.
Baudissin, Wolf Graf von (1951): Die Aufstellung deutscher Streitkräfte als reformatorische Aufgabe. In: Dörfler-Dierken (Hrsg.) 2006c: 73–79.
Baudissin, Wolf Graf von (1957a): Situation und Leitbild: Staatsbürger in Uniform. In: Bundesministerium für Verteidigung, Führungsstab der Bundeswehr-B 1957: 15–46.
Baudissin, Wolf Graf von (1957b): Soldat und Tradition. In: Bundesministerium für Verteidigung, Führungsstab der Bundeswehr-B 1957: 47–78.
Baudissin, Wolf Graf von (1969): Soldat für den Frieden. Entwürfe für eine zeitgemäße Bundeswehr. Hrsg. u. eingel. von Peter von Schubert. München.

Baudissin, Wolf Graf von (1982): Nie wieder Sieg! Programmatische Schriften 1951–1981. Hrsg. von Cornelia Bührle u. Claus von Rosen. München.
Baudissin, Wolf Graf von (2006): Als Mensch hinter den Waffen. Hrsg. u. komm. von Angelika Dörfler-Dierken. Göttingen: Vandenhoeck & Ruprecht.
Beckmann, Klaus (2012): Gelöbnis ohne Gewissensprüfung. In: Deutsches Pfarrerblatt, 112. Jg., 5/2012.
Beck, Hans-Christian/Singer, Christian (Hrsg.) (2011): Entscheiden – Führen – Verantworten. Soldatsein im 21. Jahrhundert. Berlin: Miles-Verlag.
Bendel, Lothar (1998): Die Legitimität von Streitkräften im demokratischen Rechtsstaat: Thesen zur Konzeption „Innere Führung". In: Jacob/Justenhoven (Hrsg.) 1998: 73–83.
Bendel, Lothar (2003): Recht und Ethik. Konzepte der Inneren Führung. In: Ethica 2003: 79–83.
Berg, Ludwig (1960): Gehorsam II. Moraltheologisch. In: Lexikon für Theologie und Kirche, 2. Aufl., Bd. 4, Sp. 602f.
Biehl, Heiko/Fiebig, Rüdiger (2011): Evaluierung des Lebenskundlichen Unterrichts in der Truppenpraxis. Ergebnisse der Befragung von Dozentinnen und Dozenten 2011. (Gutachten 3/2011) Strausberg: Sozialwissenschaftliches Institut der Bundeswehr.
Biehl, Heiko/Kümmel, Gerhard/Simon, Elena (2011): Rituale im Militär. Eine Expertise. (Gutachten im Auftrag des Bundesministeriums der Verteidigung) Strausberg: Sozialwissenschaftliches Institut der Bundeswehr.
Biehl, Heiko/Giegerich, Bastian/Jonas, Alexandra (Hrsg.) 2013: Strategic Cultures in Europe. (Schriftenreihe des Zentrum für Militärgeschichte und Sozialwissenschaften 15) Wiesbaden: Springer Fachmedien.
Böckenförde, Ernst-Wolfgang (1976): Staat, Gesellschaft, Freiheit. Frankfurt a. M.: Suhrkamp.
Bulmahn, Thomas (2004a): Bevölkerungsbefragung zum sicherheits- und verteidigungspolitischen Meinungsbild in Deutschland. (Ergebnisbericht) Strausberg: Sozialwissenschaftliches Institut der Bundeswehr.

Bulmahn, Thomas (2004b): Berufswunsch Soldat: Interessenten und Motive. In: Gareis/ Klein (Hrsg.) 2004: 451–459.

Bulmahn, Thomas (2005): Bevölkerungsbefragung 2005. Repräsentative Befragung zum sicherheits- und verteidigungspolitischen Meinungsbild in Deutschland. (Ergebnisbericht) Strausberg: Sozialwissenschaftliches Institut der Bundeswehr.

Bulmahn, Thomas/Burmeister, Julia/Thümmel, Kathleen (2009a): Berufswahl Jugendlicher und Interesse an einer Berufstätigkeit bei der Bundeswehr. Ergebnisse der Jugendstudie 2007 des Sozialwissenschaftlichen Instituts der Bundeswehr. (Forschungsbericht 88) Strausberg: Sozialwissenschaftliches Institut der Bundeswehr.

Bulmahn, Thomas/Fiebig, Rüdiger/Hennig, Jana/Pietsch, Carsten/Wieninger, Victoria/Zimmer, Sebastian (2009b): Sicherheits- und verteidigungspolitisches Meinungsklima in der Bundesrepublik Deutschland. Ergebnisse der Bevölkerungsbefragung 2008 des Sozialwissenschaftlichen Instituts der Bundeswehr. (Forschungsbericht 90) Strausberg: Sozialwissenschaftliches Institut der Bundeswehr.

Bulmahn, Thomas/Fiebig, Rüdiger/Wieninger, Victoria/Greif, Stefanie/Flach, Max H./ Priewisch, Manon A. (2010): Ergebnisse der Studentenbefragung an den Universitäten der Bundeswehr Hamburg und München 2007. (Forschungsbericht 89) Strausberg: Sozialwissenschaftliches Institut der Bundeswehr.

Bulmahn, Thomas (2012): Attraktivitätsindex Bundeswehr. Ein Instrument zur zielgruppenspezifischen Messung der Attraktivität des Arbeitgebers Bundeswehr. Strausberg: Sozialwissenschaftliches Institut der Bundeswehr, Juli 2012.

Bundesministerium für Verteidigung, Führungsstab der Bundeswehr-B (1957): Handbuch Innere Führung. Hilfen zur Klärung der Begriffe. (Schriftenreihe Innere Führung) Bonn.

Bundesministerium der Verteidigung, Abteilung Streitkräfte I 4 (1966): Soldatische Pflicht. (Schriftenreihe Innere Führung, Reihe Erziehung 3) Überarbeitete Neuauflage. Stuttgart: Klett.

Bundesminister der Verteidigung (1972): ZDv 10/1 – Hilfen für die Innere Führung. Führungsstab der Streitkräfte (Fü S I 3). Bonn.

Bundesministerium der Verteidigung (2006): Weißbuch 2006 zur Sicherheitspolitik Deutschlands und zur Zukunft der Bundeswehr. Berlin.
Bundesminister der Verteidigung (2008): ZDv 10/1 – Innere Führung. Selbstverständnis und Führungskultur der Bundeswehr. Führungsstab der Streitkräfte (Fü S I 4). Bonn.
Bundesminister der Verteidigung (2011): ZDv 10/4 – Lebenskundlicher Unterricht. Selbstverantwortlich leben – Verantwortung für andere übernehmen können. Führungsstab der Streitkräfte (Fü S I 3). Bonn.
Bundesminister der Verteidigung (2011): Verteidigungspolitische Richtlinien. Nationale Interessen wahren – Internationale Verantwortung übernehmen – Sicherheit gemeinsam gestalten. Berlin.
Bundesministerium der Verteidigung (2012): Die Neuausrichtung der Bundeswehr. Nationale Interessen wahren – Internationale Verantwortung übernehmen – Sicherheit gemeinsam gestalten. Berlin.
Busse, Nikolas (2006): Pazifistische Züge. Eine Studie über das außenpolitische Denken der Deutschen. In: Frankfurter Allgemeine Zeitung, 13.03.2006, Nr. 61, 10.
Christa, Harald/Clausnitzer, Sebastian (Hrsg.) (2006): Verantwortung im Führen und Leiten in der Sozialen Arbeit. (Akzente der Entwicklung sozialer Arbeit in Gesellschaft und Kirche 11) Leipzig: Evangelische Verlagsanstalt.
Dalferth, Ingolf U./Peng-Keller, Simon (Hrsg.) (2012): Kommunikation des Vertrauens. Leipzig: Evangelische Verlagsanstalt.
Darnstädt, Thomas (2012): Chirurg an der Panzerfaust. Im Afghanistan-Einsatz müssen deutsche Militärärzte auch mit der Waffe kämpfen. Nun dürfen sie aus Gewissensgründen den Kriegsdienst verweigern. In: Der Spiegel, H. 9, 2012, 31.
de Maizière, Thomas (2011): „Neuausrichtung der Bundeswehr". Rede am 18. Mai 2011. Online: http://www.bundesregierung.de/Content/DE/Rede/2011/05/2011-05-18-de-maiziere-bw-neuausrichtung.html?nn=430032 (letzter Zugriff: 21. Februar 2012).

de Maizière, Thomas (2012): "Nicht so viel fragen, mehr machen". In: Die Bundeswehr, 1, 7.

Deep White GmbH (2006): Studie ‚Wertmanagement und Unternehmenserfolg'. Forschungsbericht Unternehmen ‚C'. Bonn.

Deutsche Bischofskonferenz, Sekretariat (Hrsg.) (2005): Denkschrift "Soldaten als Diener des Friedens. Erklärung zur Stellung und Aufgabe der Bundeswehr" vom 29. November 2005. Online: http://www.dbk.de/schriften/data/00918/print_de.html (letzter Zugriff: 1. März 2012).

Deutscher Bundestag (2009): Konzept der Inneren Führung stärken und weiterentwickeln. Drucksache 16/12071, 26. Februar 2009. Online: http://dip21.bundestag.de/ dip21/btd/16/120/1612071.pdf (letzter Zugriff: 1. März 2012).

Deutscher Bundestag (2011): Dritter Erfahrungsbericht der Bundesregierung zum Soldatinnen- und Soldatengleichstellungsgesetz. Drucksache 17/8073, 30. November 2011. Online: http://dipbt.bundestag.de/dip21/btd/17/080/1708073.pdf (letzter Zugriff: 3. September 2012).

Deutscher Bundestag (2012): Umgang der Bundeswehr mit Rechtsextremismus. Drucksache 17/8559, 7. Februar 2012. Online: http://dipbt.bundestag.de/dip21/btd/17/ 085/1708559.pdf (letzter Zugriff: 3. September 2012).

Deutscher Hochschulverband (Hrsg.) (2006): Glanzlichter der Wissenschaft – Ein Almanach. Stuttgart: Lucius & Lucius.

Die deutschen Bischöfe (2000): Gerechter Friede. Hrsg.: Sekretariat der deutschen Bischofskonferenz. (Die deutschen Bischöfe 66) Bonn.

Dörfler-Dierken, Angelika (2005): Ethische Fundamente der Inneren Führung. Baudissins Leitgedanken: Gewissensgeleitetes Individuum – Verantwortlicher Gehorsam – Konflikt- und friedensfähige Mitmenschlichkeit. (SOWI-Berichte Nr. 77) Strausberg: Sozialwissenschaftliches Institut der Bundeswehr.

Dörfler-Dierken, Angelika (2006a): Befehl – Gehorsam – Mitmenschlichkeit. In: vom Hagen (Hrsg.) 2006: 165–188.

Dörfler-Dierken, Angelika (2006b): Zu dieser Quellensammlung. In: Dörfler-Dierken (Hrsg.) 2006c: 21–54.

Dörfler-Dierken, Angelika (Hrsg.) (2006c): Graf von Bauddissin. Als Mensch hinter den Waffen. Göttingen: Vandenhoeck & Ruprecht.
Dörfler-Dierken, Angelika (2008): Zur Entstehung der Militärseelsorge und zur Aufgabe der Militärgeistlichen in der Bundeswehr. (Forschungsbericht 83) Strausberg: Sozialwissenschaftliches Institut der Bundeswehr.
Dörfler-Dierken, Angelika (2010a): Die Bedeutung der Jahre 1968 und 1981 für die Bundeswehr. Gesellschaft und Bundeswehr: Integration oder Abschottung? (Militär und Sozialwissenschaften 44) Baden-Baden: Nomos.
Dörfler-Dierken, Angelika (2010b): Harte Soldaten. Replik auf Uwe Hartmanns Forderung: Die Bundeswehr braucht Erziehung zu Disziplin, Härte und Gehorsam. In: Hammerich et al. (Hrsg.) 2010: 240–275.
Dörfler-Dierken, Angelika/Portugall, Gerd (2010): Friedensethik und Sicherheitspolitik. Weißbuch 2006 und EKD-Friedensdenkschrift 2007 in der Diskussion. Wiesbaden: VS Verlag für Sozialwissenschaften.
Dörfler-Dierken, Angelika (2011): Innere Führung als Führungskultur der Bundeswehr. In: Hartmann/von Rosen/Walter (Hrsg.) 2011: 101–113.
Dörfler-Dierken, Angelika/Ebeling, Klaus/Fiebig, Rüdiger (2011): Evaluierung des Lebenskundlichen Unterrichts in der Truppenpraxis. Erste Ergebnisse der Umfrage 2010. (Gutachten 1/2011) Strausberg: Sozialwissenschaftliches Institut der Bundeswehr.
Ebeling, Klaus (2006): Militär und Ethik. Moral- und militärkritische Reflexionen zum Selbstverständnis der Bundeswehr. (Beiträge zur Friedensethik 41) Stuttgart: Kohlhammer.
Ebeling, Klaus (2007): Weltreligionen kompakt. Zum Verständnis von Judentum, Christentum, Islam, Hinduismus und Buddhismus. 2. Aufl. (Forschungsbericht 79) Strausberg: Sozialwissenschaftliches Institut der Bundeswehr.
Ebeling, Klaus (Hrsg.) (2010): Orientierung Weltreligionen. Stuttgart: Kohlhammer.

Ehrhart, Hans-Georg (Hrsg.) (2001): Militär und Gesellschaft im Kontext europäischer Sicherheit. Wie modern ist das Denken Graf Baudissins im 21. Jahrhundert? (Demokratie, Sicherheit, Frieden 139) Baden-Baden: Nomos.

Elßner, Thomas R. (2005): Innere Führung und Transformation der Bundeswehr. Anmerkungen zu 50 Jahren Innere Führung in der Bundeswehr. In: S + F, Sicherheit und Frieden, 23, 190–196.

Ethica 2003: Jahrbuch des Instituts für Religion und Frieden. Wien: Heeresdruckerei BMLV.

Evangelische Kirche in Deutschland (2001): Schritte auf dem Weg des Friedens. Ein Beitrag des Rates der EKD. 3. erw. Aufl. (EKD-Texte 48) Hannover: Kirchenamt der EKD.

Evangelische Kirche in Deutschland (2006): Aus Gottes Frieden leben – für gerechten Frieden sorgen. Gütersloh: Gütersloher Verlagshaus.

Evangelisches Kirchenamt für die Bundeswehr (EKA) (Hrsg.) (o. J./ca. 1970): Angemaßte – anerkannte Autorität. (Zum Thema 77) Stuttgart: Kreuz-Verlag. (= Privatarchiv Oberst a. D. Dieckhoff)

Evangelisches Kirchenamt für die Bundeswehr (EKA) (Hrsg.) (2009): Friedensethik im Einsatz. Ein Handbuch der Evangelischen Seelsorge in der Bundeswehr. Hrsg. im Auftrag des evangelischen Militärbischofs vom Evangelischen Kirchenamt für die Bundeswehr. Gütersloh: Gütersloher Verlagshaus.

Fiebig, Rüdiger (2009): Bedrohungswahrnehmung und Sicherheitsempfinden. In: Bulmahn et al. 2009b: 119–134.

Fiebig, Rüdiger (2010): Streitkräftebefragung 2009. Ergebnisse zu den Themenfeldern Dienstzufriedenheit, Attraktivität und Transformation. (Gutachten 2/2011) Strausberg: Sozialwissenschaftliches Institut der Bundeswehr.

Frevert, Ute (Hrsg.) (1997): Militär und Gesellschaft im 19. und 20. Jahrhundert. Stuttgart: Klett-Cotta.

Friedrich-Ebert-Stiftung, Abteilung Gesellschaftspolitische Information (Hrsg.) (2006): Zur Transformation der Bundeswehr. Überlegungen zur Weiterentwicklung der Inneren Führung. Bonn: Friedrich-Ebert-Stiftung.

Gareis, Sven Bernhard/Klein, Paul (Hrsg.) (2004): Handbuch Militär und Sozialwissenschaft. Wiesbaden: VS Verlag für Sozialwissenschaften.

Gaudium et Spes (1965): Pastorale Konstitution über die Kirche in der Welt von heute. In: Lexikon für Theologie und Kirche 14 (Vaticanum) II.3, 1968, 241–592.

Geldmacher, Frank/Rauch, Andreas M. (2012): Christen als Minderheit im Römischen Militär. In: Kümmel (Hrsg.) 2012: 27–45.

Gemeinsame Sicherheit und Zukunft der Bundeswehr (2000): Bericht der Kommission an die Bundesregierung. 23. Mai 2000. Vorsitzender: Richard von Weizsäcker. Berlin.

Gerhard, Wilfried (1999): Extremismusstudien. (SOWI-Arbeitspapier Nr. 117) Strausberg: Sozialwissenschaftliches Institut der Bundeswehr.

Gleich, Michél (2006): Religion und Wirtschaft. Eine Analyse der Interdependenz christlicher und ökonomischer Perspektiven. Hausarbeit in Sozialethik vom 23. Oktober 2006. Hamburg: Helmut-Schmidt-Universität der Bundeswehr.

Göbel, Elisabeth (2006): Unternehmensethik. Stuttgart: Lucius & Lucius.

Gronimus, Andreas (2012): Minderheiten und Minderheitenpolitik aus rechtlicher Sicht. In: Kümmel (Hrsg.) 2012: 191–207.

Groß, Gerhard P. (2001): Führungsdenken in europäischen und nordamerikanischen Streitkräften im 19. und 20. Jahrhundert. Hamburg: Mittler.

Große, Christopher G. (2011): Wirtschaft in der Verantwortung. Management und Kommunikation im Spannungsfeld zwischen Ethik und Ökonomik. (Kontexte. Neue Beiträge zur historischen und systematischen Theologie 42) Göttingen: Edition Ruprecht.

Großeholz, Carsten (2006a): Die ökonomische Modernisierung der Bundeswehr im Meinungsbild der Soldatinnen und Soldaten. Ergebnisse der Streitkräftebefragung 2005. Strausberg: Sozialwissenschaftliches Institut der Bundeswehr. (Unveröffentl. Ms.)

Großeholz, Carsten (2006b): Der Veränderungsprozess im Meinungsbild der Soldatinnen und Soldaten. Ausgewählte Ergebnisse der SOWI-Streitkräftebefragungen als Anregung für ein verstärktes Management des Wandels. In: SOWI.NEWS. Newsletter des Sozialwissenschaftlichen Instituts der Bundeswehr 3, 4–8.

Großeholz, Carsten (2007): Die ökonomische Modernisierung im Meinungsbild der Soldatinnen und Soldaten. In: Richter (Hrsg.) 2007: 15f.

Großeholz, Carsten/Portugall, Gerd (2006): Mehr Wirtschaftlichkeit. Die ökonomische Modernisierung der Bundeswehr. In: Informationen für die Truppe, 1, 14–18.

Haarurteil des Truppendienstgerichts Süd in München mit Beschluss vom 4. Januar 2005 (Az: S4 BLc 18/04).

Hagen, Ulrich vom (Hrsg.) (2006): Armee in der Demokratie. Zum Verhältnis von zivilen und militärischen Prinzipien. (Schriftenreihe des Sozialwissenschaftlichen Instituts der Bundeswehr 3) Wiesbaden: VS Verlag für Sozialwissenschaften.

Hallmann, Thomas (2012): Diversity Management im Militär: Eine historische Betrachtung anhand ausgewählter Fallbeispiele. In: Kümmel (Hrsg.) 2012: 47–71.

Hamann, Rudolf (2000): Abschied vom Staatsbürger in Uniform. Fünf Thesen zum Verfall der Inneren Führung. In: Klein/Walz (Hrsg.) 2000: 61–79.

Hammerich, Helmut R./Hartmann, Uwe/Rosen, Claus von (Hrsg.) (2010): Jahrbuch Innere Führung 2010. Die Grenzen des Militärischen. Berlin: Miles-Verlag.

Handbuch für Innere Führung (1957): Siehe Bundesministerium der Verteidigung 1957.

Hartmann, Uwe (2007): Innere Führung. Erfolge und Defizite der Führungsphilosophie für die Bundeswehr. Berlin: Miles-Verlag.

Hartmann, Uwe/Rosen, Claus von/Walther, Christian (Hrsg.) (2011): Jahrbuch Innere Führung 2011. Ethik als geistige Rüstung für Soldaten. Berlin: Miles-Verlag.

Heitmeier, Wilhelm/Hagan, John (Hrsg.) (2002): Internationales Handbuch der Gewaltforschung. Wiesbaden: Westdeutscher Verlag.

Heuser, Franz-Josef (1999): Den Weg in die Zukunft vorbereiten. Die HDv 100/200 „Führungsunterstützung im Heer" (TF/FU). In: Truppenpraxis/Wehrausbildung, 3, 178–182.

Hierold, Alfred E./Nagel, Ernst Josef (Hrsg.) (1995): Kirchlicher Auftrag und politische Friedensgestaltung. Festschrift für Ernst Niermann, Militärgeneralvikar 1981–1995. Stuttgart et al.: Kohlhammer.

Hilpert, Konrad (1995): Gehorsam III. Theologisch-ethisch. In: Lexikon für Theologie und Kirche. 3. Aufl. Bd. 4, Sp. 360–362.

Honecker, Martin/Dahlhaus, Horst/Hübner, Jörg Traugott (Hrsg.) (2006): Evangelisches Staatslexikon. Neuausgabe hrsg. von Werner Heun, Martin Honecker, Martin Morlok, Joachim Wieland. Stuttgart: Kohlhammer.

Hoppe, Thomas (Hrsg.) (2004): Schutz der Menschenrechte. Zivile Einmischung und militärische Intervention. Analysen und Empfehlungen vorgelegt von der Projektgruppe Gerechter Friede der Deutschen Kommission Justitia et Pax. Berlin: Verlag Dr. Köster.

Hoppe, Thomas (2006): Gewissensfreiheit als Grenze der militärischen Gehorsamspflicht. In: Auftrag, 46: 264, Dezember 2006, 47–51.

Hubbert, Michael (2000): Schlanker Staat – KLV und Flexible Budgetierung in den Streitkräften. In: Bundeswehrverwaltung, 44: 4, 79–83.

Huxel, Kirsten (2006): Gewissen und Politik. Fundamentalanthropologische Erwägungen zur Ethik des Politischen. In: Religion, Politik und Gewalt. Kongressband des XII. Europäischen Kongresses für Theologie, 18.–22. September 2005 in Berlin. Hrsg. von Friedrich Schweitzer. (Veröffentlichungen der Wissenschaftlichen Gesellschaft für Theologie 29) Gütersloh: Gütersloher Verlagshaus, 642–665.

Ilsemann, Carl-Gero von (1971): Drill und Tradition in der militärischen Ausbildung. In: Zeitmagazin, Nr. 28, 9. Juli, 2.

Imbusch, Peter/Zoll, Ralf (Hrsg.) (2006): Friedens- und Konfliktforschung. Eine Einführung. 4. Aufl. Wiesbaden: VS Verlag für Sozialwissenschaften.

Jaberg, Sabine (Hrsg.) (2006): Sag mir, wo…?: auf der Suche nach der grundgesetzlichen Friedensnorm beim Streitkräfteeinsatz (Hamburger Beiträge zur Friedensforschung und Sicherheitspolitik, 143) Hamburg: Institut für Friedensforschung und Sicherheitspolitik an der Universität Hamburg.

Jacob, Ludwig/Justenhoven, Heinz-Gerhard (Hrsg.) (1998): Wehrstruktur auf dem Prüfstand: zur Debatte über die neue Bundeswehr. (Reihe Beiträge zur Friedensethik 31) Stuttgart: Kohlhammer.

Jacobs, Jörg (2010): Militärkritisch oder militäraffin? – Grundhaltungen der Bevölkerung ausgewählter europäischer Staaten. In: Dörfler-Dierken /Portugall (2010): 201–218.

Janßen, Karl-Heinz (1993): Blei in der Luft. In: Die Zeit, 9. April 1993, 15. Online: http://www.zeit.de/1993/15/blei-in-der-luft (letzter Zugriff 3. September 2012).

Jähnichen, Traugott (2006): Mitbestimmung. In: Heun/Honecker/Morlok/Wieland (Hrsg.) 2006: 1555–1559.

Jähnichen, Traugott (2006): Arbeit. In: Heun/Honecker/Morlok/Wieland (Hrsg.) 2006: 56–67.

Jugend 2000. 13. Shell Jugendstudie. Bd. 1–2. Opladen: Leske + Budrich.

Kantner, Cathleen/Richter, Gregor (2004): Die Ökonomisierung der Bundeswehr im Meinungsbild der Soldaten. Ergebnisse der Streitkräftebefragung 2003. (SOWI-Arbeitspapier Nr. 139) Strausberg: Sozialwissenschaftliches Institut der Bundeswehr.

Keller, Jörg (2000): Leadership – ein folgenschwerer Irrtum? Eine Kritik militärischer Führungsvorstellungen. In: Kutz/Weyland (Hrsg.) 2000: 140–177.

Keller, Jörg (2006): Mythos Auftragstaktik. In: vom Hagen (Hrsg.) 2006: 141–163.

Keller, Jörg (2004): Führung und Führer im Militär. In: Gareis/Klein (Hrsg.) 2004: 475-491.

Klages, Helmut (1984): Wertorientierungen im Wandel. Rückblick, Gegenwartsanalyse, Prognosen. Frankfurt a. M. et al.: Campus-Verlag.

Klein, Paul (2012): Von der Mehrheit zur Minderheit: Deutsche in der französischen Fremdenlegion. In: Kümmel (Hrsg.) 2012: 73–82.

Klein, Paul/Kümmel, Gerhard (2012): Zwischen Rechtserhaltung und Nicht-Rechtserhaltung. Gewalt als Wesensmerkmal militärischer Organisationen. In: Meireis (Hrsg.) 2012: 49–68.

Klein, Paul/Walz, Dieter (Hrsg.) (2000): Die Bundeswehr an der Schwelle zum 21. Jahrhundert. Baden-Baden: Nomos.

König, Josef (2010): Podiumsdiskussion: „Werte in einer sich verändernden Bundeswehr". In: Kompass, 12, 14f. (Bericht von einer gleichnamigen Veranstaltung an der Führungsakademie der Bundeswehr, veranstaltet vom Zentrum für Ethische Bildung).

Kümmel, Gerhard (2008): Truppenbild mit Dame. Eine sozialwissenschaftliche Begleituntersuchung zur Integration von Frauen in die Bundeswehr. (Forschungsbericht 82) Strausberg: Sozialwissenschaftliches Institut der Bundeswehr.

Kümmel, Gerhard (Hrsg.) (2009): Streitkräfte unter Anpassungsdruck. Sicherheits- und militärpolitische Herausforderungen Deutschlands in Gegenwart und Zukunft. (Militär und Sozialwissenschaften 43) Baden-Baden: Nomos.

Kümmel, Gerhard (Hrsg.) (2012): Die Truppe wird bunter: Streitkräfte und Minderheiten. (Militär und Sozialwissenschaften 47) Baden-Baden: Nomos.

Kümmel, Gerhard/Klein, Paul (2002): Gewalt im Militär. In: Heitmeier/Hagan (Hrsg.) 2002: 215–234.

Kutz, Martin/Weyland, Petra (Hrsg.) (2000): Europäische Identität? Versuch, kulturelle Aspekte eines Phantoms zu beschreiben. Bremen: Edition Temmen.

Langer, Daniel: Berufszufriedenheit von Soldaten der Bundeswehr. In: Gareis/Klein (Hrsg.) 2004: 485-494.

Langer, Phil C. (2012): Erfahrungen von „Fremdheit" als Ressource verstehen – Herausforderungen interkultureller Kompetenz im Einsatz. In: Seiffert/Langer/Pietsch (Hrsg.) 2012: 123–141.

Leman, Kevin/Pentak, William (2005): Das Hirtenprinzip. Sieben Erfolgsrezepte guter Menschenführung. Gütersloh: Gütersloher Verlagshaus.

Leonhard, Nina (2007): Berufliche Identität von Soldaten. Eine qualitative Untersuchung von Soldaten der Bundeswehr aus den neuen und alten Bundesländern. (Gutachten 3/2007) Strausberg: Sozialwissenschaftliches Institut der Bundeswehr.

Leonhard, Nina/Aubry, Giulia/Santero, Manuel Casas/Jankowski, Barbara (Eds.) (2008): Military Co-operation in Multinational Missions: The Case of EUFOR in Bosnia and Herzegovina (FORUM International 28) Strausberg: Bundeswehr Institute of Social Sciences.

Leonhard, Nina/Werkner, Ines-Jacqueline (Hrsg.) (2012): Militärsoziologie – Eine Einführung. 2. Aufl. Wiesbaden: VS Verlag für Sozialwissenschaften.

Lepel, Oskar Matthias von (1997): Menschenwürde und Gewissensfreiheit. In: Truppenpraxis/Wehrausbildung, 10, 624–629.

Lepel, Oskar Matthias von (2006): Im Grenzbereich von Gesetz und Ethik. Überlegungen zum Urteil des Bundesverwaltungsgerichts zur Gewissensfreiheit von Soldaten. In: zur sache.bw. Evangelische Kommentare zu Fragen der Zeit, 10, 18–25.

Lepenies, Wolf (2006): Kultur der selbstbewußten Freiheit. Rede anläßlich der Verleihung des Friedenspreises des Deutschen Buchhandels 2006. In: Deutscher Hochschulverband (Hrsg.) 2006: 85–92.

Lepsius, M. Rainer (1997): Militärwesen und zivile Gesellschaft. Zur Institutionalisierung von Gewaltpotentialen in Friedenszeiten. In: Frevert, Ute (Hrsg.): Militär und Gesellschaft im 19. und 20. Jahrhundert, Stuttgart: Klett-Cotta, 359–370.

Lévinas, Emmanuel (1999): Die Spur des Anderen. Untersuchungen zur Phänomenologie und Sozialphilosophie. Übersetzt, herausgegeben und eingeleitet von Wolfgang Nikolaus Krewani. Freiburg i. Br./München: Karl Alber.

Liedke, Ulf (2006): Risiken und Nebenwirkungen? Fragen Sie! Skizze einer Ethik der Verantwortung für Leitungsprozesse in sozialen Unternehmen. Überlegungen am Beispiel der Diakonie. In: Christa/Clausnitzer (Hrsg.) 2006: 59–81.

Lippert, Ekkehard (1995): Stimmungsbild unter den Soldaten. In: Hierold/Nagel (Hrsg.) 1995: 228–237.

Luther, Martin (1526): Ob Kriegsleute auch in seligem Stande sein können. In: Ders. 1983: Bd. 7, 52–86.

Luther, Martin (1983): Luther Deutsch. Die Werke Martin Luthers in neuer Auswahl für die Gegenwart. Hrsg. von Kurt Aland, Bd. 1–10. 3. Aufl. Göttingen: Vandenhoeck & Ruprecht.

Matiaske, Wenzel (2012): Nutzen und Grenzen einer ergebnisorientierten Steuerung mit Zielen und Anreizen. In: Richter (Hrsg.) 2012: 261–275.

Meireis, Torsten (Hrsg.) 2012: Gewalt und Gewalten. Zur Ausübung, Legitimität und Ambivalenz rechtserhaltender Gewalt. Tübingen: Mohr-Siebeck.

Menke, Iris/Langer, Phil C. (Eds.) (2011): Muslim Service Members in Non-Muslim Countries. Experiences of Difference in the Armed Forces in Austria, Germany and the Netherlands. (FORUM International 29) Strausberg: Bundeswehr Institute of Social Scienes.

Menke, Iris/Langer, Phil C./Tomforde, Maren (2011): Challenges and Chances of Integration Muslim Soldiers in the Bundeswehr: Strategies of Diversity Management in the German Armed Forces. In: Menke/Langer (Hrsg.) 2011: 13–62.

Meyer, Berthold (2009): Innere Führung und Auslandseinsätze: Was wird aus dem Markenzeichen der Bundeswehr? (HSFK-Report 2/2009) Frankfurt a. M.

Michalowski, Ines (2012): Der Umgang mit religiöser Diversität im Militär: Deutschland und die USA im Vergleich. In: Kümmel (Hrsg.) 2012: 111–124.

Militärgeschichtliches Forschungsamt (ca. 1968): Zur Diskussion über die Bedeutung und das rechte Verhältnis von Formal- und Gefechtsausbildung in der Zeit von 1889 bis 1914/15. [Gutachten, das die Notwendigkeit des Formaldienstes anhand historischer Dokumente erweist] (= Privatarchiv Oberst a. D. Dieckhoff)

Naacke, Claudia (1999): Haar. In: Auffahrt/Bernard/Mohr (Hrsg.) 1999: 1–3.

Nardi (= Wissenschaftlicher Berater des Generals und Oberbefehlshabers der französischen Streitkräfte in Deutschland). Die militärische Disziplin im nuklearen Zeitalter. Referat für die Internationale Tagung der Evangelischen Akademie Bad Boll, 25.–28. Oktober 1965, am 2. März 1966 allen Offizieren und Dozenten an der Schule der Bundeswehr für Innere Führung zugesandt. (= Privatarchiv Oberst a. D. Dieckhoff)

Nägler, Frank (2010): Der gewollte Soldat und sein Wandel. Personelle Rüstung und Innere Führung in den Aufbaujahren der Bundeswehr 1956 bis 1964/65. Paderborn: Schöningh.

Näser-Lather, Marion (2011): Bundeswehrfamilien. Die Perzeption von Elternschaft und die Vereinbarkeit von Familie und Soldatenberuf. (Nomos Universitätsschriften, Soziologie, Bd. 14) Baden-Baden: Nomos.

Opitz, Eckart (2001): Perspektiven für die Innere Führung – Anmerkungen zur „Führungsphilosophie" der Bundeswehr. In: Ehrhart (Hrsg.) 2001: 34–55.

Ortgies, Volker (2009): Die berufsethische Aus- und Fortbildung in der Polizei und der Bundeswehr. Eine vergleichende Studie. Masterarbeit, Deutsche Hochschule der Polizei, Juli 2009.

OSZE (1995): Verhaltenskodex zu politisch-militärischen Aspekten der Sicherheit. Deutsch. 3. Dezember 1994, korrigierte Fassung vom 18. Januar 1995.

Paschotta, Heike (2008): Stereotypes, or How Do We See the Others. In: Leonhard et al. (Hrsg.) 2008: 123–160.

Piecha, Thorsten (2006): Normensetzung und soziale Kontrolle im Ausbildungsalltag der Bundeswehr. Eine Replikationsstudie zu Hubert Treibers Wie man Soldaten macht. (Europäische Hochschulschriften, R. XXII: Soziologie, Bd. 413) Frankfurt a. M.: Peter Lang.

Pietsch, Carsten (2010): Panelstudie zur beruflichen Entwicklung von Marineoffizieren. Dritter Forschungsbericht zur Berufsbiographischen Panelstudie Marineoffiziere. Ergebnisse der Crews VII/2005 bis VII/2009. (Forschungsbericht 91) Strausberg: Sozialwissenschaftliches Institut der Bundeswehr.

Pietsch, Carsten (2012): Zur Motivation deutscher Soldatinnen und Soldaten für den Afghanistaneinsatz. In: Seiffert/Langer/Pietsch (Hrsg.) 2012: 101–122.

Portugall, Gerd (2006a): Strategien zur Forcierung des Kontinuierlichen Verbesserungsprogramms (KVP) in der Bundeswehr. Empfehlungen auf der Grundlage der Ergebnisse der Streitkräftebefragung 2005. (SOWI-Arbeitspapier Nr. 141) Strausberg: Sozialwissenschaftliches Institut der Bundeswehr.

Portugall, Gerd (2006b): Empfehlungen zur Forcierung des Kontinuierlichen Verbesserungsprogramms (KVP). Anwendung von Ergebnissen der SOWI-Streitkräftebefragungen. In: SOWI.NEWS. Newsletter des Sozialwissenschaftlichen Instituts der Bundeswehr 3, 8–11.

Portugall, Gerd/Fiebig, Rüdiger (2012): Das Kontinuierliche Verbesserungsprogramm (KVP) – Eine Zwischenbilanz aus organisationswissenschaftlicher Sicht. In: Richter (Hrsg.) 2012: 133–152.

Rahn, Horst Joachim (2006): Führung von Gruppen. Gruppenführung mit System. 5. Aufl. Frankfurt a. M.: Verlag Recht und Wirtschaft.

Reeb, Hans Joachim/Többicke, Peter (2003a): Art. Innere Führung. In: Dies. (Hrsg.) 2003: 143f.

Reeb, Hans Joachim/Többicke, Peter (2003b): Art. Inneres Gefüge. In: Dies. (Hrsg.) 2003: 144f.

Reeb, Hans Joachim/Többicke, Peter (Hrsg.) (2003c): Lexikon Innere Führung. 2., überarb. Aufl. Regensburg et al.

Reemtsma, Jan Philipp (1998a): Freiheit, Macht, Gewalt. In: Reemtsma (Hrsg.) 1998: 125–144.

Reemtsma, Jan Philipp (Hrsg.) (1998b): Mord am Strand. Allianzen von Zivilisation und Barbarei. Aufsätze und Reden. Hamburg: Hamburger Edition.

Richter, Gregor (1999): Innere Kündigung. Modellentwicklung und empirische Befunde aus einer Untersuchung im Bereich der öffentlichen Verwaltung. In: Zeitschrift für Personalforschung, 13: 2, 113–138.

Richter, Gregor (2006): Transformation. Eine Annäherung aus Sicht des Change Management. SOWI.NEWS. Newsletter des Sozialwissenschaftlichen Instituts der Bundeswehr 3, 1–4.
Richter, Gregor (Hrsg.) (2007): Die ökonomische Modernisierung der Bundeswehr. Sachstand, Konzeptionen und Perspektiven. (Schriftenreihe des Sozialwissenschaftlichen Instituts der Bundeswehr 4)Wiesbaden: VS Verlag für Sozialwissenschaften.
Richter, Gregor (2011): Quo vadis, Sozialdienst? Ergebnisse der Befragungen zum Sozialdienst der Bundeswehr. (Forschungsbericht 95) Strausberg: Sozialwissenschaftliches Institut der Bundeswehr.
Richter, Gregor (Hrsg.) (2012): Neuausrichtung der Bundeswehr. Beiträge zur professionellen Führung und Steuerung. (Schriftenreihe des Sozialwissenschaftlichen Instituts der Bundeswehr 12) Wiesbaden: Springer VS.
Richter, Gregor (2012): Veränderungsmanagement zur Neuausrichtung der Bundeswehr. Sozialwissenschaftliche Begleituntersuchung. Ergebnisse der Befragungen 2012. Kurzbericht. Strausberg: Sozialwissenschaftliches Institut der Bundeswehr, August 2012.
Rose, Jürgen (2008): Situationsbezogene Kriegsdienstverweigerung und Gehorsamsverweigerung in der Bundeswehr. In: Wissenschaft und Frieden – Dossier 57: Gewissen statt Gehorsam, 7–11.
Rose, Jürgen (2011): Demokratisierung der Bundeswehr als Schritt auf dem Weg zum Frieden. Anmerkungen zu den Zivilisierungsperspektiven einer autoritären Institution. (CCS Working Papers 14) Marburg: Zentrum für Konfliktforschung der Phillipps-Universität Marburg.
Rössler, Tjarck (1977): Innere Führung. In: Zoll/Lippert/Rössler (Hrsg.) 1977: 123–133.
Schlaffer, Rudolf J./Schmidt, Wolfgang (Hrsg.) (2007): Wolf Graf von Baudissin 1907–1993. Modernisierer zwischen totalitärer Herrschaft und freiheitlicher Ordnung. München: Oldenbourg.
Schrey, Heinz-Horst (1984): Goldene Regel III. Historisch und ethisch. In: Theologische Realenzyklopädie, 13, 575–583.

Schweitzer, Friedrich (2000): Gehorsam IV. Pädagogisch und ethisch. In: Religion in Geschichte und Gegenwart, 3, 4. Aufl., 552.

Seiffert, Anja (2012): „Generation Einsatz" – Einsatzrealitäten, Selbstverständnis und Organisation. In: Seiffert/Langer/Pietsch (Hrsg.) 2012: 79–99.

Seiffert, Anja/Ebeling, Klaus (2012): Zur Ritualkultur (in) der Bundeswehr. In: Kompass 2/2012, 6–8.

Seiffert, Anja/Langer, Phil C./Pietsch, Carsten (Hrsg.) (2012): Der Einsatz der Bundeswehr in Afghanistan. Sozial- und politikwissenschaftliche Perspektiven. (Schriftenreihe des Sozialwissenschaftlichen Instituts der Bundeswehr 11) Wiesbaden: VS Verlag für Sozialwissenschaften.

Sender, Wolfgang (2009): Die Berufsbiographie von Marineoffizieren. Berufswahl, berufliche Erwartungen und Evaluation der Offizierausbildung an der Marineschule Mürwik – Ergebnisse der Befragung der Crews VII/2005 bis VII/2008. (Forschungsbericht 87) Strausberg: Sozialwissenschaftliches Institut der Bundeswehr.

Sieckmann, Jan-R. (2000): Gehorsam V. Rechtlich. In: Religion in Geschichte und Gegenwart, 3, 4. Aufl., 553.

Slenczka, Notger (2000): Gehorsam III. Dogmatisch. In: Religion in Geschichte und Gegenwart, 3, 4. Aufl., 551.

Soldatengesetz (2006): Kommentar Walz, Dieter/Eichen, Klaus/Sohm, Stefan. Heidelberg: Müller.

Sozialwissenschaftliches Institut der Bundeswehr (2004): SOWI-Streitkräftebefragung. Unveröffentl. Datenerhebung.

Sozialwissenschaftliches Institut der Bundeswehr (2006): Gutachten für Fü S I 3 vom 7. November 2006.

Staehle, Wolfgang H. (1999): Management. Eine verhaltenswissenschaftliche Perspektive. 8. Aufl., überarbeitet von Conrad, Peter/Sydow, Jörg. München: Verlag Vahlen.

Steiger, Rudolf (1991): Menschenorientierte Führung. Anregungen für zivile und militärische Führungskräfte. 3. Aufl. Frauenfeld: Huber.

Stein, Tine (2007): Himmlische Quellen und irdisches Recht: Religiöse Voraussetzungen des freiheitlichen Verfassungsstaates. Frankfurt a. M.: Campus Verlag.

Sternberger, Dolf (1968): Menschenbehandlung (1957). In: Sternberger/Storz/Süskind 1968: 126–136.
Sternberger, Dolf/Storz, Gerhard/Süskind, Wilhelm Emanuel (1968): Aus dem Wörterbuch des Unmenschen. 3. Aufl. (Erstaufl. 1957) Hamburg: Claasen.
Strohmeier, Gerd (2007): Bericht zur Mitgliederbefragung des Deutschen BundeswehrVerbandes. 26.04.2007. Online: https://dbwv.de/C125747A001FF94B/vwContentBy Key/W27KDFRX757DBWNDE/$file/DBWV_Gesamt.pdf (letzter Zugriff: 22. Februar 2012).
Strohmeier, Gerd (2011): Studie zur Berufszufriedenheit in der Bundespolizei. Zusammenfassung und Bewertung der wesentlichen Ergebnisse, unter Mitarbeit von Christiana Gransow. 08.04.2011. Online: http://www.gdp.de/gdp.nsf/id/p110402/$file/ StrohmeierStudie.pdf (letzter Zugriff: 22. Februar 2012).
Thiel, Johanna Louise (2012): (Homo-)Sexualitätspolitiken im Militärischen: Zwischen Heteronormierung, Gewalt und umkämpfter Einbindung. In: Kümmel (Hrsg.) 2012: 155–190.
Tomforde, Maren (2012): Muslime in der Bundeswehr: Grade der Integration und Anpassungsstrategien. In: Kümmel (Hrsg.) 2012: 95–109.
Treiber, Hubert (1973): Wie man Soldaten macht. Sozialisation in ‚kasernierter Vergesellschaftung'. Düsseldorf: Bertelsmann Universitätsverlag.
Uhlmann, Peer/Scheel, Wolfgang (2012): Der Umgang mit Homosexualität als Indikator für die ethische Qualität einer Gesellschaft. In: Kümmel (Hrsg.) 2012: 151–154.
Verteidigungspolitische Richtlinien (2011): Siehe Bundesminister der Verteidigung.
Vogel, Winfried (2003): Karl Wilhelm Berkhan. Ein Pionier deutscher Sicherheitspolitik nach 1945. Beiträge zu einer politischen Biographie. (Schriftenreihe des wissenschaftlichen Forums für Internationale Sicherheit WIFIS 21) Bremen: Temmen.
Voßkuhle, Andreas (2012): Über die Demokratie in Europa. In: Aus Politik und Zeitgeschichte, 62, 13/2012, 26. März 2012, 3–9.

Walther, Christian (1984): Gehorsam. In: Theologische Realenzyklopädie, 12, 148–157.
Walther, Christian (2006): Im Auftrag für Freiheit und Frieden. Versuch einer Ethik für Soldaten der Bundeswehr. Berlin: Miles-Verlag.
Wehrbeauftragter (2008): Unterrichtung durch den Wehrbeauftragten. Jahresbericht 2007. (49. Bericht) Deutscher Bundestag, 16. Wahlperiode, Drucksache 16/8200, 04.03.2008.
Wehrbeauftragter (2012): Unterrichtung durch den Wehrbeauftragten. Jahresbericht 2011. (53. Bericht) Deutscher Bundestag, 17. Wahlperiode, Drucksache 17/8400, 24.01.2012.
Wehrbeauftragter (2013): Unterrichtung durch den Wehrbeauftragten. Jahresbericht 2012. (54. Bericht) Deutscher Bundestag, 17. Wahlperiode, Drucksache 17/12050, 29.01.2013.
Weingardt, Markus (2007): Religion Macht Frieden. Das Friedenspotenzial von Religionen in politischen Gewaltkonflikten. Vierzig Fallstudien. Stuttgart: Kohlhammer Verlag.
Weißbuch (2006): Siehe Bundesministerium der Verteidigung.
Weizsäcker-Kommission (2000): Siehe Gemeinsame Sicherheit und Zukunft der Bundeswehr.
Wiesendahl, Elmar (2010): Athen oder Sparta? Bundeswehr quo vadis? (WIFIS aktuell 44) Bremen: Edition Temmen.
Wiesendahl, Elmar (2007a): Zur Aktualität der Inneren Führung von Baudissin für das 21. Jahrhundert. Ein analytischer Bezugsrahmen. In: Ders. (Hrsg.) 2007: 11–28.
Wiesendahl, Elmar (2007b): Was bleibt und was sich ändern muss an einer Inneren Führung für das 21. Jahrhundert. In: Ders. (Hrsg.) 2007: 155–168.
Wiesendahl, Elmar (Hrsg.) (2007c): Innere Führung für das 21. Jahrhundert. Die Bundeswehr und das Erbe Baudissins. Paderborn et al.: Schöningh.
Woll, Helmut (1994): Menschenbilder in der Ökonomie. München et al.: Oldenbourg.
Wulf, F. (1964): Seelenführung. In: Lexikon für Theologie und Kirche, 9, 2. Aufl., 574f.
Zentrum Innere Führung (Hrsg.) (1992): Kursbuch Innere Führung 2000. Zwischenbericht 1991. Koblenz: Zentrum Innere Führung.

Zentrum Innere Führung, Bereich 1 (1999): Bundeswehr/Streitkräfte in der Demokratie. Staatsbürger in Uniform und Innere Führung auf dem Weg ins nächste Jahrtausend – ein Positionspapier. [Koblenz], 43 (= Privatarchiv Oberst a. D. Dieckhoff).

Zoll, Ralf/Lippert, Ekkehard/Rössler, Tjarck (Hrsg.) (1977): Bundeswehr und Gesellschaft. Ein Wörterbuch. (Studienbücher zur Sozialwissenschaft 34) Opladen: Westdeutscher Verlag.

7 Personen und Themen

Achtung, s. Respekt

Antonius Eremita	31
Arbeitszufriedenheit	130f., 135, 150
Armstrong, Louis	50
Atheismus, Atheisten, s.a. Säkularisierung	39, 41
Auftrag, s. Führen mit A.	
Autorität	52, 72, 80f., 100f., 108, 112, 127, 190f.
Baudissin, Wolf Graf von	20, 33, 37, 48-53, 61, 67, 182, 184, 186, 192
Befehl, -sverweigerung, s.a. Gehorsam	13, 17, 19-21, 25, 29, 42, 46, 48-53, 56, 62f., 75f., 78f., 86, 88-91, 108, 120, 125, 131f., 141f., 150f., 180, 190
Berkhan, Willi	17-19
Berufsethik, soldatische	177-179, 184-192
Beruf(szufriedenheit), s.a. Dienst-	9, 35f., 144, 151
Beteiligung(sgesetz)	48, 114, 129f.
Bildung, ethische B. für Soldaten, s.a. Urteilsbildung	17, 19, 24, 37, 44, 76, 103, 117
Bismarck, Klaus von	49
Böckenförde-Dilemma	38
Brunner, Emil	49

Christentum, a. abendld. Tradition	19, 38f., 41, 104
De Maizière, Ulrich	61
Demokratie, a. (in) d. Armee	19f., 33, 38, 41, 49-52, 76, 121f., 141, 182f.
Dienstvorschrift, s.a. Soldatengesetz	19, 38, 95-98, 101, 105-107, 114-116, 143, 153, 158
- ZDv 10/1, s.a. Gestaltungsfelder -/ Geschichte der Inneren Führung	11f., 16-22, 32-44, 45-47, 53, 55, 58, 61, 67, 72, 81, 84, 101
- ZDv 10/4	37, 47, 177-179
Dienst(zufriedenheit)	162, 164-166, 168
Dilemma(ta)	13, 86-93
Disziplin(arrecht), s.a. Selbst-	2, 79, 94-98, 110, 131
Einsatz, Auslands-	10, 15, 34-36, 44f., 47f., 53, 56, 58, 86-93, 109, 131, 41f., 146f., 158, 167f., 170, 175, 177, 180, 184, 186, 188
Einsicht	7, 13f., 46, 73f., 180-192
Empirische Sozialforschung	94, 118-179, 187f.

Entscheidung, Entscheider	11, 17, 51, 63, 65, 70f. 75, 79, 104, 107, 125-128, 130f., 181, 188, 192	Führen mit Auftrag	25, 48, 65, 70, 77, 103, 111f., 114, 118, 126, 135, 159, 181, 183, 189
Eigenständigkeit, -verantwortung	18, 21, 63f.	Führung, -sstil, s.a. Menschenführung, s.a. Gestaltungsfelder der Inneren Führung	
Familie u. Dienst/ Beruf, a. Ehe und F., s.a. Gestaltungsfelder der Inneren Führung	11, 61f.	- bibl. u. christl	7, 22-24, 190f.
- im Grundgesetz	9, 61f., 169f.	- zivil	63-70, 76, 111, 114, 132, 181
- in mil. Dienstvorschriften	9, 47, 61f., 136, 189	- militärisch	7, 11, 30-62, 65-68, 99-118, 124-134
- empirisch	9, 28f., 47, 61f., 145, 148f., 156, 162f., 167, 169-172, 188f.	Führungskultur	
		- zivil	125-128, 181
		- militärisch	10, 13, 67, 76, 94-179, 180f.
Fehlverhalten von Soldaten	19, 28, 94-98, 114f., 153-157	Führungswirklichkeit	63-93
		- zivil	132f.
Frau, in der Bundeswehr	31, 41, 61, 96f., 106, 153-157, 167f., 184	- militärisch	13, 16, 94-179
Freiheit	19, 21, 34, 43, 50-52, 69f., 75f., 88f., 102, 178, 182, 186	Führungsverhalten von VG	9, 11, 15, 44, 63-70, 94, 118-124, 181f., 187, 190
Freiwilliger Wehrdienst a. Freiwillig Wehrdienst Leistende	13, 15, 31, 57	Führungsverständnis	11, 13
		- militärisch	16, 24, 30, 44-48, 179
Freiwilligkeit	24, 65, 69	- zivil	63f.
Friedeburg, Ludwig von	33	Fürsorge, s. Gestaltungsfelder der Inneren Führung	
Frieden(sfähigkeit)	8f., 19, 34-37, 41f., 45, 48, 53-60, 92f., 185-187	**G**efecht, s. Kampf	
		Gefühl	46, 112, 118

Gehorsam, s.a. Befehl	24, 32, 42, 44, 51, 60, 79-81, 91, 97, 137f., 141	Gewalt(mittel)	36, 45, 54f., 57, 59f., 86, 92f., 111, 116, 128, 184, 186
- aus Einsicht	7, 24, 51, 60, 73, 75-79, 119, 190	Gewissen(sfreiheit)	8, 19f, 37, 42, 47f., 60, 74f., 86-92, 150, 175f., 181, 184, 186, 189f.
- aus Zwang	32, 46, 73, 82f., 87, 90f., 131, 142		
Geschichte der Inneren Führung	11f., 15-22, 24, 26, 30, 34, 39f., 42, 45, 48-55, 59, 61f., 70f., 76f., 83, 100, 105, 108, 120, 182f.	Gewissensbildung, s.a. Bildung	10, 19, 89f., 92
		Gleichberechtigung, -stellung	19, 48, 106, 153, 156, 160f., 170f., 174
		Grundgesetz	8f., 11, 19-21, 30, 33f., 37-40, 43, 48, 54f., 57f., 62, 176, 185
Gestaltungsfelder der Inneren Führung	9, 15f., 30-62, 46f., 123f.		
- Menschenführung	11, 13, 16f., 22, 142-157	Gruppe	32, 50, 111
- Politische Bildung	35, 104, 117, 159-161, 177, 182	**H**aar(urteil)	30-32
		Handbuch Innere Führung, s.a. Geschichte der Inneren Führung	21, 37, 50, 183
- Recht und soldatische Ordnung	17, 95-98, 105-107, 115-117, 161		
- Vereinbarkeit von Familie und Dienst	9, 29, 61f., 120, 124, 143f., 156, 169-174, 189	Hegel, G.W.F.	118
		Heusinger, Adolf	61
		Hierarchie	8, 20, 24, 32, 50f., 71, 75f., 80, 91, 121, 175, 180, 188, 192
- Fürsorge und Betreuung	17, 25, 42, 45, 95, 107, 109, 118, 188f.		
- Seelsorge und Religionsausübung	9, 174-177	Identität, soldatische	7, 56, 99-118
		Ilsemann, Carl Gero von	83
- Dienstgestaltung und Ausbildung	17, 105f., 162-168	Individuum	17, 23, 26, 14, 18, 21, 30-32, 64, 77, 114
- Informationsarbeit	17, 109, 125, 142	Individualität	

Interessen		Menschenbild des	16, 47, 103,
- politische	56, 58	GG/der IF	185
- menschlich-individuelle	7, 43, 115, 95, 118	Menschenfreundlichkeit	17, 45f., 52, 65
Interkulturelle Kompetenz	48, 158f., 177-179	Menschenführung	7f., 27, 69, 73
Islam, s.a. Muslimische Soldaten	40f.	- militär., s. a. Gestaltungsfelder der IF	13, 22, 27f., 65, 67-70
		- zivil	13, 63-69, 181
Judentum	19, 39-41	Menschenrecht(e)	41, 60, 92
Kampf, -kraft, -gemeinschaft	31, 54, 61, 105, 109f., 120, 135, 146f., 80f., 184	Menschenwürde	17-19, 34, 39-42, 51, 57f., 60, 69, 73, 103, 152
		Militärseelsorge	9, 37, 175-177
Kant, Immanuel	100f., 103	Minderheit(en), s.a. Frau, s.a. Muslimische Soldaten	157-159
Kommunikation	46, 48, 65, 71, 78, 95, 98, 101f., 104, 122, 182		
		Motivation	13f., 25, 36, 65, 72f., 76f., 105, 109, 114, 162, 167f., 184f.
Kompetenz	30, 44, 78, 146		
Koflikt(transformation)	36, 43, 48, 54, 60, 65, 74, 88, 92f., 95-98, 101	Mündigkeit	18, 21, 45, 158, 177
		Muslimische Soldaten	39, 41
Kontrolle	8, 107, 112f., 117f., 142	Mutius, Theodor von	33
Kooperation, a. partnerschaftliche K.	17, 45f., 51, 65, 98, 103, 127, 182	Neuausrichtung der Bundeswehr, s.a. Geschichte der IF	11-13
Kreativität	13, 63f., 70	Organisationskultur	8, 12, 14, 17, 20, 32, 67, 75f., 120, 152, 169, 180, 188f.
Krieg(sbild)	50, 186		
Kriegsdienstverweigerung	86, 92		
Lebenskundlicher Unterricht, s.a. Dienstvorschrift ZDv 10/4	40, 47, 177-179	Organisationsphilosophie	15, 53, 66
		Organisationssteuerung, -entwicklung	29, 34, 66, 71, 177f., 181, 183, 185
Leitbild	15, 55		
Luther, Martin	186		
Macht, Ohn-	85, 106f., 118, 180-192	Organisationsstruktur (=Inneres Gefüge)	8, 49, 51, 66, 77, 185

OSZE-Verhaltenskodex	25, 86	Schiller, Friedrich von	102
		Schmidt, Helmut	17, 55, 84
		Selbstdisziplin, s.a. Disziplin	34, 51, 76f.,
Partizipation	45, 71, 98, 127	Selbstentfaltung, -verwirklichung, s.a. Wertewandel	32, 69, 78f., 116, 131f., 136-138, 141, 191
Pendler(problematik), s. a. Familie und Dienst	28, 47, 62, 165, 168f., 188		
Persönlichkeit	7, 30, 45-47, 180-192	Selbstkritik, a. selbstkrit. Reflexion	11, 13, 16, 35, 48, 60, 99, 106-114, 118, 185
Personen, biblische			
- Abraham	23		
- Jesus	23, 187, 191	Selbstständigkeit, s.a. Verantwortung	13, 20, 25, 32, 53, 63, 74, 84, 114, 120, 124, 162, 165, 182, 184
- Jethro	7		
- Jonas	81		
- Moses	8, 23		
- Paulus	23		
- Samson (und Delila)	31		
Personen, historische, s. Antonius E,. Armstrong, Baudissin, Berkhan, Brunner, Bismarck, De Maiziére, Hegel, Heusinger, Kant, Luther, Röpke, Schiller, Schmidt		Selbstverständnis, -bild	85, 90, 106-109, 172
		- soldatisches	11, 13-15, 25, 35-37, 40, 55f., 59, 64, 75, 98-117, 152, 178
		- ziviles	63f., 81, 151f.
Pflicht	17, 52, 62, 78, 95, 115, 136, 189	Selbststeuerung, -verantwortung	13, 34, 37, 53, 64, 129, 177, 179, 181
Pluralismus, a. pluralist. Gesellschaft	14, 17f., 21, 38, 43f., 116, 158, 183	Sicherheit, s.a. Frieden	53f., 56f.
		Soldatengesetz	19, 38, 72f., 97, 153
Recht	24f., 30, 38, 57, 96, 105f., 150, 153, 158, 181f.	Sozialisation, militärische	81f., 85, 105, 109, 141, 147, 179
Respekt	18, 21, 32, 64f., 68, 96, 108, 158, 177	Staatsbürger in Uniform, s.a. Mündigkeit	15, 18, 21, 33-35, 48, 50, 63, 77, 84, 98, 103f., 141f., 160, 181f.
Röpke, Wilhelm	49		
Rücksicht(nahme)	21		
Säkularisierung	38		

Team	8, 45f., 48-50, 64, 99, 105, 111-113, 130, 162, 165, 192	Vorschrift(en) s. Dienstvorschriften	
		Wachstumsbedürfnis, s.a. Wertewandel	79, 124, 131, 136-138, 189
Urteilsbildung, ethische U. von Soldaten	37, 75, 107, 157, 179	Wehrbeauftragter	17, 27f., 64, 82, 96, 120, 158, 169, 183, 189
Verantwortung, -lichkeit, Selbst-, Mit-, s.a. Selbstständigkeit	7-11, 14, 17, 19f., 25f., 32, 34, 37, 42, 44, 46f., 51, 53, 62, 65, 69f., 73f., 76f., 86, 90f., 159, 170f., 176, 180-182, 185, 188, 192	Weiterentwicklung der Inneren Führung	11f., 14-16, 27, 53-62
		Wert(e), -vorstellungen	7, 142
		- soldatische	8, 16, 24, 136-138, 141
		- zivile, a. Wertewandel	41, 53, 64, 68f., 78f., 83, 116, 122f., 139-142, 145
Verteidigung	8, 41, 50, 55, 88, 182, 184-186	Werte und Normen des GG (nach ZDv 10/1: Menschenwürde, Freiheit, Frieden, Gerechtigkeit, Gleichheit, Solidarität, Demokratie)	11, 15f., 18f., 24, 33, 35, 40f., 69, 120, 180-192
Verteidigungsausschuss (mit Unterausschuss Innere Führung), s.a. Geschichte der Inneren Führung	26f.		
		Werte und Normen der Inneren Führung	16, 18, 24, 33f., 57, 122f.
Vertrauen	17, 24, 48, 64f, 101, 108f., 112, 114, 142, 145f., 149-151, 157, 175f., 189	Wertewandel s. Wert(e) Wertschätzung s. Respekt	
		Zentrale Dienstvorschrift s. Dienstvorschrift	
Vorbild, Führen durch V.	25, 65, 104, 106f., 113	Zusammenarbeit, s.Team, s.a. Führen mit Auftrag	

Carola Hartmann Miles-Verlag

Politik, Gesellschaft, Militär

Dietrich Ungerer, *Der militärische Einsatz. Bedrohung – Führung – Ausbildung,* Potsdam 2003.

Jens Bargmann, *Ethik in der Offizierausbildung,* Münster 2004.

Silvio Gödickmeier, Martin Schlossmacher, *Soldatenfamilien im Einsatz,* Berlin 2006.

Hans-Günter Fröhling, *Innere Führung und Multinationalität,* Berlin 2006.

Christian Walther, *Im Auftrag für Freiheit und Frieden. Versuch einer Ethik für Soldaten der Bundeswehr,* Berlin 2006.

Rüdiger Schönrade, *General Joachim von Stülpnagel und die Politik,* Berlin 2007.

Uwe Hartmann, *Innere Führung. Erfolge und Defizite der Führungsphilosophie für die Bundeswehr,* Berlin 2007.

Dietrich Ungerer, *Militärische Lagen. Analysen – Bedrohungen – Herausforderungen,* Berlin 2007.

Klaus M. Brust, *Söldner – Ausverkauf der Exekutive,* Berlin 2007.

Uwe Hartmann (ed.), *Connecting NATO. NCSA under the leadership of Lieutenant General Ulrich H. Wolf,* Berlin 2009.

Ingo Werners, *Fahren, Funken, Feuern. Hinweise für die Einsatzvorbereitung,* Berlin 2010.

Peter Heinze, *Bundeswehr „erobert" Deutschlands Osten,* Berlin 2010.

Reinhard Schneider, *Neuste Nachrichten aus unseren Kolonien. Pressemeldungen von den Aufständen in Deutsch-Ostafrika und Deutsch-Südwestafrika 1905-1906,* Berlin 2010.

Dieter E. Kilian, *Politik und Militär in Deutschland. Die Bundespräsidenten und Bundeskanzler und ihre Beziehung zu Soldatentum und Bundeswehr,* Berlin 2011.

Hans Joachim Reeb, *Sicherheitskultur als kommunikative und pädagogische Herausforderung – Der Umgang in Politik, Medien und Gesellschaft,* Berlin 2011.

Reiner Pommerin (ed.), *Clausewitz goes global. Carl von Clausewitz in the 21ˢᵗ Century*, Berlin 2011.

Hans-Christian Beck, Christian Singer (Hrsg.), *Entscheiden – Führen – Verantworten. Soldatsein im 21. Jahrhundert*, Berlin 2011.

Dieter E. Kilian, *Adenauers vergessener Retter – Major Fritz Schliebusch*, Berlin 2011.

Ingo Pfeiffer, *Gegner wider Willen. Konfrontation von Volksmarine und Bundesmarine auf See*, Berlin 2012.

Eberhard Birk, Heiner Möllers, Wolfgang Schmidt (Hrsg.), *Die Luftwaffe zwischen Politik und Technik. Schriften zur Geschichte der Deutschen Luftwaffe, Bd. 2*, Berlin 2012.

Eberhard Birk, Winfried Heinemann, Sven Lange (Hrsg.), *Tradition für die Bundeswehr. Neue Aspekte einer alten Debatte*, Berlin 2012.

Müller, Holger, *Clausewitz' Verständnis von Strategie im Spiegel der Spieltheorie*, Berlin 2012.

Kilian, Dieter E., *Kai-Uwe von Hassel und seine Familie*, Berlin 2013.

Jahrbuch Innere Führung

Uwe Hartmann, Claus von Rosen, Christian Walther (Hrsg.), *Jahrbuch Innere Führung 2009. Die Rückkehr des Soldatischen*, Eschede 2009.

Helmut R. Hammerich, Uwe Hartmann, Claus von Rosen (Hrsg.), *Jahrbuch Innere Führung 2010. Die Grenzen des Militärischen*, Berlin 2010.

Uwe Hartmann, Claus von Rosen, Christian Walther (Hrsg.), *Jahrbuch Innere Führung 2011. Ethik als geistige Rüstung für Soldaten*, Berlin 2011.

Uwe Hartmann, Claus von Rosen, Christian Walther (Hrsg.), *Jahrbuch Innere Führung 2012. Der Soldatenberuf im Spagat zwischen gesellschaftlicher Integration und sui generis-Ansprüchen*, Berlin 2012.

Einsatzerfahrungen

Kay Kuhlen, *Um des lieben Friedens willen. Als Peacekeeper im Kosovo*, Eschede 2009.

Sascha Brinkmann, Joachim Hoppe (Hrsg.), *Generation Einsatz, Fallschirmjäger berichten ihre Erfahrungen aus Afghanistan,* Berlin 2010.

Schwitalla, Artur, *Afghanistan, jetzt weiß ich erst… Gedanken aus meiner Zeit als Kommandeur des Provincial Reconstruction Team FEYZABAD,* Berlin 2010.

Erinnerungen

Blue Braun, *Erinnerungen an die Marine 1956-1996,* Berlin 2012.

Harald Volkmar Schlieder, *Kommando zurück!,* Berlin 2012.

Harald Volkmar Schlieder, *Opa Willy. 1891 Dresden – 1958 Miltenberg. Von einem, der aufsteigen wollte. Eine sächsisch-deutsche Lebensgeschichte in Frieden und Krieg,* Berlin 2012.

Reinhart Lunderstädt, *Aus dem Leben eines Hochschullehrers. Persönlicher Bericht,* Berlin 2012.

Harald Volkmar Schlieder, *Mein Vater - Musiker und Offizier. 1918 Dresden – 1998 Miltenberg.* Berlin 2013.

Romane

Christoph Karich, *Bewährung im Grünen Meer,* Berlin 2009.

Robert B. Thiele, *Die Treuhänderin,* Berlin 2012.

Monterey Studies

Uwe Hartmann, *Carl von Clausewitz and the Making of Modern Strategy,* Potsdam 2002.

Zeljko Cepanec, *Croatia and NATO. The Stony Road to Membership,* Potsdam 2002.

Ekkehard Stemmer, *Demography and European Armed Forces,* Berlin 2006.

Sven Lange, *Revolt against the West. A Comparison of the Current War on Terror with the Boxer Rebellion in 1900-01,* Berlin 2007.

Klaus M. Brust, *Culture and the Transformation of the Bundeswehr,* Berlin 2007.

Donald Abenheim, *Soldier and Politics Transformed,* Berlin 2007.

Michael Stolzke, *The Conflict Aftermath. A Chance for Democracy: Norm Diffusion in Post-Conflict Peace Building,* Berlin 2007.

Frank Reimers, *Security Culture in Times of War. How did the Balkan War affect the Security Cultures in Germany and the United States?,* Berlin 2007.

Michael G. Lux, *Innere Führung – A Superior Concept of Leadership?,* Berlin 2009.

Marc A. Walther, *HAMAS between Violence and Pragmatism,* Berlin 2010.

Frank Hagemann, *Strategy Making in the European Union,* Berlin 2010.

Ralf Hammerstein, *Deliberalization in Jordan: the Roles of Islamists and U.S.-EU Assistance in stalled Democratization,* Berlin 2011.

Ingo Wittmann, *Auftragstaktik,* Berlin 2012.

www.miles-verlag.jimdo.com